智慧教养36计

育儿困惑答疑手册

郑建萍　李碧／著

江西教育出版社
JIANGXI EDUCATION PUBLISHING HOUSE

·南昌·

图书在版编目（CIP）数据

智慧教养36计：育儿困惑答疑手册 / 郑建萍，李碧著. -- 南昌：江西教育出版社，2022.3
ISBN 978-7-5705-2310-8

Ⅰ.①智… Ⅱ.①郑… ②李… Ⅲ.①儿童教育-家庭教育-手册 Ⅳ.①G782-62

中国版本图书馆CIP数据核字(2021)第242972号

智慧教养36计：育儿困惑答疑手册

ZHIHUI JIAOYANG 36 JI: YU'ER KUNHUO DAYI SHOUCE

郑建萍　李　碧　著

出 品 人	廖晓勇
责任编辑	王俊琴　黄梦媛
出版发行	江西教育出版社
社　　址	南昌市抚河北路291号
邮　　编	330008
经　　销	全国新华书店
印　　刷	安徽联众印刷有限公司
开　　本	710mm×1000mm 1/16　印张 17.75
版　　次	2022年3月第1版
印　　次	2022年3月第1次印刷
字　　数	225千字
书　　号	ISBN 978-7-5705-2310-8
定　　价	56.00元

赣版权登字 -02-2022-027

版权所有，侵权必究

网　　址　http://jxeph.com

赣教版图书如有印制质量问题，请向我社调换 电话：0791-86710427

一 情绪管理　培养孩子情商力

1　孩子总是乱发脾气，这是怎么啦？/ 002

2　孩子一直很乖很听话好不好？/ 008

3　孩子遇到事情就知道哭怎么办？/ 014

4　孩子的恐惧情绪怎么处理？/ 021

5　如何引导孩子消化自己的负面情绪？/ 027

6　青春期孩子的情绪阴晴不定，怎么应对？/ 034

二 改变认知　增强孩子自信力

7　教育孩子到底是扬长还是补短？/ 042

8　孩子有问题不敢问，有需求不敢说，这可怎么办？/ 051

9　孩子不能接受别人比自己强，这是为什么？/ 060

10　孩子报喜不报忧怎么办？/ 068

11　"为什么倒霉的都是我？"孩子总有消极想法怎么办？/ 075

12　孩子成绩不理想，如何在失败中赋能？/ 082

三 规则意识 培养孩子自控力

13 孩子爱管闲事得罪人怎么办？/ 091

14 孩子没有时间观念怎么办？/ 097

15 孩子屡教不改，老是犯同样的错，这是为什么？/ 107

16 每天睡前各种争斗，让人筋疲力尽怎么办？/ 115

17 孩子总是说话不算话、不遵守约定怎么办？/ 122

18 孩子爱玩游戏，不爱学习怎么办？/ 130

四 习惯培养 提升孩子学习力

19 孩子爱听故事不爱看书怎么办？/ 138

20 孩子看书随便翻，毫无目的怎么办？/ 146

21 孩子不想背诵不爱记单词怎么办？/ 153

22 孩子注意力不集中、心不静怎么办？/ 162

23 督促孩子写作业总是鸡飞狗跳，这是为什么？/ 170

24 孩子学习习惯不好，如何帮助孩子提升自控力？/ 179

25 孩子那些奇怪的想法和问题让人招架不住怎么办？/ 189

26 孩子犯了错不敢认怎么办？/ 196

五 二孩挑战 发展社会适应力

27 大宝总是不喜欢二宝怎么办？/ 205

28 俩孩子冲突不断，家里鸡飞狗跳怎么办？/ 214

29 有了二宝，大宝变得霸道又无理取闹怎么办？/ 222

30 希望孩子做得更好，总是忍不住比较怎么办？/ 229

31 俩孩子遇事就推卸责任怎么办？/ 235

六 关系和谐 成就家庭幸福力

32 二孩生活让妈妈变得爱抱怨怎么办？/ 243

33 家庭教育理念不一致，孩子一边倒怎么办？/ 250

34 父母经常吵架，孩子有点抑郁怎么办？/ 258

35 爸爸去哪儿啦？如何让爸爸合作参与教养？/ 265

36 隔代养育矛盾多，怎么说老人才愿意配合？/ 272

一 情绪管理
培养孩子情商力

# 孩子总是乱发脾气，这是怎么啦？
"一掌一图"帮助孩子觉察情绪

案例一：

今天是周末，庆鹏妈妈的几位闺蜜来家里，说是来看看妈妈肚子里的二宝。大家兴致勃勃地说要跟孕妇拍照，拉着庆鹏一起。大家拿相机拍妈妈肚子，还摆出各种姿势不停地折腾，当拍到庆鹏的时候，没想到这孩子突然非常生气地大声叫起来："谁让你们拍我的，不可以拍照！"说完，还把房门重重一甩，弄得大家非常尴尬。

案例二：

卓奇这孩子晚上迟迟不上床睡觉，总是东摸西摸。妈妈说他几句，他还不乐意，吼叫催促也没有一点效果，反而让卓奇变得更加暴躁。卓奇妈妈说自己天天回到家需要面对和处理孩子的暴脾气，真是堵心。

脾气暴躁的孩子确实让人堵心，他会不顾场合、时间，稍有不顺心就大发雷霆：小时候满地打滚哭闹，抱着大人的腿不放；长大后就是摔打东西，不懂感恩，吼骂父母、顶撞上司等等。所以，从小让孩子识别并管理情绪，还真是亲子必修的功课。

1. 情绪与大脑发育有关

为什么孩子常会情绪失控呢？其实，孩子多数暴躁行为的产生都是由于坏情绪的干扰，这是一种本能反应。孩子会产生情绪，与他们的大脑结构有关。美国神经学博士丹尼尔·西格尔用一个把大拇指握在中间的拳头来比喻大脑，俗称"掌中大脑"，他根据不同部位不同功能把大脑分成三部分。从掌心到手腕部分是我们的脑干，也是生命中枢神经，管控着我们的呼吸和心跳，可以称为"爬行动物脑""原始动物脑"或者"行为脑"；被握在中间的大拇指代表大脑的边缘系统，又称"情绪脑"，不言而喻，就是情绪生成的地方；而四个手指盖住大拇指的状态，我们称为"合上大脑盖子"，指甲盖的地方我们可以称为"新哺乳动物脑""人类脑""理智脑"，人类所有的理性分析、判断、思考、逻辑都是这个部分负责的。

可惜的是，孩子的理智脑尚未发育完全，而且越小的孩子，理智脑的作用越微弱，当情绪来临，他们根本没有能力走上通路，启动理智脑与情绪脑、行为脑的协同运作。这时候，"大脑盖子"打开，理智脑不再工作，情绪脑带动原始动物脑接班了。这也就是为什么我们常说，人在愤怒的情况下，智商几乎为零。原始动物脑工作时，会积蓄和调动全身力量，所以人生气时会面红耳赤。然后，原始动物脑只会根据本能和直觉发出两种指令，就像动物一样，要么攻击，要么逃离。这是人类在自然竞争中为了生存下来而形成的一种自我保护的本能。

2. 父母需要有看见孩子情绪的能力

很多孩子在发脾气的时候会说："你是个坏妈妈！我不要你了！你走开啦！"这个时候，就是孩子的原始动物脑在主导他的行为，他在"攻击"妈妈。而本来还处在理智状态下的妈妈，当孩子"攻击"自己的时候，也会忍不住爆发出强烈的情绪，可能会开始吼孩子，说一些伤害孩子的话，甚至动手打孩子。家长的本能应激行为很显然解决不了孩子的情绪问题，当然也无法帮助孩子获得自主连接理智脑的能力，这样的彼此伤害特别影响亲子关系。

在亲子相处的过程中，孩子难免会有坏情绪，比如受委屈了、考试考砸了、被同学欺负了、做不出题目了等等；而父母也会有情绪失控的时候，比如孩子拖拉磨蹭、发脾气、不做作业等。有人说，带孩子是世界上最容易引发怒火的事情。

其实产生坏情绪并不可怕，可怕的是当孩子产生坏情绪时，家长还没有意识到自己应该帮助孩子调节情绪。如果家长也没有看见情绪的能力，就会像孩子一样，任由情绪脑和行为脑做出不理智的行为而无法控制。

有一次，我在医院里看到这样一幕：妈妈带着6岁的女儿做磁共振检查，小孩子因为害怕，不敢上去做，拉着妈妈大声地哭。因为磁共振预约需要好几个星期，好不容易等到了，孩子却不愿意做，妈妈非常着急，训斥孩子："我叫你别哭了，你听到了没有？就躺着几分钟不动，你怎么就躺不住？你知不知道我们约了两个星期才约到今天做？你要是再哭，你就一个人待在里面做，我走了，我不要你了。"小女孩哭得更厉害了，紧紧地拉着妈妈的衣服，这个妈妈一把甩开女儿的手，更加大声地训斥："你不要拉着我，我不喜欢你了，我不要你了！"说着，做出要走出检查室的动作，小女孩害怕得发抖，紧紧地拉着妈妈："妈妈，你别走！妈妈，你别走！"我在旁边听了很心痛，感觉这位妈妈的话就像一把把无形的匕首刺向了孩子的心窝。

我在想，这个妈妈的"大脑盖子"现在是打开的，原始动物脑驱使她攻击和逃离孩子，等她"大脑盖子"合上的时候，理智脑回来，她一定会后悔自己说了这么多伤害孩子的话。如果这位妈妈知道"掌中大脑"的理论，当时能觉察到自己被原始动物脑主导了，想办法把"大脑盖子"合上，孩子就可以少受伤害。很多家长忍不住用激烈的情绪跟孩子互动，这样只能让孩子感到家长是讨厌自己的。虽然暂时解决了问题，但生气的情绪依然在孩子内心深处积压，下一次会变本加厉地宣泄出来。这就是孩子总是乱发脾气，而且一次比一次严重的原因。

帮助孩子觉察情绪

- **一掌（掌中大脑）觉察法**
  ——用"掌中大脑"觉察情绪和相互提醒

- **一图（情绪脸谱）识别法**
  ——用"情绪脸谱"认识和互察情绪

学习和了解"掌中大脑"的相关知识并不能让我们的"大脑盖子"从此不再打开，但它能帮助我们有意识地觉察到自己的"大脑盖子"打开了，知道自己当下正被某种情绪控制，而这种情绪很可能激发自己的本能攻击行为，光是觉察到这一点对我们的帮助就特别大。因为只有觉察自己的"大脑盖子"打开了，才会有意识地在处理事情之前想办法把"盖子"合上。而对于理智脑发育不成熟的孩子来说，虽然他们无法看到自己的情绪和行为，但是作为父母的我们可以理解他们的情绪，帮助他们看到自己的情绪是什么，这就是很好的情绪引导。所以"一掌一图"运用得当，会促发孩子理智脑的更好发展。

一掌（掌中大脑）觉察法
——用"掌中大脑"觉察情绪和相互提醒

首先我们需要教会孩子"掌中大脑"的知识。对于低龄的孩子，家长可以不用详细讲解功能，可以借助绘本，只要让孩子明白手掌一开，情绪小怪兽就会出来伤害别人，要么伤害自己——哭得声音都哑掉了，要么伤害别人

——妈妈被气得哭了,还会伤害玩具和小椅子、小桌子。而稍微大一点的孩子可以采用"笨笨脑、怪兽脑、聪明脑"的方式来讲解。有一次我给中班的孩子上公益课,孩子问:"瓶子老师,屎壳郎是不是也有行为脑啊?"我赶紧抓住机会,说:"是啊!行为脑和动物脑,屎壳郎都有哦!如果我们让情绪小怪兽跑出来,是不是就容易跟屎壳郎一样了呢?"孩子们说:"是啊!那可不行!我可得赶紧盖上'大脑盖子',不然就成'屎壳郎脑'了。"其实孩子远比我们想象的好学、好问。

我们还可以使用"一掌手势"来提醒对方"大脑盖子打开了"。当家长或者孩子意识到自己或者对方生气的时候,可以做出这个"大脑盖子打开"的手势,让正在冲突中的双方都有机会暂停,在"大脑盖子合上"后再来解决问题。清清妈妈很喜欢催促孩子,清清经常被妈妈不自觉地"打开大脑盖子",学习后,他们约定相互用手势来提醒对方,妈妈一催,清清就摆出了"大脑盖子打开"的手势,以示提醒,妈妈立马意识到,赶紧捂嘴或者吐舌头。孩子很喜欢这样的互动模式。

一图(情绪脸谱)识别法
——用"情绪脸谱"认识和互察情绪

了解了"掌中大脑",孩子明白了当我们有负面情绪的时候,"大脑盖子"可能会掀翻,那么哪些情绪会让人感觉不舒服,会有"打开大脑盖子"的可能呢?我们需要让孩子学会识别情绪,只有知道自己的情绪是什么,才能更好地表达。我们可以在家里贴一张情绪脸谱,让孩子通过脸谱来了解情绪和觉察自己今天、当下的情绪,也提醒父母更好地去读懂孩子的情绪,给予共情。

有一天,我去同事家看二宝,看见他们家正好贴着一张情绪脸谱,我就问大宝:"豆豆,你妈妈平常对你说话是什么表情呢?"豆豆很高兴地指了指钟情。"爸爸呢?"豆豆指生气。"奶奶呢?"豆豆指被拒绝。"爷爷呢?"豆豆指吃惊。当时奶奶正给我们端来纱面汤(温州特色食物),孩子这么一指,奶奶不好意思了,连忙说:"奶奶哪里拒绝你了,奶奶对你可是很好的,早上还给你买牛奶、豆浆、鸡蛋呢!"孩子倒是童言无忌,郑重地说:"我每次去动一下宝宝,你都说不可以;我跟他玩会儿,你也说不行,当时就是这张脸。"说得我们哈哈大笑,奶奶悻悻而去。

今天在学校里,你都有哪些情绪呢?能跟妈妈说说吗?

弟弟刚才拿了你的东西,你是什么情绪?

你刚才拿了哥哥的乐高没还给他,你觉得哥哥是哪张脸?

孩子,你刚才是不是有点失望?因为妈妈没有时间陪你做手抄报。

我怎么啦?我是什么情绪呢?

这些问题都在帮助孩子看见自己的情绪,都可能促进孩子"理智脑"的发育。所以,正面管教脸谱图非常有利于提高孩子的情商,通过学习,孩子不仅能准确表达自己的感受,还能感受到你的情绪。最近就有妈妈反馈说,孩子经常问:你开心吗?你生气了吗?

父母对情绪的觉察比教育本身重要得多!作为父母,真的不要让自己的情绪肆意生长和蔓延,让情绪控制我们并导致我们无法思考,冲动行事而后又追悔莫及。因为很多时候大人的情绪爆发不见得是孩子当下的行为引发的,而是因为他们自己本身就积累了一些负面的情绪,孩子的行为可能只是导火索而已。台湾亲子作家蔡颖卿说过一句话:稳定的情绪应该在一种深切的自我期待和诚恳的自我反省中慢慢学习养成。当然,做到能控制和管理好自己的情绪也不是一日之功,需要我们不断地觉察和反思。跟孩子一起运用"一掌一图"方法,可以让育儿变得更加平和从容。

2 孩子一直很乖很听话好不好？

"共情法"让孩子接纳自己，与情绪共处

案例一：

《小舍得》里的子悠很乖，但一直心事重重。面对母亲田雨岚的"高压学习政策"，孩子不吭声；面对钟老师公报私仇，他没有撒泼发泄；面对母亲逼迫他放弃喜欢的足球班的要求只能顺从，默默流眼泪。面对各种加压和不支持，孩子不断地抠手指，抠出血也在所不惜。

案例二：

有一次，浩浩妈妈和一帮朋友一起带着浩浩去海边玩，浩浩看着沙子不敢下去，站在沙滩边看着妈妈大哭，一边哭一边喊："妈妈抱抱，妈妈抱抱。"浩浩妈妈一边朝沙滩走去一边大声跟他说："宝贝，没什么可怕的，是沙子，不用怕，妈妈就在这儿，你快过来。"可浩浩完全听不进去妈妈说的话，依然在那可怜巴巴地伸着手，一边哭一边喊："妈妈抱抱！"浩浩妈妈开始还耐心地劝他，但完全没效果，浩浩反而开始撕心裂肺地号啕大哭，后来浩浩妈妈也生气了，觉得其他孩子都很开心地去沙滩玩了，自己的孩子这么不可理喻，给大人添乱，就不理他了。她就让浩浩站在那儿哭，妈妈很抓狂，我们也很心疼。

1. 抑制情绪

每次看到子悠抠手指，无奈而幽怨的眼神，我的心就猛地一揪。或许在子悠心里，如果自己发泄不满、表达情绪，就不是那个好孩子了，妈妈那份"都是为了你"的悲苦姿态让孩子有太重的心理负担，于是他只好努力抑制自己的情绪。当孩子无法顺利地将情绪感受表达给父母时，会采取两种做法：一是深埋心中，攻击自己；二是将情绪"丢"给他人，认为都是别人不好。子悠同学采取的就是第一种做法。没有看原著的观众在看到第14集时，基本能预测到如果田雨岚不觉醒，子悠这个孩子患上抑郁症的概率将达100%。

临床心理学家乔尼丝·韦布博士认为：如果父母没能给予孩子足够的情感回应，不关注孩子的真实想法，这种童年期情感忽视（简称CEN）会造成孩子的低自尊与自卑，没有归属感，没有安全感，甚至陷入抑郁。

2. 否定情绪

当孩子在生活中有"负面情绪"，采取哭泣的方式发泄时，我们往往会采取以下措施：

要么哄劝："宝贝，别哭了，一会儿给你买个冰激凌好吗？"或者妥协，暂时答应孩子的要求："好好好，咱们一会儿就买玩具，别闹了，先把衣服穿好行吗？"有的时候我们会批评孩子："哭什么哭，有什么好哭的，男子汉要坚强，哭哭啼啼像什么样子，丢死人了。"有时我们还会否定和压制孩子的情绪："你看房间里什么都没有啊，你怕什么呀？这世界上根本就没有怪物，电视上那些都是编来骗人的，你别总自己吓唬自己好不好？"

当我们这样做的时候，孩子的反应是怎样的呢？有的孩子会被父母给的好处诱惑，暂时停止哭闹，有的孩子会强忍泪水，努力地克制自己，相信很多家长都见过孩子使劲憋住哭声，而断断续续小声抽泣的样子，让人看了都觉得心疼。浩浩看起来虽然不是很乖，不配合，但是最后他强力抑制自己情绪的那一幕，也着实让人心疼。因为第一次到海边，很紧张很害怕，不敢尝试，这是很正常的。可是他妈妈却并没有接纳他害怕的情绪，而是采取批评和忽略的方式，让孩子觉得害怕和哭泣是丢人的，是妈妈不喜欢的，我不应该这样，不然妈妈就不喜欢我了。一个不被允许哭、发脾气、表达情绪的孩子，会严重压抑自己，并通过一些非正常途径释放内心压力。

所以，当孩子遇到问题、有情绪的时候，我们不应该一味地去制止，而是应该去倾听、接纳他们的情绪，理解他们的感受，让他们知道遇到问题父母仍然爱他们。

如果父母不接纳孩子的情绪，会让孩子认为：爸妈不喜欢我表达自己的想法，不喜欢我表现的情绪。最后孩子就学会伪装，将真实的自己隐藏起来，不再和父母说心里话，也不敢表达自己。这看起来很乖，很配合，但是他们的心里藏着很多的情绪得不到宣泄，而那些不被允许表达的情绪，对孩子都将会是潜藏的伤害。

让孩子接纳自己，与情绪共处

◎ 看见孩子的情绪——你感到……
◎ 看见事情的真相——因为……
◎ 看见孩子的愿望——你希望……

电影《狗十三》里有一个镜头，李玩的第二只狗因为被弟弟棒打，忽然发疯似的吼叫起来，爸爸处理的方式是要压制它，李玩在旁边却摇摇头，靠近它，温柔地慢慢地抚摸它，它的吠声一下子就停止了。这一刻，狗的情绪被李玩看见了，它涌动的愤怒和恐惧就被疏解了。每一个情绪都是一种语言，都是带着信息来与我们沟通的，有的情绪激烈，你看得见行为；有的情绪隐忍，你看不出变化。无论是何种外显状态，作为理智脑发育成熟的成人，我们都有义务和责任看见孩子的情绪并接纳它，那我们该如何帮助孩子疏导情绪呢？

看见孩子的情绪——你感到……

当发现孩子情绪有变化时，我们总是希望能尽快消除孩子的负面情绪，恨不得他们能马上停止哭泣，停止发脾气。所以有时候我们会采取解救或试图说服孩子放弃感受的方式。当你伤心难过的时候，如果有人试图去安慰你：别伤心了，这有什么好难过的，没什么大不了的啊！我想你的感觉肯定更糟糕，甚至很气愤：你不是我，你怎么知道没什么！因为否定和排斥会越发激起我们心理上本能的对抗和愤怒等负面情绪。

所以，"共情法"的第一步需要我们先说出孩子的情绪，这一步最关键也最难。因为行为可视，而情绪需要解读，需要真正站在孩子的角度去诠释。比如："妈妈知道，你现在很生气。""今天考试没考好，你看起来很失望。""冰激凌还没吃完，就掉地上了，你感到很难过。""爸爸知道你现在又饿又累，很生气，是吗？""这么晚了，作业还没写好，很沮丧是吗？""一个人待在家里，心里特别害怕是吗？"如果田雨岚能这么说该多好："孩子，老师这么对待你，你一定很委屈，很难过！"我想子悠肯定会扑到妈妈怀里大哭的。正面管教有一句话叫作"感觉好才能做得好"。当孩子的情绪和感觉被认可，孩子觉得自己的情绪环境是安全的，他才会练习如何恰当地表达沟通，如何有效地调整自己的情绪。

看见事情的真相——因为……

倾听孩子的倾诉,明晰孩子情绪产生的由来,使得我们更好地读懂孩子。所以第二步就是要看见事情的真相,帮助孩子说出自己有情绪的原因。比如:"你很沮丧,是因为这次考试成绩不理想,你原本觉得自己可以发挥更好的!""你害怕是因为我们都外出了,你一个人在家里感到很孤单。""你感到很生气是因为你的同学抢了你的玩具。""你很生气是因为刚才妈妈很凶,没有顾及你的感受。"孩子对于外界环境的感知能力很强,但是解读能力很弱,当你解读了孩子情绪产生的原因,孩子就会感觉被深深理解了,情绪就容易平复。精神病学家斯坦利·格林斯潘把情绪称作"心灵的建筑师"。他的研究表明,情绪对于孩子正在发育的大脑至关重要。我们只有允许孩子拥有情绪,并给予时间让他们体验各种情绪,才能促使孩子形成完整的人格。

看见孩子的愿望——你希望……

"共情法"的第三步是尝试着说出孩子的愿望,比如"我猜你一定是希望下回考试能争取满分,让老师给你一个大大的奖励""你希望你的同学经过你同意再拿走你的玩具""你希望妈妈在你做不好的时候不要那么凶""你希望妈妈对你和妹妹一样公平",等等。

"共情法"完整的三句连起来就是:你感到很生气(愤怒、伤心等),是因为……我猜(我想)你希望……(后面加上孩子的愿望或要求)。比如:

"被老师无缘无故罚写作业令你很生气,都不想去上学了。因为你明明写作业了，小组其他成员没有及时交，结果你也被老师教训并惩罚了，你希望老师能根据实际情况做出公平合理的决定。"

"妈妈知道你很伤心，因为刚买的冰激凌没吃几口就掉了。没法吃了，你真希望它没有掉在地上，这样就可以好好享用你心爱的冰激凌了。"

当我们能够对孩子的情绪感同身受并充分理解，再为孩子的行为划定界限，就不再是什么难事了。

妞妞从小学习古筝，每次一到困难之处，就想打退堂鼓。家长一催，孩子脾气就会上来，开始闹腾。刚开始，妈妈总是试图去解救孩子，安慰孩子，但每次总是被孩子的情绪左右或者被激怒，双方陷入对峙状态，也因此剥夺了让孩子练习处理自己情绪的机会。后来妈妈学习了正面管教，知道如何共情："妈妈知道你现在很难过，因为总也练不好，你觉得很灰心。你希望自己可以赶紧把这首曲子练好。"然后试图去拥抱孩子，刚开始妞妞会在妈妈怀里不停地挣扎，气愤地说："你别劝我，说什么都没用，我再也不练了！"但是妈妈没有说更多的话，只是温柔地搂着她，轻轻地跟她说："妈妈知道了，妈妈明白。"大概过了十分钟，妞妞慢慢平静下来，积压的情绪也发泄得差不多了。妞妞妈妈看她情绪好些了，就轻轻地问她："你需要妈妈怎样帮助你？妈妈很愿意，你想一想看。"妞妞抹了抹眼泪想了想说："妈妈，我打算一小节一小节地练，你就在旁边帮我数拍子吧，这样我会更专心。"就这样练了几次，《渔舟唱晚》这首曲子终于被妞妞攻克了，孩子很有成就感，从此之后对学琴更有兴趣和信心了。

所以，当我们接纳和理解孩子的情绪、信任他可以自己处理自己的情绪时，就算不能立竿见影地解决问题，也可以有效地缓冲孩子的对立情绪，更快地平息亲子冲突。当孩子恢复平静，孩子会思考如何解决问题，而这个过程正是提升情商的一次练习。

3 孩子遇到事情就知道哭怎么办？

"我句式"帮助孩子表达情绪

案例一：
　　蒙蒙是个男生，今年6岁，上小学一年级。孩子不管遇到什么事，就是爱哭。丢了东西哭，被人欺负哭，晚上不敢睡觉也哭，甚至不知什么原因，好好的就哭起来。妈妈劝他不要哭，他还越哭越厉害。他一天一小哭，三天一大哭，有时在课堂上也忍不住哭起来。

案例二：
　　浩浩是一个9岁的男孩，今天他放学一回到家，就对妈妈厉声大叫："妈妈，我的文具盒不知道哪里去了，你再帮我买一个吧。"这种情况这学期已经是第四次出现了，妈妈心里的火开始噌噌噌往上冒了，"大脑盖子"明显要打开了。孩子太不顾及别人感受，情商这么低，怎么办？

　　每个人都有自己的情绪，而小孩子的情绪表达方式是特别简单的，他们总是会将所有的情绪表露出来。比如当他们心情很好时，他们会非常开心地跟父母分享；而当他们心情不好时，他们也会将这一份情绪发泄出来，以此获得父母的关注。很多孩子在心情不好的时候只会苦恼，让家长特别"蒙圈"而且上火，这是为什么呢？

1. 孩子不会表达情绪

使用情绪语言的孩子，很难把自己的感觉整合起来，也很难正确地体会别人的感觉，这会使他在调适情绪时更容易陷入困境。所以一旦有情况发生，有情绪来临，孩子就不知道如何自处了，只好用苦恼来发泄情绪，以此告知父母和大人自己很无措、很伤心、很难过或者很懊恼。我们来看下面两个孩子的事例：

事例一：小袁端着汤碗，手没拿稳，把牛奶洒了一地，于是小袁哇哇地哭了起来，妈妈听到动静赶来，看到哭个不停的小袁和一地狼藉，立马就火了："你这孩子怎么回事？就知道哭！洒了告诉妈妈啊！"结果小袁哭得更厉害了……妈妈一边抱怨，一边收拾着残局。

事例二：小新同学也把牛奶洒地上了，妈妈赶来看到这样的场景，小新撇着嘴："妈妈，我好难过啊……"妈妈听到小新说的话，就抱住了小新，然后说道："没喝到牛奶所以难过是吗？"小新吸了吸鼻涕，忍住哭泣点点头："嗯……"妈妈接着说："地板其实也很难过的，你把它弄得黏糊糊，要不帮它擦干净吧？"小新转身去拿抹布，把地板擦干净了。

两个孩子同样的经历，产生的结果却大不相同。差距就在于孩子是否能够清楚表达自己的情绪。孩子不会表达情绪，只会哭，犹如火上浇油，让你原本就控制不住的情绪爆发出来，你觉得孩子是在磨你的耐心，孩子却有苦说不出，委屈不已。在孩子看来，哭就是一种宣泄情绪的本能行为。

2. 孩子会无意识地转换情绪

一般来讲，人感到伤心难过的时候才会哭。那为什么孩子好像只会伤心难过，只会哭呢？有一种可能是，在生命的最初几年里，由于缺乏言语表达的能力，孩子表达情绪的行为是自发的、无意识的。他们希望父母看见和理解自己全部的喜怒哀惧，却又说不出来。有的父母因为自身的原因，会选择性地看见孩子的情绪。比如开心、愉悦等令人舒服的情绪，就会被看见并得到鼓励，但生气、愤怒等爆发性强的情绪，被认为是不好的，就很容易被忽略掉。慢慢地，孩子发现只有伤心哭泣才被允许，生气、愤怒、恐惧等其他情绪都是不应该出现的。就因为这样，孩子通过观察和体验，潜意识里有一种强大的声音在告诉孩子，只有当你伤心的时候，父母才可能允许和看见自己的情绪，于是孩子将其他原始情绪进行了转化，把那些不能够直接表达的情绪，转化成伤心难过表达出来。长此以往，哭泣就成为一种习惯，伤心难过也成为孩子唯一可以表达的情绪。

3. 孩子缺乏情绪应变技能

小时候孩子其实很喜欢"干活"，可是父母经常会说："这个你不会的，你不能动。""赶紧放下，危险知道吗？"久而久之，孩子不仅养成依赖心理，还可能导致穿衣服、整理书包、安排作业等日常小事对他来说都是懊恼的挑战，孩子陷入挫败感和无助感的旋涡，自然也就没有了利用自己力量成功做好一件事的成就感。此时不哭更待何时？对于此时的孩子来说，哭泣是在为自己的心有余而力不足感到气愤、懊恼。

所以，当孩子哭泣时，家长不要急于插手，而应回应他的情绪。如："你已经很努力了，积木没有搭成功，所以很难过是吧？"然后再允许他用哭来宣泄痛苦，默默陪伴他，让他与情绪待一会儿，锻炼他情绪的承受力。越是爱哭的孩子，越说明他心里深藏着一些痛苦和压抑。而哭泣本身能够治愈孩子的创伤。因此我们要允许孩子发脾气、大哭，以排解创伤，发泄平日里积攒的情绪。等到平静后，鼓励孩子再次尝试或者帮一帮他们，让孩子享受成功的喜悦。这样孩子就会敢于尝试，会越来越有自信和安全感。

因此，父母学习的重点是和孩子一起通过"一掌一图"看见真实的情绪是什么，让孩子体验丰富的内在感受，并学会用语言表达的方式来告诉别人自己真实的情绪，也就是"说情绪"而不是"带情绪地说"，这是父母和孩子都需要具备的情绪技能。

帮助孩子表达情绪

◎ "共情式倾听"接纳孩子的情绪
◎ "我句式"鼓励孩子表达自己的情绪

孩子爱哭,很多时候不是事情本身有多困难,而是他们希望通过哭闹引起家长的注意,从而帮助自己解决问题。所以,我们不仅要接纳孩子的情绪,还需要帮助孩子养成表达情绪的习惯,而不是通过哭闹来发泄情绪。

"共情式倾听"接纳孩子的情绪

毛豆妈妈今天去接孩子放学,小毛豆一看到妈妈就委屈地哇哇大哭。如果父母没有接纳孩子情绪的能力,会觉得孩子矫情,给自己丢脸,有可能会否定或者忽略孩子的情绪。幸好毛豆妈妈是个情绪达人,及时开启了"共情式倾听"模式,听出孩子话音里的原因、情绪和愿望,跟孩子建立连接,顺利帮助孩子盖上"大脑盖子",启动了积极思维模式。

妈妈:宝贝,妈妈看到你哭得好伤心,能告诉我发生了什么事情吗?

孩子:就是……就是莉莉抢了昨天爷爷给我买的小玩具……还把它弄坏了……

妈妈:那你肯定很伤心吧?你特别希望那个玩具能好好的。

孩子：我真不想跟莉莉做朋友了，每次都大手大脚（孩子不会说"毛手毛脚"），老是把我的东西弄坏。

妈妈：妈妈知道你不仅伤心，还很生气，因为莉莉总是抢你的玩具并经常弄坏，所以你特别想哭。你希望莉莉跟你一样爱惜这个玩具，因为是爷爷送给你的。

毛豆妈妈在孩子的倾诉中听出了诉说的内容、孩子的感受，还听出了孩子情绪背后的期望。这"共情式倾听"能帮助孩子将大脑的三个部分连接起来，孩子的"理智脑"也就是"额叶"部分才会开始工作，这样的强化会刺激神经元迅速发展，使得额叶的突触不断形成，孩子处理情绪和掌控局面的能力也会得到提升。

"我句式"鼓励孩子表达自己的情绪

有人说，情绪如果没有出口，终有爆发的时候。通常第一次爆发是在11—12岁，第二次危险年龄是18岁，第三次危险年龄是25—26岁。但是传统文化教育我们隐忍情绪和发泄情绪，并没有教我们表达情绪，对于如何表达，大人和孩子来说都是陌生的。一旦表达，更多的就是自己的想法和评判。而这同样会让人不舒服，怎么办呢？我们需要帮助孩子从规定的话术开始练习。

比如当孩子的玩具被抢了以后，我们可以教孩子跟对方说："我心里感到很难受，因为刚才我的玩具被你抢了，这是我最心爱的玩具，希望你以后要玩的时候，先跟我说一下。"表达的焦点在"我"的身上，而不是在别人身上。这样给人的感觉自然就舒服很多了。"我句式"的具体话术如下：

"我感到_____（教会孩子觉察并说出自己的感受），因为_____（让孩子有机会说明自己产生这种情绪的原因），我希望_____（让孩子学会表达自己的需求）"。下面是毛豆妈妈教会孩子用"我句式"表达情绪的经过。

妈妈：孩子，你知道如果莉莉当时抢走我的玩具，我会是哪个表情吗？（拉着孩子的手走到情绪脸谱前）

孩子：（一脸好奇地看着妈妈）

妈妈：如果我遇到这样的事，我的红色小怪兽（《我的情绪小怪兽》里提到生气、愤怒等情绪用红色来表示）会跑出来的。我可能会很严肃很大声地告诉他："你弄坏了我爷爷给我买的玩具，我感到很生气，我希望你向我道歉！"

孩子：这样说可以吗？

妈妈：当然可以啦！我们有情绪的时候需要告诉别人，这样别人才知道啊！你看，当我们有情绪的时候，我们就用这样的话告诉别人，人家就知道错了。（妈妈拿出情商魔法贴"我感到_____，因为_____，我希望_____"）

孩子：妈妈，我知道该怎么说了。

妈妈：我们来玩个角色游戏怎么样？妈妈来当莉莉，你用这个话对我说一次，明天就去这么跟莉莉说，怎么样？

孩子：我感到很生气！因为你抢了我爷爷送给我的玩具，还把它弄坏了。我希望你跟我道歉！

妈妈：我们家宝贝又学会了一个魔法。当你有不好的感觉的时候，你先想一想是什么情绪，然后就用这样的话告诉别人。

妈妈：我能不能用这个话告诉爸爸一个我的情绪？

妈妈：当然可以啊！是什么呢？

孩子：爸爸答应周末带我去游乐园玩，已经失约两次了，我得告诉他我的情绪。

妈妈：嗯嗯，以后有不好的感觉的时候，都可以用这个方式告诉我们，爸爸妈妈也可以帮助你，是不是？

孩子：那如果我当时特别想哭，一下子还不想说，怎么办？

妈妈：想哭就哭出来啊！妈妈会陪着你的。等你哭好了，我们再来用这个魔法。

孩子：嗯嗯！要是下次他们再来抢我的东西，我就很坚定很坚定地这么告诉他。（孩子知道对人要温和，保护自己要坚定）

妈妈：为我们家的情商小达人点赞哦！

当我们遇到问题，遭遇孩子无端脾气或者指责的时候，作为成人的我们也需要用"我句式"来明晰自己的底线和界限，让孩子知道他的行为是不被允许的。比如案例中的浩浩妈妈，就可以坚定地说："我感到很生气，因为你自己弄丢了文具盒还命令我们必须给你买，这是你要负的责任。我希望你能自己解决，或者需要我帮忙的话，请用商量的语气跟我说。"很多时候，当孩子冒犯我们或者挑战我们底线的时候，我们需要坚定地用"我句式"来表达情绪和表明立场。这也是容易激发孩子自律性的沟通方式。

4 孩子的恐惧情绪怎么处理？

"反射式倾听"帮助孩子赶走恐惧

> 傍晚时分，天阴沉沉的。妈妈在厨房做饭，爸爸坐在沙发上玩手机，晗晗一个人坐在地垫上搭着乐高积木。
>
> 一道闪电划破夜空，突然一声震耳的炸雷声响起，吓得晗晗一声大叫，他哭着跑向爸爸。爸爸不以为然："干什么哭啊？只是打雷而已。你是小男子汉了，怎么胆子这么小呢？别哭了。"孩子趴在沙发上抽抽搭搭，瑟瑟发抖半天。

问题剖析

面对孩子害怕和恐惧的情绪，类似晗晗爸爸这样的处理方式在家长中特别常见。很多家长要么否认孩子害怕的情绪，硬逼孩子去适应；要么就是认为孩子不够勇敢，给孩子贴上"胆小"的标签。实际上害怕恐惧的情绪时常陪伴在我们身边，有研究者采用访谈的方式，对176名年龄介于4—12岁的儿童展开黑暗的恐惧体验的实验，结果发现，孩子对黑暗的恐惧比例高达73.3%；而257名年龄在8—12岁儿童中，这一比例高达79.4%，这说明恐惧是一种相当普遍的情绪体验。

1. 孩子为何紧张恐惧

今天我们首先来了解一下各个年龄段对恐惧的认知和自身能力发展之间的差异，以便更好地读懂孩子这类情绪的由来。儿童心理学家皮亚杰认为，孩子的成长过程，是一个去中心化的过程，孩子刚出生时，认为自己是世界的中心，所有人都要关照他，他可以控制一切。当生活中出现了一些东西不是他过去经验可以理解的，而恰好这些东西对他的感官刺激很大时，他就会出现害怕的情绪，因为他觉得失控了。比如前面的晗晗，在他看来，这样的雷雨大作会不会有危险他不知道，所以害怕。又比如孩子去幼儿园去学校，因为他并不知道可能会发生什么，完全无法预料，所以有分离焦虑，因此恐惧来自未知。其实当我们成人对未来对事态没有掌控感的时候，我们也会有巨大的压力或者焦虑。

3—6岁的幼儿，由于认知能力发展的程度还不够，但是想象力异常丰富，他们会在脑海中想象出各种或美好、或可怕的事物，孩子还容易将现实和想象、梦境等混淆。假象和日常的认知会混淆、叠加，于是会产生大量想象中害怕的事物，比如关了灯的房间里会藏着怪物、小虫子会吸我的血、窗帘后面藏着鬼怪等。也许在大人眼中，这些害怕和恐惧都不值一提，但对于孩子而言，这些恐惧却是真实存在不容忽视的，父母如何处理孩子的恐惧情绪，直接影响着孩子内在安全感和掌控感的形成。

还有部分恐惧来自以往的负面经验，比如孩子因为把碗掉到地上，遭遇过爸爸特别严厉的惩罚，今天又不小心把碗掉地上了，孩子就会特别恐慌。"一朝被蛇咬，十年怕井绳"，我女儿就曾经在小时候被狗吓到过，长大后看到很小的狗都会退避三舍。

其实害怕是一种很正常的情绪，每个人都有过害怕的经历，从某种角度来说，"害怕"能够保护我们，使我们逃避危险，无所畏惧的人反而容易受伤。

2. 家长对待恐惧情绪的处理误区

一个孩子在快要睡觉的时候，突然大声哭起来："妈妈，我的房间里有魔鬼，我害怕！"孩子边哭边跑，连衣服都不穿，就冲到父母床前。面对孩子这样的害怕情绪，父母们处理的方式也各不相同。

忽视责备型："怎么光着身子就跑出来，你这个孩子，想要赖跟我们睡是吧？有什么好害怕的，胆子这么小。"说着就把孩子抱回他自己的房间。

大家觉得那一晚孩子能睡得踏实吗？孩子肯定会低声抽泣到紧闭双眼，最后在恐惧中睡去。如果我们用这样简单粗暴而且带着忽视和冤枉的方式对待孩子的恐惧心理，认为孩子的害怕是懦弱胆小的体现，强迫孩子去面对，孩子不仅会更加恐惧，并且会觉得自己不被理解、不被爱，继而很有可能会把这份强烈的恐惧感深深记在心里，并在成人后影响着他探索世界的勇气和自身内在的力量。

迁就保护型：（听到哭声或者叫声时，第一时间跑过去开灯拥抱）"宝宝不怕不怕，有妈妈呢！妈妈陪着你。"于是孩子缩在父母怀里寻求安慰。

这样做的后果是孩子会认为自己无能为力，认为事情真的"脱离了自己的控制"。这样容易导致孩子一害怕就放弃，会让孩子在面对恐惧时更容易退缩，失去克服困难的勇气与决心。当孩子习惯了一直被这样保护后，他的自尊自信也就被消磨了，因为他开始接受这个现实，认为"我真的不行，只能靠父母"，并且以后遇到同样的事情会继续表现出恐惧情绪。试问：为人父母的保护是有期限的，倘若有一天孩子不在你的羽翼下，他该何去何从？

> **激将控制型：**（看着孩子恐惧的窘态，脱口而出）"瞧你那尿样！家里怎么可能有鬼呢？世界上是没有鬼的，电视上那些都是假的！你是男子汉，如果这样就被吓倒，丢不丢脸？赶紧去睡觉。"

当孩子听到妈妈这样的解释和"控制型激励"，孩子只会觉得妈妈不相信他，尽管孩子看到的"黑鬼"是想象出来的，但是孩子害怕的这个感受却是非常真实的。请不要嘲笑孩子"尿"和"丢脸"，更不要无情地把孩子扔进恐惧的深渊，即使当下孩子没有哭，也是因为害怕再被骂而咬紧牙关，或许这会成为他成年以后的痛。

害怕是一种本能，趋利避害更是一种自我保护的本能。对于未知、不确定的危险，或是发现自己能力不足时，本能地退缩远比无脑地、鲁莽地往前冲要好很多。所以，恐惧无错，不陪着孩子恐惧才真的错了。

帮助孩子赶走恐惧

- 共情孩子情绪给予安抚
- 反射式倾听了解孩子恐惧实情
- 场景游戏化帮助孩子消除恐惧

共情孩子情绪给予安抚

其实，当孩子说出害怕的时候，说明他在寻求帮助，而此时的父母一定要学会接收信号，当情绪被接住时，孩子才可能愿意告诉你他的感受。

妈妈（接过跑来的孩子）：你刚才害怕了，来，妈妈陪你！

孩子：嗯，我害怕，妈妈。

妈妈：嗯，妈妈知道你害怕了，妈妈陪着你。（再次说出"害怕"这个情绪名称，也是为了帮助孩子舒缓情绪）

孩子：真的很害怕。

妈妈：因为什么你感到害怕呢？

孩子：刚才我看到窗户那里有一个大黑影，是鬼，而且他还走到我窗前了，就站在墙壁那儿。（孩子指了指自己房间的窗帘）

当孩子害怕了，不管原因是什么，爸妈都要尊重孩子的感受，接纳孩子的害怕情绪，稳稳地站在孩子身后，与"不要怕"相比，"我知道，我陪你"才是更好的回答，让孩子有力量说出恐惧，孩子才能最终战胜恐惧。这是一份充满温柔力量的成全，也是赐予孩子的最坚硬的盔甲。

反射式倾听了解孩子恐惧实情

当孩子有负面情绪时，孩子会吵闹。因为镜像神经元，成人往往会陷入"拒绝，试图解释，讲道理——孩子不听，继续吵闹，情绪升级——大人再次试图缓解孩子情绪——不奏效——大人终于控制不住，情绪也失控"的终极模式。所以，请不要忽略或者试图教育一个大脑已经被"杏仁核"劫持的孩子，更好的选择是利用"反射式倾听"帮助孩子冷静下来。

反射式倾听也叫作"剥洋葱"式沟通方法，就是通过共情和启发式提问来一层一层地帮助孩子梳理他的感受和想法，再复述孩子的描述，这样孩子才能慢慢地把那些造成他恐惧害怕的想法理清楚。其实，让孩子在我们的帮助下把一些深层的害怕的想法和感受描述一遍，这个过程本身就是一种治愈的方式，可以有效地改善孩子的情绪状态。

妈妈：宝贝很害怕，是因为刚才看到窗户那边有个黑影，而且那个鬼还走到墙壁这里了是吗？

孩子使劲儿点头，情绪平稳了不少。

妈妈：那你看到的这个黑影像什么呢？

孩子：像怪兽，就是头发乱糟糟、牙齿很尖的那种。（具体描述怪兽的样子，这样具象化的引导也是舒缓情绪的方法）

妈妈：那是一个头发乱糟糟、牙齿很尖的怪兽，真的很吓人的。这样吧，妈妈陪着你一起来抓鬼，消灭这个怪兽好吗？我们一起把鬼抓到盒子里去！

孩子成功被游戏挑起兴趣，彻底不哭了。

场景游戏化帮助孩子消除恐惧

心理学家说："我们唯一值得恐惧的是恐惧本身。"我们应该允许孩子害怕，接纳孩子的情绪，又通过反射式倾听了解孩子的恐惧点，接下来就是陪伴孩子直面恐惧。于是妈妈拿来一个烧水锅，盖子很紧的那种，打开盖子，猫着腰走到窗户那里，孩子跟在妈妈后头，妈妈假装使劲一扑，大叫："抓住了，抓住了。"然后快速盖上锅子。孩子嘿嘿笑了。于是妈妈把锅拿出去，然后放在煤气上点燃，一会儿锅就嗞嗞作响。妈妈问孩子鬼怎么样了，孩子说："一定是被烧死了。"打开一看，真的什么也没有了。孩子笑着跟妈妈一起回去睡觉了。

"害怕"并不可怕，可怕的是失去面对困难的勇气与决心。孩子害怕的时候，其实也正是他们最缺乏安全感的时刻。我们设身处地的共情和满怀爱意的接纳，才是他们面对恐惧的最大底气。

如何引导孩子消化自己的负面情绪?

"红绿灯法"让孩子学会做情绪的小主人

案例一:

"我不要回家!我不要回家!我还要玩!为什么别人都可以玩到很晚,我就不行?我不走!就不走!"孩子赖在游乐园,在地上撒泼打滚,哭闹不止。星星妈妈说自己真是无语了,孩子一有情绪就闹腾不止,自己也不知道该怎么应对,每每遇到这种情况,她都很无奈。

案例二:

玲玲是三年级的孩子了,处理情绪特别消极。今天因为同学恶作剧把她带过去的手工课作品藏起来了,害得她没法及时交作业,被老师点到名字了,她气得不行,打电话过来说自己不读书了,让妈妈马上来接。妈妈好言相劝总算停歇,晚上一回家,孩子还处在气愤的状态,不吃饭不说话,妈妈真是崩溃。

遇到这样的情况,家长会用不同的方法应对。有的会试图安抚孩子:"好啦,有什么好生气的呀!"有的会想办法转移孩子的注意力:"你看,那个东西多好玩!"还有的会干脆采取不理不睬的态度,因为不知道该如何处理,

往往这样的情绪处理方式不仅没有平息情绪,反而让孩子的情绪爆发出来。有的孩子甚至还对家长拳打脚踢,完全失去理智。这么一闹,本来或许想强忍着怒火的家长终于被激怒了,只好采取"以怒制怒"的办法扼杀孩子的怒气,同时发泄自己的不满,看起来是停歇了,但是这个过程,往往是疲累而无奈的。过不了多久,同样的情况可能再次出现,甚至升级,搞得家长更加束手无策或者歇斯底里。那我们的处理方式为何无效呢?我们来看一个案例,一起探讨一下原因。

新冠肺炎疫情总算暂时缓解了,迪士尼乐园的加勒比海盗、七个小矮人矿山车、晶彩奇航还有飞跃地平线等项目前,都排着一长排异常兴奋的孩子,和一长排拽着孩子、生怕孩子被冲散的爸爸妈妈。

"妈妈,我要再玩一次!"

"爸爸,我要骑在你脖子上,我看不见!"

"孩子,千万要拉住妈妈的手!"

"别着急啊!还没轮到呢!急什么急!"

这样的声音此起彼伏,除了这些还有更激烈的场面。你瞧,那边地上躺着一个孩子,正打滚耍赖不肯回家:"我不要回家,我还没玩够呢!我要去看冰雪奇缘,那里刚才没排队!"哭声震天响。上一秒还是玩乐的"天使",下一秒就变成愤怒的"绿巨人"。面对孩子哭闹发脾气的场景,会出现四种不同态度的父母。

1. "哭什么哭,再哭也没用,说好了玩到四点就回家,说话不算话的孩子,起来知道吗?再不起来,信不信我揍你?还不走?"这是压制型父母,他们认为孩子的哭闹"情绪小怪兽"是不应该有的,是无理取闹,为了让孩子尽快结束哭闹,家长也毫不避讳地释放出自己的情绪"大怪兽",采取"以怒制怒"的沟通方式,压制孩子激动的情绪,在怒气冲冲中拖着拽着带走了孩子。

2. "好了好了,别哭了,你哭得妈妈心都要碎了。那我们就只看一个项目啊,看完就回家。"妈妈看到孩子大哭起来,赶紧安慰。这是满足型父母,非常在意孩子的情绪，不愿意孩子不高兴，看到孩子大哭很心疼，想方设法满足孩子，以尽快让孩子高兴起来。这会让孩子越来越难哄，也让他们很难有规矩意识。

3. 看着孩子在地上撒泼打滚，爸爸妈妈使劲儿解释："晚上路上会堵车的，我们家离得很远，堵在路上会很辛苦，回家太晚我们就不能按时睡觉，明天你就起不来了。今天我们先不玩了，下回有空了爸爸妈妈再带你来好好玩，好吗？"这是讲道理型父母，孩子非但不领情，反而更生气："不，我就要今天玩！我可以少睡一点，明天我起得来！""你这孩子怎么不听话呢？再不走，真的要堵车了知道吗？""我不，我偏不！我就要再玩一会儿！"父母采取这种讲道理和解释的方法只会让孩子觉得有机可乘，他会不断试探你的情绪底线，直到父母彻底控制不住情绪。

4. "妈妈明白，乐乐是因为很想去看冰雪奇缘，可是爸爸妈妈说时间到了该回家了，这让你很失望也很着急，所以哭了是吗？乐乐肯定特别想马上去看，是呢，妈妈也感到很遗憾！四点钟回家是我们讨论确定的时间，今天是真的不可以了！要不，我们讨论一下下次来的时候先玩冰雪奇缘，正好不用排队。"孩子擦擦眼泪，抬起头问："真的？那我们下周再来吧！""什么时间来最合适，我们回家开个家庭会议，一起决定，好吗？"——这是共情沟通型父母，能站在孩子的角度，理解孩子此刻的情绪，懂得要给予孩子足够的调节时间，帮助孩子尽快平复心情，再和孩子沟通解决问题的方法，最后让孩子自愿执行。这种沟通方式可能一开始很慢，但慢慢地孩子就能学会管理情绪。

让孩子学会做情绪的小主人

- "红灯"停
  ——情绪"小怪兽",我们停一停

- "黄灯"想
  ——理智地思考如何解决问题

- "绿灯"行
  ——用合适的方法解决问题

当孩子出现负面情绪和行为时,父母要清楚地意识到,孩子此时启动了情绪脑和本能脑,理智不在线,家长千万别被带"沟里"。要先处理自己因为应激机制而很有可能出现的本能行为——"以怒制怒",先用"红绿灯法"处理自己的情绪,更要珍惜这个机会,帮助孩子提高他对情绪的认识和消化能力。那么什么是"红绿灯法"呢?

"红灯"停
——情绪"小怪兽",我们停一停

情绪管理的第一个步骤是红灯"停",也就是积极暂停。这是情绪管理中最重要的部分,也是父母和孩子最难做到的地方,这需要有比较强的觉察力和自控力,当然需要从父母开始示范并慢慢影响孩子。当孩子情绪激动、哭闹时,父母首先要觉察到这是孩子的情绪,是理智脑还没发育成熟的孩子必然会出现的问题，首先要理解孩子当下的情绪是正常的，每个人都有喜怒哀乐，不要总想着教训和批评孩子。孩子越激动，父母越需要冷静，因为孩子这时候需要理智的父母帮助他，而不是失去理智的父母来激化矛盾。只有父母学会了积极暂停，孩子才有可能慢慢学会为情绪按下暂停键。

冬冬因为弟弟拿了他的东西大哭大闹，还踢了好几下椅子，看起来就像一头发怒的小狮子。妈妈走过去说："冬冬看上去很生气，甚至是很愤怒了，是因为弟弟没有经过同意拿了你的东西。妈妈在这里陪你。"妈妈蹲下来，握着冬冬的手，一边示范深呼吸，一边数数，冬冬哭着哭着，声音慢慢地小了。妈妈一直没说话，就这么静静地陪伴着他。当妈妈数到"27"的时候，冬冬被妈妈平静的状态感染了，情绪慢慢平静下来。不过孩子还是抽抽噎噎地说："妈妈，我还是有点生气，我没有把坏情绪都呼出去。"妈妈想了想说："我有办法了！你把嘴巴张开，我帮你把坏情绪拽出来啊！"冬冬很配合地张开嘴巴，妈妈抡了抡手臂，用三个手指做成抓的动作，在冬冬的嘴巴里一碰，做出一个使劲拽的动作，说："生气小怪兽，你出来！出来！"妈妈手掌一抓，走到窗户面前，使劲一丢，说："你出去吧，我们冬冬制服你了，滚蛋！"孩子看着妈妈夸张的动作，嘿嘿笑了。

腹式呼吸法和数数法成了冬冬和妈妈积极暂停的超级魔法，他们还做了一个画着"掌中大脑"的红牌，以提醒大家积极暂停。而"拽出小怪兽"和"扔掉小怪兽"的动作也是家里常玩的情绪游戏，有时候是丢到马桶，有时候是丢进垃圾桶，有时候是丢到窗外，冬冬也会在爸爸妈妈生气的时候举起红牌，也会帮助妈妈和爸爸拽情绪大怪兽。

"黄灯"想
——理智地思考如何解决问题

情绪波动逐渐缓下来,就可以理智地想问题了。因为孩子的情绪是由某件事情触发的。所以利用"黄灯"想办法,跟孩子一起运用"理智脑、聪明脑"好好想一想,找出可供选择的解决方案。冬冬妈妈会引导孩子从三个问题启动聪明脑去思考:

①为什么会生气(不开心、愤怒)?

②我可以怎么处理好这件事情?

③我可以怎样改变自己的心情?

当然,在"想"的过程中,父母也可以一起参与头脑风暴,可以在孩子想办法的过程中给1—2个有效的建议,供孩子选择,这可以发展孩子的积极思维和多元思维。当然,家长也可以尝试着给有限选择,毕竟很多孩子刚开始不习惯这样的思考方式,暂时还不能有太多的方案,所以,可能选择题比问答题更适合他们。

妈妈:冬冬,你说一说,刚才为什么生气了?

冬冬:因为弟弟没经过我同意,就拿了我的东西,他会搞坏的。

妈妈:你不希望弟弟拿你的东西,而弟弟似乎又很喜欢你的这个玩具,我们一起想想看,怎么处理这一类的事情?

冬冬:我把玩具分类,可以给他玩的贴上2,绝对不能玩的贴上1。

妈妈:还有呢?

冬冬:跟弟弟做个约定,想要哥哥的东西需请示,不经请示直接拿走的,需要归还,并赠送一件自己喜欢的玩具作为弥补。

妈妈:还有呢?

冬冬:如果发现他拿走东西了,我不高兴了,就用"我句式"郑重地告诉他。

发现孩子能自主启动积极思维，想到这么多的解决办法，冬冬妈妈为孩子的学习能力所折服，深深感到自己引导的必要性。

"绿灯"行
——用合适的方法解决问题

情绪管理的最后一个步骤是"绿灯"行，意思是按照选择的方法开始行动。孩子在理智的状态下选出的解决方法会比较可行，也会更乐意执行。

妈妈：今天你准备选择哪个方法告诉弟弟呢？

冬冬：我先去找他用"我句式"说一说，下午再跟他做个约定。

妈妈：需要妈妈的帮助吗？

冬冬：现在不用，晚上约定的时候，我们开个家庭会议吧，这样弟弟会更配合的。

这件事情在晚上的家庭会议中圆满解决，冬冬也从妈妈的认同和参与中感到了满满的爱和价值感。

情绪是理智的杀手。孩子有多大情绪，就会失去多少理智，而父母可以教给孩子最大的本事，就是管理情绪，成为高情商的孩子。在本主题的案例中，冬冬妈妈很好地看见了孩子的情绪，采用"共情法"接纳了孩子的情绪，还引导孩子用"红绿灯"情绪管理法重新连接理智脑，不仅帮助孩子控制住了情绪，还引导孩子自主思考和解决问题，这才是对孩子成长的最好助力。

青春期孩子的情绪阴晴不定，怎么应对？
"四步接纳法"帮助孩子消化情绪

案例一：

萌萌妈妈说：这几天，上初二的女儿的情绪变得特别无常。孩子放学一回家，就闷声不响，孩子爸爸多问两句，孩子要么突然暴怒："问什么问哦！告诉你，你又不懂！"而后拂袖而去，甩门把自己关在房间里。要么置若罔闻，白眼以对，弄得大人莫名其妙而且让人有揍她一顿的冲动。

案例二：

凯奇今年15岁，最近情绪的变化让妈妈无法招架了。妈妈来到爱心树咨询室说，孩子小学阶段情绪管理还是可以的，可是最近变得越来越无理，只要父母不同意他的要求，他就开始折腾，有时话难听，脸色难看，真是让人受不了。

类似于萌萌和凯奇这样的青春期情绪问题，可能是父母们普遍的困扰。孩子到了青春期，情绪经常变得阴晴不定，上一秒还很开心，一转身就可能暴跳如雷，再下一刻，有可能就伤心落泪了。家长们不知道怎么办好。由于生理因素、激素变化、神经元和大脑额叶的发展，青春期的孩子在情绪压力和调控管理上出现不匹配和失衡，很多时候孩子自己可能也不清楚自己是怎么了，不知道该怎么办，因此有些心理学家把青春期称为"疾风骤雨期"。其实对于孩子来说，青春期也是他们人生的沼泽地，特别需要有人拉他们一把。首先我们来了解一下，青春期孩子的情绪怎么啦。

1. 消极情绪增多

处于青春期的孩子生理的快速发育与心理的成熟不同步，大脑、神经系统的快速发育与他们的社会经验、为人处世策略的缓慢积累形成矛盾，他们表现出情绪上的这些特点是必然的。研究者发现，青春期孩子对于情绪刺激的加工会比其他刺激反应剧烈，相比而言，消极情绪会更容易引发孩子强烈的反应，而消极情绪在这一阶段也更多。

青春期孩子比较容易产生的情绪困扰有四个。一是暴躁，容易发脾气。一言不合就"炸"，还可能摔东西，甚至几天不跟父母讲一句话。二是抑郁。天天闷闷不乐的，情绪低迷，反应也随即变得麻木，有些孩子长时间处于这种状态后父母才发现就很糟糕了。三是焦虑敏感。这种情绪跟学习压力和人际压力的困扰有关。你发笑或者说话的时候看着他，他就觉得你是在嘲笑他，情绪立马就爆。四是腼腆。小学的时候很自信、很大方的孩子到了初中阶段就开始变得很腼腆，甚至不愿意见人了。

在这四种情绪中，抑郁情绪最为常见。2021年3月18日，2020年心理健康蓝皮书《中国国民心理健康发展报告（2019—2020）》正式出炉，其中青少年心理健康状况让我们揪心：24.6%的青少年抑郁，其中重度抑郁的比例为7.4%，将近每4个孩子中就有1个被抑郁情绪所困扰。所以，当孩子处在压力之中又不知所措时，如果没有得到很好的关注和引导，孩子很容易无法排遣而采取极端行为——自我伤害。

因为青春期孩子的社会意识有了一定的发展，在情绪冲动的时候也不太愿意去伤害别人，但是又很难受，怎么办？他们只好以伤害自己的方式来宣泄情绪。遗憾的是很多父母并不知道孩子关起门之后会用什么方式来处理压抑的情绪，这是很糟糕的。

2. 情绪冲动

身边的朋友、媒体网络传来的负面新闻，很多时候都让我们痛心警醒，2020年武汉高架桥上发生的沉痛事件让每一个父母扼腕。但是很多人看到类似的青少年因为情绪激动、行为过激导致严重后果的新闻，第一时间都是谴责父母的教养方式有问题，其次就是数落孩子的心理太脆弱。其实，最需要引起我们重视的是青春期这个特殊时期对于情绪管理的挑战。青春期孩子会和大人对着干，情绪易冲动，用极端行为解决问题……让大人头疼的青春期，可以说是一个情绪的"疾风暴雨"阶段。一旦遇到强度比较大的负面刺激，"理智脑"立即呈离线状态，加上孩子自我认知有冲突，自尊没有得到满足，又没有接受过情商训练，孩子就容易做出匆忙的、非计划性的反应，根本不考虑这些反应对自己或他人是否会造成严重的后果。所以，青春期孩子的情绪值得我们每个人关注和关爱。

3. 亲子关系导致情绪郁积

影响青春期孩子的情绪管理水平的第一个因素是父母之间的关系，当家庭的情绪氛围糟糕的时候，孩子就容易焦虑紧张，所以父母冲突越大，孩子情绪郁积越严重。

我们曾经对初中生做过亲子调查，其中有一道问卷题："你跟父母的关系如何？"有"我爱他们""我不喜欢他们""我讨厌他们""我恨他们"，四个选项，在统计数据的时候，结果让我们感到很难过：在3000多名中学生中，超过一半的孩子讨厌或者痛恨自己的父母。我们来听听几个孩子的倾诉：

我很喜欢画画，但是我爸爸老是觉得画画玩物丧志。好几次我利用课余和周末时间画的画，都被他撕得粉碎。有时候他甚至指着我恐吓："今后看到一张撕一张，再画把你的手给打断！"（爱画画的小丁）

这几天我生理期，人特别不舒服，写作业就写写停停，有时候还需要趴在桌上缓一缓，可是我妈看见了，根本不分青红皂白，劈头盖脸就是一顿臭骂，

我都委屈到不想说话了。（初二的彤彤）

妈妈一直骂我白眼狼，我就是白眼狼怎么啦？从来没问过我需要什么，对弟弟是万般疼爱，对我呢？就知道打骂，既然不喜欢我为什么生我？（怨怼的毛毛）

父母爱得太急切，以致忘记了为什么爱！孩子们的这些痛苦和压力不断积压，还有埋在心底的不被理解，日积月累侵蚀着内心，如何能成为一个健康阳光的孩子？

家长该如何应对阴晴不定的孩子，真正关注孩子的情绪问题，培养孩子应对压力和管理冲动的能力呢？

帮助孩子消化情绪

- **反问法冷静**
  ——接纳孩子的情绪

- **倾听接纳**
  ——接纳孩子的真实感受

- **表达感受**
  ——接纳孩子与我们不同

- **合理解决**
  ——接纳解决方法的协调性

反问法冷静
——接纳孩子的情绪

当青春期的孩子有情绪甚至情绪激烈的时候,父母首先要做的是"接受"他的情绪变化,做到不被孩子的糟糕情绪所触怒,保持冷静。陈默教授曾经给有青春期孩子的妈妈们支招——"闭嘴",很多时候不说比"说道理"更有效果,因为不说是一种克制,是一种对力道的拿捏。所以家长首先要提醒自己:孩子并不是有意让你生气的,请努力深呼吸,反问自己:"我想要什么样的结果?""我希望孩子学会什么?"并且默念一句话:"孩子有情绪就是有话要说,我是孩子的情绪驿站。"然后开始"先处理心情,再处理事情"。请把你青春期的孩子当 VIP 客户对待,因为他们很希望你们之间是平等和互相尊重的。

倾听接纳
——接纳孩子的真实感受

值得注意的是,父母采取冷静的态度不代表就可以一笑置之。青春期孩子特别敏感,一些父母此时表现得太轻松甚至发笑会让孩子觉得是在嘲笑他,这会让孩子情绪更加失控。我们需要很真诚地看着孩子,想办法听孩子到底是因为什么而产生情绪,重视并接纳孩子的感受。如兴兴妈妈叮嘱孩子,今天上完培训班直接去奶奶家吃饭,一定要记得,孩子一听就生气了。

妈妈：我不知道我哪句话说错了，让你感到不舒服，生气了。（说出并认可孩子的感受）

兴兴：每次都自己决定，不问问我今天放学后有没有安排，除了上培训班，就是吃饭，吃吃吃！

妈妈：看来我让你去奶奶家吃饭，影响你原有的安排了。你希望放学后的时间可以自己安排，而不是被规定。不好意思。我只是提醒你今天奶奶有邀请，你可以自己决定。（积极倾听法）

兴兴不说话了。

表达感受
——接纳孩子与我们不同

这一步很重要！因为理解孩子的感受并不代表我们无底线妥协，规则意识以及如何尊重也是需要双方一起努力的。所以，当前面两个步骤完成后，我们也需要让孩子理解我们，其实青春期的孩子更能够理解别人，因为他们也更希望得到别人的尊重和理解啊！

妈妈：谢谢你告诉我你的感受。不过我也想告诉你，我刚才其实只是告诉你奶奶今天邀请我们去她家吃饭了，提醒一下你，我也没有说你一定要去。

兴兴沉默。

妈妈：你这样生气，我很惊讶，说实话，妈妈感到很难过，我希望当你有不同想法的时候，可以跟我好好沟通。（"我句式"沟通法）

兴兴：我也不是凶你，我就是自己有安排了。（孩子明显有点服软）

说实话，青春期的孩子有情绪，这是爸爸妈妈的育儿难题，但真正优秀的父母会知道，我们不仅仅要关注亲子关系，更需要关注孩子情商的培养，帮助青春期的孩子自己学会情绪管理，这才是关键。所以你可以经常跟孩子说说你的心情，比如：今天上班的时候我觉得压力好大，我有点烦躁；今天我跟闺蜜闹了一点矛盾，我觉得好郁闷。当我们给情绪命名说得多了，孩子不仅觉得自己可以为你排忧解难，有价值感，同时也学会了表达自己的情绪。

合理解决
——接纳解决方法的协调性

第四步就需要找到解决方案了。比如去奶奶家吃饭，如果孩子有比较重要的安排，孩子能自己跟奶奶沟通，不扫老人的兴，自然也是可以的。10岁以下的孩子可能会听取你的建议，但青春期的孩子最喜欢听自己的话，所以允许孩子"长大"，让他们有选择权，才能更好地促进他们真正成长，哪怕选择错误，也是一次学习的机会。

所以这时候，就该启动教练父母万能工具"启发式提问"与孩子展开讨论了："妈妈想听听今天你的安排是什么。""今天放学后的时间，你是怎么安排的？""我相信你肯定有更合理的安排，是什么呢？""你准备怎么跟奶奶沟通让奶奶不扫兴呢？"当孩子有自己合理的想法和方案时，需要尊重并放手让他们尝试。

青春期是个坎，不仅是父母的，更是孩子的。孩子们想独立又有所依赖，想自己决定又犹豫不决，帮助孩子顺利度过"心理断乳期"，是父母的责任。面对青春期孩子的情绪和"叛逆"，请谦和而坦诚，以敬畏之心对待青春期的教育，陪伴孩子缓缓走过，成长的或许不只是孩子，还有整个家庭。

二 改变认知

增强孩子自信力

教育孩子到底是扬长还是补短?

"优势开关"开发孩子潜能

一个四年级孩子在改写《龟兔赛跑》时提及：兔子大长腿跑得快是潜在优势，上次偷懒睡觉是盲目自信，没有将优势发挥出来，这一次有了"一雪前耻"的决心和动力，将潜在优势转化为现实优势，自然能赢。

畅畅是个五年级男生，学习成绩还可以，就是邋遢，比如回家臭袜子乱丢，洗澡后一浴室的脏衣服。妈妈反复提醒孩子要把袜子和脏衣服放在该放的地方，他总是记不住。爸爸忍不住呵斥，孩子脸拉得老长，嘟囔着："就知道说这事。"

琳琳妈妈说，琳琳这孩子有点让人失望，比如做事情拖拉，说话不算数，时间观念不强，每次总是先玩再写作业，一说她就发脾气，真是让人头疼。但是琳琳在外人看来，热情大方，很有礼貌，做事情也主动，为何妈妈不觉得呢？

从案例中，大家可能关注到了"优势"这个词语。在现实教养中，我们更相信"木桶原理"，更善于发现孩子的缺点，而不是优势，习惯于把注意力放在孩子的劣势上，且揪住不放，时时提醒，希望能借此查漏补缺，让他们克服缺点走向成功。理想总是很美好，现实却总是一地鸡毛。这就好比一个园丁在养花,如果你只关注除草(聚焦孩子缺点,希望尽可能地除去),却没有注意施肥(关注孩子优势并鼓励积极发挥),恐怕很难等到鲜花盛开的那一天。

为何我们更倾向于关注负面信息,而不善于捕捉正面信息或者孩子的优势呢?正如很多父母说的那样"我很爱自己的孩子,但我总是忍不住批评他",这到底是怎么回事?我们先来做一个测评,看看你是否在尝试践行优势教养。

	完全符合	比较符合	有时符合	不太符合	完全不符合
我很容易就能发现孩子身上的长处(个性、能力以及技能等)					
我知道孩子喜欢什么					
我知道孩子擅长什么					
我知道怎样去激励孩子					
我会给孩子创造机会,让他发挥自己的优势					
我鼓励孩子做自己喜欢(擅长)的事情					
我能时常发现孩子什么事情做得最好					
我会建议孩子使用自身优势					

备注:

1. 选择符合的选项打钩。
2. "完全符合"计 5 分,"比较符合"计 4 分,依次递减,最后计算总得分。
3. 前 4 题是评测你是否能看到孩子的优势,后 4 题评测你有没有培养孩子的优势。

如果你的分数在 15 分以下，你可能需要学会如何关注孩子的优势，哪怕每天一点点也可以，至少尝试着去触发积极效应，为孩子的自信成长迈出一小步。如果你的分数在 15—25 分，恭喜你，基础还不错，探索实践即可。如果你的分数在 25—35 分，说明你的教养方式对孩子和家庭均有裨益，继续坚持。如果你的分数在 35 分以上，说明你完全开创了有幸福力的教养之道，不仅要坚持到底，而且应该影响身边的人。

评测容易，改变很难！我们先来看看是什么导致父母特别擅长关注孩子做错了什么，从而进入负面机制。

1. 选择性关注使得一叶障目

琪琪有点粗心，妈妈很严格，所以经常会有雷霆震怒的时候。比如：琪琪把作业本落在学校了，妈妈会坚持带着她去取回来；口算题漏掉一题，妈妈会生气地斥责她没带脑子；上一年级的时候琪琪经常把数字看混，生字少写一笔，妈妈发现了会罚她抄写 20 遍；琪琪上完卫生间经常忘记关水龙头，妈妈看见一次罚一次。总之，在妈妈眼里，琪琪粗心的行为简直无药可救。妈妈还经常会生气地对琪琪说："你这么粗心，怎么不把自己丢了？"其实琪琪这孩子有很多优点，比如她活泼开朗，朋友很多，社交能力很强，擅长玩游戏，也喜欢运动，身体协调能力很好，还喜欢看书，经常会讲故事给同学听，同学们很喜欢她……别人也会时常夸赞琪琪的这些优点，但是琪琪妈妈一概没听进去，她只关注孩子今天有没有粗心，有没有丢东西，有没有惹麻烦。琪琪妈妈选择性地忽略了关于孩子优点的有效信息，同时被忽略掉的，是孩子接受这些方面培养的机会。这对孩子整个人生的能力发展来说，是得不偿失的。

为什么琪琪的这些优点妈妈从来都视而不见呢？为什么她眼睛里只看到琪琪粗心的时候犯的错误呢？

伊利诺伊大学的心理学家丹尼尔曾经做过一个实验，他让几个学生看一段视频，视频当中有一些穿黑衣服的人正在传球，他要求看完这个视频的学生们能够回答出来这些人传球的次数。接着丹尼尔又问这些学生有没有看到一只大猩猩,结果这些学生全都表示疑惑,他们根本没有注意到大猩猩的存在。如果我们重新放一遍视频,大家能够很清楚地观察到大猩猩特别明显地出现在画面当中。这个实验叫"看不见的猩猩"。这种现象被称为"选择性注意"。为什么那些实际上"看到"的人,会说自己没有"看到"?因为注意是具有选择性的,你在知觉事物的时候,总是关注特定的对象,而把其余对象当作背景,当你仔细数着黑衣人传球次数时,就会尽可能地撇除其他干扰物,因此就算大猩猩站在影片中央且大力捶胸,你也会无视它的存在。对于孩子的优缺点,家长所表现出来的也是这样,他们会有意识地将优点变成背景板,而缺点却突出地映入家长的眼帘。

2. 全面发展带给家长二元偏见

所有的父母都希望自己的孩子全面发展,具备更多的优秀品质,所以每当发现孩子一个缺点时,就会上纲上线,好像这一点问题就会毁了孩子的未来,这种非黑即白的二元对立思维让孩子很是受伤。在《少年说》当中很多孩子都曾经在台上控诉自己的父母只看到自己的缺点,从来都没有关注自己的努力和长处。当时很多家长都在台下解释,如果太过于关注孩子的长处,他们害怕孩子会骄傲自满而停止前进;而关注孩子的缺点,是希望孩子能够真正地改掉它,这样才能让孩子再进一步。其实这样想一想,家长的想法并没有什么错误,他们并不是为了打击孩子而只关注缺点,他们的目的是让孩子进步,但是这样的做法却往往达不到这样的目的,家长的这种行为就是一种负面偏见。

负面偏见的消极影响在于,它只让我们看到孩子的消极行为,看不见孩子的积极行为,让我们无法全面客观地看待孩子的能力,只看到很有限的一面,而非全部。而且负面偏见很容易导致父母的二元对立思维,比如我们评价孩子"他很淘气""她很拘束""他是班级里最笨的一个""她根本不会自我管理",此时我们运用的就是二元对立思维式的归类,我们习惯性地把优势和劣势看成是两个对立的极端,这对于教养是有很大影响的。

快期末了,学校要举办新年联欢会,女儿回家跟我说,自己报名参加了朗诵表演。我们非常惊讶，这完全不符合她的性格！在我心目中，她是那种不仅不敢独立下楼买东西，还不敢上台的孩子，主动抛头露面是万万不可能的。在外界的忐忑和假装信任的气氛中，孩子完成了表演。虽然看得出她有点儿紧张，但还是很顺利的。我一直认定女儿是一个"内向"的人，是我不知不觉给她贴上了"内向"的标签，并武断地认定那就是事实。这一次孩子的"例外"表现让我明白自己错了，而且心服口服。我的"无意识"差点使得我看不见孩子缺点外的"例外"，遮住了自己"看见孩子"这个独特个体的双眼。幸好孩子的"例外"敲醒了我，也使得我睁开了发现孩子优势的"慧眼"。

3. 逆向投射让亲子关系紧张

我们虽然很容易看见别人身上的缺点，但是特别容易忽视自己的缺点。我们都习惯于将积极的自我认知展示出来，随即也会发展出一种过滤我们自身消极自我认知的能力，且会时刻注意修复积极的自我认知，这就是心理学家说的"防御机制"。很多人犯了错不愿意承认或者承担，这也是一种防御机制。很多时候，我们会下意识地把自己的弱点转移到别人身上，就像是老电影放映机把图像投射到屏幕上一样，这种投射在我们日常生活和教养孩子的过程中是很常见的。当看到自己的儿子或女儿表现出一种让我们厌恶的品质时，我们会突然发火。我们认为自己这么做是在帮助孩子，但真正的原因是，我们不愿意有这样一面镜子，投射出那个可能丑陋的自我。

案例中畅畅妈妈自己神经也比较"大条"，家里也是各种乱，因为自己不会整理，经常发生找不到这个、忘记那个的事情，没少出现尴尬的局面。所以，当畅畅缺乏条理、丢东落西的时候，妈妈的投射机制就被触发了，所以反应就比其他父母来得激烈。

当然，教养中也会有一些父母企图把自己的优点（或者是自己期待而没有实现的优点）投射在孩子身上的。比如孩子参加体育比赛，父母恨不得自己上场拼搏；孩子在舞台上表演，父母在台下指手画脚，看起来比教练还卖力，弄得孩子不仅紧张而且有可能因为压力而发挥失常。

像这样场外指导型的父母，总是用否定、担忧和不信任的眼光看待孩子，造就的就是一个内在不相信自己的孩子。无论这个孩子完成了多少期许，在他的内心中，他永远都是一个糟糕的、不够完美的自己。

如何换一种思路，让每一个父母都能有一双慧眼，培养孩子的最佳品质，不受负面信息以及投射的影响，让每一个孩子都成为最好的自己呢？

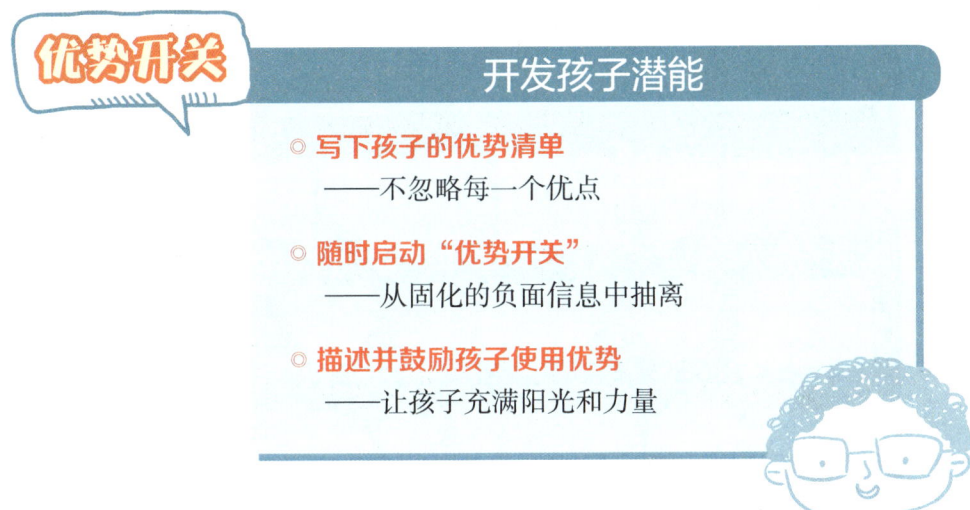

优势开关 — 开发孩子潜能

- **写下孩子的优势清单**
  ——不忽略每一个优点
- **随时启动"优势开关"**
  ——从固化的负面信息中抽离
- **描述并鼓励孩子使用优势**
  ——让孩子充满阳光和力量

"优势开关"可以帮助父母开启"天眼"，发现并帮助孩子相信自己是有能力、有贡献、有价值的人，从而让他们具备乐观、坚韧的力量，这将成为他们追求梦想、实现自我成长的动力源泉。

技能演练

写下孩子的优势清单
——不忽略每一个优点

请拿出一张纸或者很多小便利贴，将你家孩子的优点罗列出来，请从技能、兴趣、特点、天赋、能力等方面逐一书写，比如会画画、跑得很快、很善良、特别勇敢、身体协调能力好、热爱运动、坚持阅读、玩游戏很投入、有好奇心,等等。

如果你能根据上面五个方面罗列出孩子的至少50个优点,恭喜你,你已经开始以一种发散的方式去思考孩子的优势,而不是理所当然、视而不见了。下面是妍妍妈妈的优点墙:

这面优点墙让妍妍妈妈越来越擅长看到孩子身上的优点和优势,也使得孩子有目标地发展和使用自己的这些优势,从此告别养育孩子的身心俱疲和两败俱伤。

随时启动"优势开关"
——从固化的负面信息中抽离

有了优势清单,建议大家张贴在比较醒目的地方,这样,当你们每天回家时,就可以随时开启"优势开关",让自己有意识地选择关注孩子的这些优势,家长就会发现,站在你面前的孩子也是个发光体。

或许这样还是有点难。但是你可以先觉察自己的负面机制何时登场,比如看到孩子在看电视,没有第一时间写作业,你的消极思维立马告诉你孩子又在偷懒,没有遵守你们的约定,你就会下意识地批评孩子,觉得这个行为会让孩子学习没条理,时间没规划。你习惯性地做坏的假设,原始动物脑也许就要开始工作了。所以此时,你需要深呼吸,然后选择暂停,嘴里默念:"按下开关,关注优势。"按下开关,关掉的是你的负面思维,开启的是你发现优势的正面思维。如果你照做了,你或许就能看到孩子做的各种"好事"了:门口鞋子摆放得很整齐,孩子生活习惯不错;看见你回家孩子很高兴地打招呼了,说明孩子很爱你;孩子已经把水杯拿出来放在厨房了,说明生活很有条理;孩子主动说自己先看一会儿电视,马上去写作业,说明孩子学习有计划,劳逸结合。此时的你,看待孩子的目光和说话的语气自然就不同了,引导的点也就更有针对性和激励性了。

描述并鼓励孩子使用优势
——让孩子充满阳光和力量

畅畅：妈妈，今天作业不多，我先看一会儿电视，等下就去写作业啊！

妈妈：嗯，妈妈注意到你把水杯、鞋子都各归各位，说明你很有条理。我相信学习安排上你也一定会很有条理的。

畅畅：那是自然。（孩子得意上了）

妈妈：现在是你发挥条理安排学习的时候了。（提醒孩子及时关掉电视）

当你成功转移注意力且能发现孩子的优势时，请说出来并鼓励孩子使用，比如孩子有条理，父母能给予孩子时间和空间多次使用这个能力，孩子就可以在比较短的时间里取得更大的成就。

妈妈：妈妈注意到你今天的安排很有条理性，你能帮助妈妈克服一下邋遢的毛病，一起来整理柜子吗？

畅畅：可以啊！这还不是分分钟的事情。

妈妈：那我们怎样开始呢？我可是一头雾水。（示弱）

畅畅：简单！先将东西罗列一下，然后将柜子分分类，贴上小标签，最后根据标签各归各位，怎么样？

妈妈：这条理性堪称整理大师的思维，开工！

畅畅妈妈能发现孩子的点滴进步，通过鼓励和给机会使用，将其发展为优势，让孩子不仅有思考和表现自己才能的机会，更有了自我效能感的提升，丢三落四、毫无条理的毛病自然也就克服了。

从优势出发，不仅能鼓励孩子成为更好的自己，更能帮助父母从"全面撒网"以期待孩子"全面发展"的困局中摆脱出来，因为只有当孩子很享受发现并拥有优势的过程，也就拥有了自信和审视能力，孩子会善于从优势出发，看待自己的不足，从而接受事实，变得更自信更阳光。

孩子有问题不敢问，有需求不敢说，这可怎么办？

"3I定律"让孩子自信又阳光

作为父母，你有没有发现孩子在成长过程中，出现过以下情况呢？

◆路上看见老师迎面过来，立刻避开，绝不上前打招呼。

◆明明知道答案，却不敢举手回答问题。

◆从不主动和班级同学交流，都是等着别人来找自己玩。

◆学习上遇到问题，不敢举手问老师，也不敢说明情况，被批评了就知道哭。

◆要上台发言时，孩子站在台上，低着头，很紧张，不敢看同学，说话的声音很小。

如果孩子出现了以上表现，很可能是缺乏自信。很多家长教育孩子时，往往把注意力集中在教孩子一些知识或训练孩子一些技能上，而忽略对孩子自信心的培养。其实自信是孩子能力成长的支柱，也是打开孩子潜能的钥匙。为什么孩子会这么不自信呢？可能有以下几个原因：

1. 有条件的爱让孩子有"匮乏感"

"棉花糖"的实验告诉我们，自制力对孩子的成长有很大的帮助。于是很多父母趋之若鹜地爱上了延迟满足。

当孩子想要一个玩具的时候，大人不同意，孩子就会大哭不止，这时候大人就会找各种理由去否定孩子的感受。比如我们有时候会说："你已经有很多了，每次买回家就不玩了。""你要真的喜欢，等你过生日我再送给你。""你下次考一百分，我才给你买。""这个玩具不好，比你家里的差远了。"这样给孩子的信号是：我自己不够好，我不配拥有这些东西；我需要具备一定条件才配拥有这些东西。这样的限制性信念会在孩子心里生根，长大后他们容易自我怀疑和自卑，不敢勇于追求自己想要的目标和生活。

孩子越小越需要给他及时满足，孩子长大才有延迟满足的能力。有一次我和朋友一起带着孩子去逛商场，朋友女儿在一个芭比娃娃面前停下来，看了又看。朋友说："妈妈看到你很喜欢这个娃娃，你要喜欢就买一个吧！"让我们意外的是，一个四五岁的孩子说出了这样的话："家里有很多娃娃了，我不需要买新的了，我就是看一看。"

还有很多父母常跟孩子"哭穷"，想以此来激励孩子努力学习。"你知道我每天上班多辛苦？赚的钱都给你上学了！""要是没有生你，我和你爸就不会过得这么辛苦。"其实家里并没有穷得揭不开锅，父母只是想让孩子更加勤奋和上进。殊不知这份"贫穷感"带给孩子最直接的就是自卑感、匮乏感和愧疚感。

父母无条件的爱和回应，是孩子自信的起点。心理学家认为，孩子的自信，对自己作为一个人的价值的肯定，从根本上讲是来自父母无条件的爱。几乎所有的父母都觉得自己爱孩子，实际上，很多时候这些爱都是有条件的。孩子上家长安排的兴趣班、听话懂事、做父母认可的事等等，这些往往是得到家长的爱的条件。但是你知道吗？孩子小时候，得到的爱越是有条件，长大后他的自我价值感就越低，他们总是认为自己要努力迎合别人，才能被爱。

2. 违反孩子特质的"想当然"

一场亲戚的婚宴进行到互动玩游戏环节，孩子们比台上举行婚礼仪式的新郎新娘还要兴奋，都跃跃欲试，而父母在孩子耳边不断"敲边鼓"。

当主持人说："接下来，请我们的小朋友上场……"司仪的话音还没落，机灵的孩子早就翻下座位，拔腿跑上了舞台。同桌坐着一个六七岁的孩子，挺文静的。妈妈正在拼命地做着孩子的思想工作："你看，哥哥早就跑上去了，我们也一起去玩玩，一会儿还有礼品可以拿呢！"从孩子眼巴巴的眼神看出，她很渴望拥有礼品，却又说服不了自己。

"这孩子，真没用！就是没有人家男娃娃活络（机灵）！"妈妈见孩子一直没回应，尴尬地和同桌的人撇撇嘴抱怨。最后，妈妈还是不甘心，抱着孩子上台了。只见小女孩的腿挣扎地蹬了蹬，貌似不乐意，但还是在舞台上待了下来。整场互动，孩子犹如妈妈手里的木偶人，勉强配合并领回一个妈妈觉得值得的毛绒玩具。

当时，坐在台下的我，心里不是滋味。刚才上台拿玩具的行为是孩子需求还是我们的功利性"想当然"？当孩子还在抗拒一个行为发生的时候，家长却毫不顾忌，为了某种功利的目的，直接将孩子推入竞争的轨道，这样的做法并不是对孩子的助力，而是给孩子使绊子，让他更无力、更自卑、更心理失衡。就比如很多父母要求孩子跟陌生人打招呼，也是一样的道理。孩子这份羞于表达自己和对不熟悉的人抱有戒备的心态是对自我的本能保护，需要被尊重和被宽容。

父母为孩子包办一切是孩子自信心的头号杀手。太多的家长，把孩子的饮食起居照顾得无微不至，把孩子的课余时间安排得"应接不暇"……这份"包办"，让孩子没了自己做决定的机会。父母们往往还"自诩"这是孩子的需要，都是为了孩子好。一名28岁的学员坦言自己在职场特别自卑，没有安全感，原因就是自己有一个喜欢"包办"的妈妈。如果从小到大家长什么都替孩子做好，孩子在成年以后，在群体中会感觉自己一无是处，毫无自信，根本没有能力把事情做好。所以孩子不是你的私人"物品"，不能随意评判孩子，不能代替孩子做决定。

父母的谦虚，只会让孩子觉得不被认可从而自卑。和亲朋好友相聚时，有的父母为了表示谦虚，常说："哪有你家孩子乖，我这个孩子不行，太任性！""这次虽然考得不错，但是你还远远不够，需要继续努力哦！"无论是当着外人损他、贬他，还是对孩子私底下的贬斥或者打击，只会让孩子更加愤怒、焦虑、伤心，容易使孩子产生自卑、自我厌恶、自我否定等心理问题，表现出冷酷、暴躁等性格缺陷，这会影响孩子的一生。台湾知名教育专家陈孜虹老师在《有爱好好说》中指出：当听到父母那些最令人讨厌的否定语时，80%的孩子会愤怒地反抗，心生仇恨；34%的孩子会变得意志消沉，不愿开口说话；只有24%的孩子会感到后悔，开始自我反省；4%的孩子会没有感觉，什么都不想，也不知道自己为什么被责骂。

3. 不当教养方式的"破坏性"

美国斯坦福大学心理学教授曾对上百个不同家庭条件的孩子进行研究，发现那些长大后消极自卑的孩子，往往都有不合格的家庭教育环境。归根结底，孩子的不自信，来自错误的家庭教育方式。比如嘲笑和比较都是一把砍伤自尊自信的无形的刀。很多家长对犯错的孩子都采用嘲笑侮辱、讽刺挖苦和比较贬斥等语言进行批评，伤害孩子的自尊心。"你怎么这么胖啊？""没见过比你还蠢的人！""我怎么就摊上你这么个笨儿子！""你怎么就不能学学人家！""同样的老师，怎么就不见你进步，考100分？"这样做除了一次又一次伤害孩子的自尊心、自信心，没有任何正面的作用。每个人的童年时期，心灵都是极度敞开的。这些父母说的过激性语言，很可能成为孩子消极的自我暗示，让孩子长期处于羞愧、自卑等情绪中。

庆祥每次考试回家，即使考了99分，妈妈的第一反应也是：为什么不是100分呢，那1分错在哪里了？妈妈从来没有特别欣喜地说过："你居然这么厉害,学会了这么多知识点。"在父母心中，孩子做得好的地方仿佛是理所应当，不好的地方才是应该关注的，父母总是习惯性地揪住孩子的缺点，不断批评强化，暗示孩子学习不行、长相不行、交际不行、运动不行……一个孩子的自我价值感来自学业、人际关系、身体运动能力和外貌，父母这些不断强化的负面评价会转换成孩子内在的声音，不断提醒他们"不行"，使孩子出现消极的自我感觉。

让孩子自信又阳光

- **I am very important**
  ——我很重要（找到归属感和价值感）

- **I am great**
  ——我很厉害（发现孩子的优点）

- **I am well qualified**
  ——我能胜任（创造机会并鼓励成功）

斯科特·派克在《少有人走的路》一书中写道："自信须从幼年培养，不然成年后再作补救，往往事倍功半。" 我们会在某个时刻看到孩子的不自信，任何孩子都会有，请记住：他并不就是一个缺乏自信的孩子，只是因为他尚处在成长进行时。请坚持用爱和鼓励浇灌这棵脆弱的小苗，它必会有长大、长壮的一天。

I am very important
——我很重要（找到归属感和价值感）

对每个孩子来说，"需要"和"被需要"是一双有力的翅膀，它们的动态平衡能让孩子在人生的旅途上飞得又高又稳。当"需要"被满足，这是自身生理和心理上的内在驱动力。比如：孩子看见别人有漂亮的芭比娃娃、篮球鞋，自己也想拥有；考试没考好，孩子很气馁，需要有人给予安慰和勇气；孩子有情绪了找父母哭诉，需要有人接纳。而"被需要"是一种来自他人对自己的需要并折射到自我心理上的外部驱动力，比如父母经常跟孩子探讨问题，听一听孩子的建议，经常让孩子自己做一些决定并尊重它，或者在孩子有情绪的时候接纳它，在合适的时候引导孩子习得调整情绪的能力，提升复原力。这两种力量在孩子的成长过程中相辅相成、缺一不可。

"妈妈，妈妈，我刚才画了一张画，你看看！"孩子很得意地跑到厨房。

妈妈关小煤气，蹲下身子："来来来！我看看！哇，这树叶画得这么密，一定是夏天吧！花朵上面这个黑黑的小东西是什么？我很好奇哦！"

孩子很狡黠地说："这个嘛——不知道了吧？是小蚂蚁啊！"

"蚂蚁爬得这么高，一定是你画的花很美，它闻到香味了。"妈妈亲了一下孩子。

孩子感觉到了，我比烧菜更重要！当孩子在学校领了奖状，出差在外的爸爸给孩子发来一段长长的鼓励；当孩子受了委屈哭泣时，妈妈跟孩子一起"控诉"一起"撒泼"；当孩子在你房间蹭来蹭去，一会儿说枕头好软一会儿说被子好香的时候，你能及时说"要不，今晚你跟妈妈睡，让爸爸睡你房间去"……当孩子主动做事情的时候，及时说"有你真好"；在孩子犯错的时候，你没有批评和打击，而是跟孩子站在一起解决问题，弥补错误。你的这些行为都在给孩子传递"你很重要"的信息，父母的尊重、鼓励、认可和无条件接纳就会让孩子觉得自己是好的，是值得被爱的，内心便有了底气，有了安全感。只有价值感和归属感被充分满足的孩子，内心才能充满力量，才会乐于参与、乐于表达、乐于打开心门，才有机会具备优秀的品格与技能，长大后才能自我实现！

I am great
——我很厉害（发现孩子的优点）

美国成功教育学家拿破仑·希尔曾经说过："每个孩子都有许多优点，而父母恰恰相反，他们总是盯着孩子的缺点，认为管好孩子的缺点，才能让孩子更好地成长。其实，这样做就像蹩脚的工匠，是不可能造出完美瓷器的。"事实上，教育孩子需要我们睁一只眼闭一只眼。用睁着的那只眼去看孩子的优点、长处和潜力；对孩子的缺点、不足和问题，闭一闭眼，忽略不强化，或许不久就不见了。

乐乐是个学习有点吃力的孩子，接受能力也不是特别强，别的孩子一遍能听明白问题，他可能需要再次强调才能理解，所以孩子有点内向，但是很努力。这天妈妈去托管班接孩子回家，老师又婉转地告诉妈妈："你儿子很努力，只是基础差些！"妈妈想起自己辅导孩子功课的场景，心里明白，儿子不是差一点，而是差挺多的。面对满脸沮丧的儿子，妈妈微笑着对儿子说："你的老师跟我说了，你一直很努力。你都可以自己独立完成口算和朗读了，再努力一点点就好了！"听了妈妈的话，小男孩备受鼓舞，回家就拿出书背诵给妈妈听，全家很配合地当观众，还为孩子颁发了"小小朗诵家"的徽章。第二天是周末，孩子自觉安排了学习任务，妈妈大声地宣告："乐乐是个时间管理能手，不仅自己安排了学习任务，而且已经开始行动了！"孩子很自豪地行动着。过程中，孩子也有磨蹭和东张西望的时候，妈妈只说优点："乐乐能坚持25分钟不起身，这可是一个番茄钟的时间哦！看来很专心！""乐乐只休息10分钟就继续行动，很自律！""有问题先自己思考，再去请教爷爷，很有方法！"

妈妈始终用一双慧眼看待孩子的进步和优点，持续鼓励，渐渐地，全家人惊奇地发现，乐乐的接受能力越来越好，理解力也增强了很多，不仅能听懂老师上课讲解的内容、独立完成作业，偶尔还会有"高分"的惊喜。有人说：智慧妈妈都是高明的骗子。如果我们告诉孩子"我相信你一定可以做到""你天生就是做这个事情的""你看,我说了你可以吧""你太厉害了"……能让孩子在快乐中进步,说这种善意的谎言又何乐而不为呢?

当然,除了发现孩子的优点以外,我们还可以引导孩子自己找到自信。比如张怡筠博士在《幸福在哪里》一书中分享了孩子可以运用"我有优点我自信,我有特点我自信,我会优化自己我自信"等方法,运用积极的心态发现自己的优点,改进自己的不足,从而建立自信。

I am well qualified
——我能胜任(创造机会并鼓励成功)

"I am well qualified"需要创造机会让孩子有胜任感。轩轩是个不太自信的孩子,每次写作业的时候也是畏首畏尾,写完几道题总要妈妈先检查,妈妈确认他写对了,他才会继续往下写。妈妈注意到孩子的这份敏感,私下跟家里人商量以后,让爷爷奶奶和爸爸发起请教轩轩的活动,比如爷爷请教"轩轩老师"树叶的结构,因为轩轩刚学习了这一课的科学知识,然后竖大拇指夸"轩轩老师就是厉害";奶奶会请教"轩轩老师"为什么都是鸟类,而偏旁却不一样,有的是"鸟",有的是"隹",孩子会屁颠屁颠地去查百度,悄悄问妈妈,当孩子郑重其事告诉奶奶答案的时候,"轩轩老师"那份自信便建立起来了。孩子很喜欢"轩轩老师"这个称呼,经常在家给爷爷奶奶、爸爸妈妈讲课,他觉得自己懂得很多,还能帮助爸爸妈妈,在学校里也表现得非常自信。心理学上的研究发现,当一个人被请求帮助,而这件事恰好是他能较轻松地解决的时候,他是最快乐的。"知心姐姐"卢勤老师曾经说过:"真正爱孩子的父母,就要在孩子面前表现得弱一点儿,让孩子做高山,父母做小草,孩子就会长成山;让孩子当大伞,父母做小鸡,孩子就能顶天立地。"

"I am well qualified"需要发现孩子的优势，让他体验成功的喜悦。看到孩子身上的缺点很容易，但是看到孩子的优势需要我们付出努力。孩子的优势在哪里，父母要做到心中有数。父母可以从游戏、讲故事、谈话、旅游等中去观察孩子在哪一方面具有兴趣与优势，也可以有意识地让孩子接触某些活动，例如写字、绘画、音乐、运动、演讲等，为孩子创造接触这些事物的条件与环境，看看孩子对哪一样特别感兴趣，可以将兴趣持之以恒地继续下去，这样这方面的成绩会突飞猛进。当孩子足够自信的时候，孩子也更愿意去改进自己的短板和不足。

# 孩子不能接受别人比自己强，这是为什么？

"三个词组"引导孩子接纳差异，发展自己

案例一：

新新，小学三年级，班长，可以说是人人羡慕的"别人家的孩子"，新新妈妈平时也很注重孩子的兴趣培养，所以不管是学习还是艺术节各项活动，新新都能露一手，真是人人称赞，羡煞旁人啊！可是新新妈妈也发愁，因为新新坚决不允许别人比自己强。只要有人超过自己，他情绪就特别低落，不是找对方的毛病，就是干脆逃避。甚至有一次，新新和小组同学一起参加学校的"听写大赛"没有获奖，他就哭着闹着不当班干部了。

案例二：

亮亮从小喜欢下棋，经常会拉着爸爸一起下。平时爸爸都会故意让着孩子。今天接了一个电话没留意，就没有让着孩子，孩子输了一盘后，就各种面红耳赤的急眼，非得拉着爸爸赢一次不可。其间，爸爸也一直告诉孩子，下棋有输有赢很正常，不要太较真，只是玩游戏而已。但是孩子显然一点儿也听不进去，搞得家里鸡飞狗跳的。

案例中的孩子在我们身边也是常见的。这些孩子别说样样，在某些方面发展肯定是不错的，有些还一直是样样优秀的好学生，一旦发现还有更优秀

的人或者自己没有把事做完美，就会产生深深的挫败感。严重的情况会变成眼里容不下别人：看到别人长得比自己漂亮，衣服穿得好看，就说人家是出风头；看到别人成绩比自己好，就说人家是考试作弊；看到别人比自己行，超过自己，心中就不愉快、焦虑，总想发泄或攻击他人。在这些孩子的心里，比别人优秀、争取第一成了他们学习和生活的全部，一旦受挫，心理防线就崩塌。为什么会造成这样的局面呢？

1. 自动化思维驱使

在认知心理学理论中，有一个概念叫作"自动化思维"。孩子在经历各种各样的事情时，都会产生某种心理活动，即头脑会自动产生某种想法或观念，往往这种自发产生的思维会影响情绪和行为，也就是阿尔伯特·艾里斯 2005年提出的 ABC 理论。比如：在孩子小时候，家长总是要求孩子做事认真、完美，在行为结果上给以高标准，一旦不能达标或者出错，就会得到超出孩子承受能力的批评和惩罚。长此以往，孩子就容易形成一种负向的自动化思维——"只有足够优秀我才能得到认可，一旦出错就证明我很无能"。当别人比自己优秀的时候，孩子就会自动触及那个"需要足够优秀才会被认可"的核心信念，大脑自动会引起连锁"解释"——老师再也不喜欢我了，我是一个失败者。

因此，一旦有人更优秀或者自己做得不够完美，这种自动化思维就会激发起孩子的挫败、无能、恐惧等痛苦感受，进而导致他们做出极端的行为。这种绝对化的负性思维大部分时候会让孩子瞬间变成一无是处的失败者，情绪低落到极点。

再给大家举个成人负向自动化思维的例子：两个人约好了 8 点钟见面，可是其中一个人迟到了半个小时还没来。启动自动化思维草率揣测的人会经历以下想法：

"他到现在都还没有来。"

"也许他忘记了我们的约会。"

"如果他当我是朋友，就算不能来也至少要说一声吧？"

"可见他根本就不在乎我啊。"

"为什么我身边的人好像都不在乎我的感受？"

"也许我不值得吧，长得不好，又没钱，也很无聊，跟我在一起久了谁都会很烦吧。"

"我永远都是被抛弃的那一个。"

"所有人对我都这样，我的人生太失败了。"

"这样的人生有什么意义呢？"

乍一看上面系列想法，是不是觉得好笑又可怜？而且这些想法虽然都只是猜想和假设，并没有任何证据支持，可是当事人似乎无法控制由此产生的各种情绪：失望、担忧、焦虑、愤怒、伤心……还有抑郁。如果经常采用这种负面的自动化思维方式，那么我们对生活中的大部分经历想得越多，就越感到痛苦，当这种痛苦积压到一定程度的时候，就真的会陷入抑郁的状态之中。

而孩子一旦启动这样负向的自动化思维，就会无法承受不完美的现实，逃避就会成为他们的选择。案例中的新新就是这样。他哭着闹着不当班干部，只是为了给自己的退缩和嫉妒找一个合理化的解释："只要我不参加，我就不会失败，我才不屑于跟你们比赛呢！你们这次能成功都是因为耍小聪明。"孩子借这些不合理的解释来避免自己失败后的痛苦感受。当然，也有一些孩子会选择永远走在追求完美的路上，但越是成功，越对自己不满意；越努力，越感觉全世界都成了自己的敌人。"她考第一，这怎么可能？肯定是偷看或者老师提前漏题了，她不就在老师家托管吗？"

2."孔雀心理"作祟

所谓的"孔雀心理"，指的就是个体拥有过于争强好胜、喜欢攀比和炫耀自己的心态行为。就像动物界的雄性孔雀，喜欢张开自己美丽的尾屏，到处炫耀，却容不得其他孔雀比自己惊艳。如果"孔雀心理"过度，孩子就会见不得别人比自己好，就会变相地掩盖自己的自卑心理。孩子着眼点并不在如何提升自己能力上，而是沉迷于自己的负面情绪，从而经常处于缺失安全感、惶惶不可终日的状态,自然会逐渐丧失本心,没有幸福感。但越是缺什么就会越炫耀什么,很多孩子就会撒谎,编造美好幻境来欺骗自己,欺骗别人,不断地美化自我,哪怕是假的他们也甘之如饴。但是无论是在学习上还是在生活上,难免会有比自己更优秀的人出现,也难免会有失败的结果,他们就会觉得很难堪、难受,甚至是嫉妒和怨恨。

究其原因,"孔雀心理"的罪魁祸首是家长的虚荣心。家长总喜欢讲别人家的孩子,别人家孩子怎么怎么好,还会当着孩子的面说:"你看人家多优秀,学习多好,你看看你,能比得上人家吗?"这样的话会严重伤害孩子的自尊,会使孩子感到自己在父母心中的地位不保而产生严重的嫉妒心理。还有一些家长很困惑,他们一直表扬和鼓励孩子,并没有批评他们,为什么孩子也会追求完美呢?我们来听听这些家长的鼓励:"你做得挺好,但我确信你可以做得更好!""哎呀,考了99分呀!如果这分也不丢该多好呀!""这次老师说你上课认真听讲了,但可不能松懈啊,要再努力一点就更好了。"这些话表面看起来是鼓励,但字里行间却传递给孩子"你不够好"的信息。甚至有的家长对自己要求很高,要求自己样样都必须比孩子出色,希望成为他的榜样……这也可能加剧孩子追求完美的想法。

3. 孩子自我认知有缺陷

一个孩子接纳不完美的自己、接纳差异是需要以自尊感为基础的。3—6岁的孩子大都处于对自己的积极评价阶段,而且主要来自对自己外部行为的评价,比如"我不迟到,我画画好看,我帮助老师打扫卫生";很少有涉及内心品质的词,也就是说孩子自尊的来源只是行为。他们倾向于在所有方面对自己有良好评价,对自己的能力有"虚幻"的良好判断。到了小学阶段,孩子的总体自尊来自"学习能力""社交能力""身体运动能力"和"身体外貌",所以往往会出现自尊受挫的现象。加上来自老师每次考试后的分数比较、体育课上的先后落差,还有来自人际交往中的"小团体",如果父母不能及时帮助孩子形成积极正确的自我概念,孩子的自尊就会大幅度下降,孩子就很有可能陷入"低自尊心"的循环怪圈。

孩子越是认为自己很多事情做不到,他们对自身的评价也就越差,也就越认为自己的能力不足。所以存在低自尊问题的小孩,在遇到事情的时候,他们总是习惯性地想到最差的结果,之后也容易受此影响,甚至会出现比较悲观的情绪。他们不会再有"初生牛犊不怕虎"的朝气和勇气,反而对生活、对世界充满敌意。

引导孩子接纳差异,发展自己

- **是……不是……是……**
  ——了解孩子的真实想法

- **如果……可能……**
  ——引导孩子驳斥自己的不合理想法

- **不同**
  ——鼓励孩子有信心迎接下一个失败

我们怎样帮助孩子克服这种完美主义带来的问题呢?认知心理学家艾利斯提出过"合理情绪疗法",也称 ABC 理论。A 代表事件,B 代表想法,也就是前面提到的自动化思维,C 代表情绪和行为。事件 A 是外部环境,已然发生,我们很难控制和改变,因此,调整情绪和行为的主要方法是改变想法 B。如果能够帮助孩子改变他的负向思维,就能够调整情绪和行为了。

是……不是……是……
——了解孩子的真实想法

因为孩子的大脑不是一个整体,还处于零散状态,所以在面对挫折和问题时,在自我思考的过程中容易出现失去真实性的现象,出现自我认知的偏差,从而导致绝对化或者片面化的想法,但是这个思考和自我认定的过程的完成是很微妙的,家长需要通过猜测和引导,了解孩子真实的想法,才有可能帮助孩子自我驳斥,走出钻牛角尖的误区。下面就以案例中的新新为例:

妈妈:宝贝,妈妈看到你很沮丧,是发生了什么事情吗?

孩子:我不想当班干部了,我觉得自己不够格。

妈妈:你已经想好了吗?是什么事情让你做了这个决定?

孩子:我们小组在听写大赛中毫无招架之力,输得那叫一个惨,老师肯定觉得我带领不好他们,我不想当班干部了。

妈妈:听写大赛和班干部是有什么关系吗?

孩子:当然有关系了!我是班干部,也是这次听写大赛小组组长,这么难看的成绩,就说明我不是个好的班干部,那就辞职算了。

如果……可能……
——引导孩子驳斥自己的不合理想法

孩子认为一次失利就代表全部失败,就不是一个好班干部,就觉得大家会不认可他。孩子这样的非理性想法,造成了孩子的情绪困扰。如果任由这些非理性的想法滋生不加以驳斥，这些想法就会像影子一样紧紧跟随，使得孩子的痛苦情绪剧增。所幸孩子的思维发展还在成长过程中，这样绝对化的负性自动化思维并不牢固，如果父母不仅洞察到孩子的情绪，还能找到引发情绪的自动思维，并适时地进行引导和调整，孩子的思维就会变得积极多元，他们就能学会用一种客观的态度来看遇到的问题和挫折。

妈妈：那你觉得一位好干部除了带领小组参加听写大赛获奖，还要做哪些不同的事情呢？

孩子：那可多了去了。比如出黑板报、管理班级纪律、管好放学路队、早自修协助老师早读、做好扶助员、写好班务日志等等。

妈妈：那你觉得这些事你做得怎么样？

孩子：那可不是吹的！除了这次带领大家参加听写大赛没获奖外，其他事情我可都是精兵强将，大家也都很服气的。

妈妈：这样啊！如果优秀的班干部需要做的事情有带领大家参加比赛、出黑板报、管理班级纪律、管好放学路队、早自修协助老师早读、做好扶助员、写好班务日志这 7 件事情，你觉得大家可能会给你这个班干部打几分？

孩子：那必须是 85 分以上。

妈妈：大家会觉得 85 分以上的人不是好的班干部，只有 100 分的人才是吗？

孩子：那好像也不是哦！

妈妈：是啊！一次失利就是在告诉你可以做得更好呢！在同学和妈妈眼中，你一直是个特别善于积极思考而且很乐观的人哦！

孩子（摸摸脑袋）：嘿嘿。

不同
——鼓励孩子有信心迎接下一个失败

当我们或者孩子在经历多次不断地驳斥这些不合理的想法后,我们就会渐渐形成积极、理性看问题的方式,也就最大限度地避开了大量的情绪"地雷"。同时,孩子的成长型思维模式重新开启,面对失败的勇气和力量也就油然而生了。

妈妈:那你对这次失利还有什么不同的想法吗?

孩子:我觉得可能是我分配任务的时候还不够清楚,所以这次不仅有点乱,而且词语量还不够,大家就没衔接好。

妈妈:那你会采取怎样不同的方法让结果更好呢?

孩子:我得做个分类和分工计划表,可以请全班同学考考我们,这样才能保证万无一失。

当孩子觉得自己不够优秀、挫败感很强时,家长首先要做的就是表达对孩子情绪的理解。因为任何情绪都需要先被接纳,才有可能被调整和改变。然后通过"是……不是……是"等求证式的询问,尝试询问并倾听他的真实想法。然后用"如果……可能"的假设性和发散性词语,拓宽孩子的视角,改变绝对化的自动思维。当孩子完成自我驳斥后,我们需要跟进鼓励,给孩子吃一颗定心丸,也让他更有力量持续思考。最后用"不同"这个关键词,引导孩子想出解决办法,同时帮助孩子形成技能。

10 孩子报喜不报忧怎么办？

"1+1沟通法"让孩子勇于接纳不完美的自己

> 杨洋是一名小学四年级的学生，在妈妈眼里，她是一个乖巧懂事、成绩不错的孩子，妈妈特别自豪的就是她特别让人省心。因为孩子回家从不说长道短，带给父母的信息总是"我班级海选又选上了""我又考了第一""同学们都跟我关系很好"……但最近情况特别不对，孩子回家总是闷闷不乐，问她什么也不说，妈妈找到老师了解情况，才知道孩子并没有那么好。她上课经常心不在焉，学习时精神萎靡，闹矛盾会偷偷抹眼泪。这是怎么回事呢？

1. 大人不接受孩子不好的一面，给孩子过大的压力

很多时候，孩子之所以会选择"报喜不报忧"，很大原因在于孩子没有从父母那里得到报忧的勇气——这就是父母教育的失职。父母给孩子施加过大的压力，使孩子在脑袋中形成一种思维——父母喜欢看到自己好的一面。因此，孩子害怕向父母述说他们不好的一面，慢慢对父母失去了信任，从而选择"报喜不报忧"。

郝斌是一个一年级的男生，当妈妈问他在学校的情况的时候，孩子不好意思地说："今天有同学说我字写得难看，还说老师不喜欢我。"郝斌妈妈立马警觉起来,马上急促地接话:"同学为什么说老师不喜欢你?老师怎么你了吗?你一定要跟妈妈说啊!你一直是个懂事的孩子,肯定是老师误会你了,你可不能给老师留下坏印象啊!我们刚一年级呢,要是老师不喜欢你,那就糟糕了!知道了没?"孩子有点茫然,好像妈妈说的并不是同一件事啊!"你一定要乖,知道吗?我们家跟别人不一样,你爸爸不要我们了,妈妈这么辛苦都是为了你,你一定要好好学习,要懂事!记住了没?"孩子很内疚地点了点头。

"一定要懂事!"这句话或许会成为郝斌同学的枷锁!或许以后的日子,孩子再也不敢将自己的忧愁和困惑呈现给妈妈,因为"必须要懂事"这样的标签和妈妈沉重的付出感不是每个孩子都承受得起的。既然承受不起,那干脆就不去碰触这样的负担和软肋,从此不报忧。

工作室的一位同事是台州人,老公常年在南昌做生意,一个月最多回家一趟。这天她突然身体不适,我们赶紧送她去医院,陪她做各种检查,医生说可能是胃出血,最好住院观察几天,先挂点滴。我们就忙前忙后张罗着,她一直催我们回去,脸上的神色特别抱歉。其间她接到老公、父母和读大学的儿子的电话,我们瞧见她好几次委屈和脆弱得湿了眼眶,但是蹦出来的言语却是:"我好着呢,不用担心我。你怎么样?记得照顾好自己啊!"既不矫情也不示弱。

我们责怪她:"你怎么不跟爸妈和老公说你在住院呢?你平时都是只报喜不报忧的吗?这样他们得多担心你啊。"

同事说:"我习惯了,我不敢说,我怕他们为我担心。他们的担心让我更加难受。"

"怎么会呢?如果幸福,你分担给父母,那大家都幸福;痛苦你也得分担,那你就只有一半的痛苦,那不是更好?"

可她当即回答:"我觉得不是这样的,痛苦说给他们听,我会得到双倍的痛苦。"

后来我们知道，她父母每次在知道她有什么事情后，先是着急和安慰，接着就不停地强调她一直很乖，很让人省心，再强调自己的付出感，为了她做了多少牺牲，付出了多少努力。此时，父母的爱一股脑地砸下来，太沉重了，沉重到她一听到这些话，就觉得自己被一座道德大山压得透不过气来，什么也说不出口。

郝斌的亲子模式和我同事的报喜不报忧让人心疼！"懂事、乖巧"这样的标签真的负荷太重，作为家长的我们是否需要深思：当孩子报忧的时候，我们该如何对待？是否需要让孩子感到"我的情绪你在乎""我的挫折你理解""我的错误你接纳"呢？而当我们有忧愁和糟糕的事情时，是否也需要告知孩子，让孩子也学会关心和分担呢？

2. 孩子的负面情绪不被接受

玲玲这次考试没考好，特别沮丧。孩子低垂着脑袋回家，哭丧着脸，妈妈一看孩子这模样，就知道孩子考试没考好。妈妈没有安慰玲玲，露出厌恶的神色（孩子在情商课上分享，说当时她看到妈妈的情绪就是厌恶）大声数落："没考好吧？活该！前几天让你复习，让你多看作文选，你就是不听，总觉得自己很厉害，看，考砸了吧！还知道难受，知道难受为什么不好好复习？"

很多时候，父母在处理孩子的负面情绪时，总是忘记眼前的还只是一个年龄尚小、未经世事的孩子。因此，当孩子展露自己的真实情绪或者向父母倾诉他们的苦恼时，父母总是会不耐烦或是很敷衍，他们觉得这没什么大不了的。但是，问题是，在父母看来不是问题的问题，对于孩子来说，却是天大的问题。

就像很多人在倾听别人诉苦的时候，常回应的一句话往往是"别担心了，一切都会过去的"或者是"有什么好担心的？发生了就让它过去吧"。比如孩子因为摔跤哭了，父母往往回应："你看你，不就是摔了一跤吗，哭什么哭，至于吗？"这些话在告诉我们什么？——你的担心你的忧虑，是没有意义的，是不值得的,你这种情绪是错的。当我们收到这样的信息的时候,心里是不是很堵?我们没有得到理解,没有得到宽慰,也没有得到认同。如果我们常常收到这样的信息,我们还愿意把心里的忧虑告诉他人吗?是不是连说的勇气都没有了?最终也就只能报喜而不报忧了。

如何避免或者克服报喜不报忧的现象,让孩子敢于敞开心扉,展示真实的自己呢?

1+1沟通法 让孩子勇于接纳不完美的自己

◎ 一分看见
——看见孩子的情绪,给予回应

看起来你很（　），你愿意跟我说一说吗?
看起来你今天有点（　）,我猜那个场景是有点糟糕了。

◎ 一分关注
——关注问题的解决,给予帮助

你怎么看这件事情?
你希望我给你怎样的帮助和支持呢?

心理学家卡尔·罗杰斯说:"对孩子们只是爱是不够的,我们还必须无条件地去爱,爱他们本身,而不是爱他们做的事。"所以家长看见孩子糟糕的情绪,看见孩子的困难和困惑、为难和纠结,应该积极倾听孩子的想法并给予回应,这份关爱和温暖才会成为孩子成长的动力,才会成为孩子担当的勇气。

一分看见
——看见孩子的情绪，给予回应

学业压力，社会压力，使得有些父母养育孩子既焦虑又功利，父母焦虑自己的孩子比不上别人的孩子，焦虑孩子成长的每一步，恨不得让他什么事情都做到最好。于是关注孩子行为的多，关心孩子情绪的少，这是很糟糕的现象。如果父母能看见孩子的进步、成功、上进和努力，也能看见孩子的沮丧、偷懒、萎靡甚至放弃，教育就不会失重、失态，孩子也就能敞开心门，展现一个真实的自己。

妈妈：杨洋，妈妈注意到你今天情绪不高，是有什么难过的事情吗？

杨洋：没有……（孩子提不起精神，看起来有点不想说）

妈妈：妈妈很在意你的情绪，看到你这样，我也很难过。

杨洋 就是今天小主播比赛，我和同学吵了一架，结果一肚子气，没发挥好。

妈妈：那当时你肯定很难过，因为你其实希望自己做得更好。

杨洋：就是嘛，偏偏这个时候找我理论，我看他就是故意的。

妈妈：他的行为让你很生气，吵架又影响了比赛，让你很沮丧和懊恼。

杨洋：这回丢脸丢大了，明天大家肯定会嘲笑我的。原本大家还觉得我能代表班级参赛呢！（孩子不生闷气了，但是情绪还是不高）

通过沟通，妈妈听出了孩子的沮丧和负面想法，这真是难得的成长机会。如果不沟通我们很难发现孩子的心理变化，也没办法帮助孩子走出情绪的困局，并从事件中学习技能。孩子不像大人，会根据事态，理性地选择隐忍或者针对，因为孩子大脑发育还不成熟，"各部门"之间还没连成一个整体，理性和情绪很少同时在线。当事情来临的时候，孩子们就会不由自主地用情绪表达大脑的诉求。所以父母需要像杨洋妈妈那样看见孩子真正的感受，那样才能培养高质量的深度关系，孩子自然就不忌讳跟我们倾诉自己的委屈和不堪、难过和错误了。

一分关注
——关注问题的解决，给予帮助

有了第一步的"一分看见"，孩子愿意敞开心门跟父母倾诉，来释放自己的情绪，这时候父母只要倾听，并对孩子的情绪表达接纳和理解就够了。比昂的"涵容理论"告诉我们，当孩子有负面情绪或者处在情绪不稳定状态的时候，孩子内心会产生并积攒大量的 β 元素，使得孩子没有办法安心玩耍或者学习，而在这个时候，母亲的共情和倾听将会涵容孩子的情绪，能感受孩子的无奈和困境，通过共情的语言反馈给孩子，这个过程就是转化，母亲将孩子情绪里影响思考的 β 元素，通过自身的 α 功能转化为 α 元素，此时孩子将可以继续思考。这样的父母才能养育出敢于报忧的孩子。

很多孩子对父母都是报喜不报忧，因为每次说到不开心或者错误不堪的事情时，父母的情绪比自己还激烈，孩子希望将自己的 β 元素投射给父母，希望能得到良性的转化，可是父母将更大更多的 β 元素反射回来，孩子哪能接受得了，这样的互动模式孩子怎敢随意与父母沟通？自然只能用"挺好的"来概括所有，报喜不报忧了。

妈妈：孩子，你觉得这次小主播比赛没有取得好名次，大家会对你失望是吗？

杨洋：难道不会吗？

妈妈：我就不会！如果是有思考能力的孩子，我想一定不会因为一次有原因的失误，而否定一个同学，何况我们家杨洋原本就是个努力的孩子。

杨洋：妈妈，这次失误真是有原因的。那个同学非得在我准备的时候来纠缠，说自己不应该被扣分，非得拽着我立即回去，我原本有点紧张，这一恼，就推了他一下。

妈妈：所以你当时真的被影响到了，被情绪影响到了，是吗？

杨洋：是啊！现在想想当时自己还可以有另外的处理方法，比如告诉他我的情绪和想法，或者让值日班长来处理。

妈妈：你能反思自己，妈妈真是为你骄傲！当一件重要的事情被情绪干扰的时候，你觉得我们还可以怎么处理呢？比如今天的小主播比赛。

杨洋：其实我可以做到主次分明的，如果当时能主动忽略次要的事件，告诫自己专心于眼下的比赛，我想我可以取得更好的成绩的。

妈妈：妈妈一直都相信，你可以的！妈妈特别要谢谢你跟我聊起今天的失败，敢于接受失败重新出发，才是最勇敢的人。

引导孩子畅所欲言，表达自己，激发孩子充分的自主性与效能感，让孩子敢于给父母报忧，给负面情绪找到一个释放导管，通过父母的引导和转化，让孩子内心正能量满溢，然后神清气爽地前行。因为孩子知道：在他身后，是固若金汤的爱的防线。

 **"为什么倒霉的都是我？"孩子总有消极想法怎么办？**

"乐观CAP"教会孩子抵御"小抑郁"

案例一：

两位李老师都曾邀请张老师去喝咖啡，张老师都婉言拒绝了。1号李老师想："有什么了不起的，肯定看我在单位里不受待见，所以不想跟我太亲近呗，下次有什么事情别想找我。"2号李老师想："可能她家里今天真的有事，或者是觉得我们平时交流不够多，怕没话说尴尬。"

案例二：

李彤父母带孩子回老家探亲，一到火车站发现准备送给二舅公的礼物忘了拿。妈妈直接抱怨："该死！怎么又发生这种事情？每次都这样。我怎么这么糊涂呢？你们也是，都笨死了。"爸爸却说："是爸爸没注意，出门前应该罗列一下回老家的事务，再逐一核对一下，这样就不会出错了。彤彤，下回这个任务交给你哦！"

在生活和教养孩子的过程中，很多成人会习惯用前一种方式去思考和处理问题，与后一种相比，不仅当时的感受不同，后续采取的行动也会截然不同，这就是消极归因。长此以往，孩子在遇到问题的时候就会习惯性用悲观

的方式去应对，对自己没自信，对别人不友好，就容易陷入不自信的负循环，"小抑郁"也就更容易找上门了。美国积极心理学之父——塞利格曼，20年的研究认为，乐观的基础在于我们对原因的看法，也就是案例中的想法，也被称为个人特有的"解释风格"，解释风格从儿时开始发展，如果未经干预，就会保持一辈子。

我们用几个生活场景来看看孩子们对事件的解释风格，评测一下自家孩子的乐观指数，对号入座找找答案。

事件	想法	行为
事件1：孩子自己坐在地上搭积木，可总也搭不好。	雨涵：我怎么这么笨，我就是什么事情都做不好，你们都不理我，一定也觉得我笨死了。（做普遍性消极归因）	于是，她生气地把面前的积木推倒，还狠狠地用脚踢了几下。
	倩倩：搭积木对于我来说还真是有点困难，没关系，这是暂时的，学一学就好了，就像画画我就很厉害啊！	找爸爸帮忙，一起研究说明书。
事件2：乐乐和辉辉因为一些小事闹了矛盾。	乐乐：他脾气总是这么差，他讨厌我，他再也不会和我一起玩，我们不可能成为好朋友了。（做永久性消极归因）	消极情绪影响上课精神，整个人萎靡不振。
	辉辉：他今天心情不好，生我气了，所以暂时不肯和我玩，过两天就没事了。	该干啥干啥，第二天去问好朋友，说："你气消了吗？我们一起玩吧。"
事件3：同学开玩笑说了一句嘲笑的话。	平平：肯定是月梅挑唆的，就看见他俩嘀嘀咕咕，肯定是说我坏话，因为我前几天得罪了月梅。（做绝对化消极归因）	老是观察揣测同学的言辞，总觉得大家都在嘲笑她。

续表

事件	想法	行为
事件3：同学开玩笑说了一句嘲笑的话。	兰兰：她可能看我今天脾气好跟我开玩笑，我不喜欢这样的玩笑，我得告诉她。	找到同学，诚实表达自己的情绪。
事件4：莎莎和豆豆在艺术节海选时，都被选中参加画画比赛。	莎莎：这次画画被选上，估计是我这次运气好。（外部化消极归因）	现场比赛时紧张，发挥失常。
	豆豆：这么多人我能被选中，说明我不仅画得好还很用心有想法，努力总是有成果的，看来我得继续努力。	现场比赛更用心更仔细，取得好成绩。

首先想跟大家说的是，如果父母比较悲观，总是出现一些消极的念头，常常抱怨，孩子也可能会悲观。因为孩子的观察力很强，而且情绪比较敏感，他们完全能够捕捉到父母或轻微、或激烈的情绪反应，并会以此作为他对一些事情的看法和诠释，并形成一些负面的刻板信念。

悲观的孩子将好事归因于过渡性、暂时性、意外性，会用"有时候""今天""这次"来解释。面对失败和挫折会怎么样呢？悲观的孩子会用"总是""肯定""从不"等词语来解释他的失败、遭拒绝以及遇到的困难。因为孩子的认知能力有限，他也很有可能在这个过程中做出完全错误的解读，甚至认为这个问题是永远无法改变的，所以，孩子很容易形成错误乃至消极的归因。比如事件1中的雨涵会认为自己很笨，什么事情都做不好，绝对化、普遍化地否定自己。事件3中的平平绝对化、个体化地认为事情的起因是月梅的挑唆，从而猜疑——验证——凿实，让自己陷入负能量循环。所以，悲观的孩子在遇到问题时会产生焦虑、不安、沮丧、生气等情绪，如果这些情绪没有被接纳，没有被疏导，孩子就会习惯性地退缩和逃避。

乐观的孩子以永久性原因来解释好事，会用"总是""肯定""从不"等词语来解释好事发生的原因，会用"有时候""今天""这次""暂时""可能"来解释自己的失败、挫折和困难。如事件4中的豆豆说:"努力总是有成果的,看来我得继续努力。"事件2中的辉辉说:"他今天心情不好,生我气了,所以暂时不肯和我玩,过两天就没事了。" 乐观的孩子,并不意味着他没有或是很少有负面情绪,而是当他在遭遇到挫折、出现负面情绪的时候,他会采取更积极的行动来改变自己的境况,而不是选择放弃和逃避。

无论是大人还是孩子,如果能把失败、挫折、困难等原因限制在一定范围内,将不好的事视为"有时候""最近",把坏事归因为客观和主观的行为,而不是人的特质或者人本身,就说明他具备乐观品质。如果能把孩子悲观的思维调整为乐观,不仅对孩子的学业乃至未来事业的成功大有裨益,而且能有效帮助孩子抵御抑郁的侵袭,获得真正的幸福。具体怎么做呢?

教会孩子抵御"小抑郁"

- 【Change】转换想法
  ——幸亏没有更糟糕

- 【Acquisition】发现正面
  ——对我还是有帮助的

- 【Programme】寻求方案
  ——我要做点什么

心理学家发现,在失败和挫折发生时,悲观的人比乐观的人患抑郁症的概率要高出8倍。如何教会孩子与自己对话,进行自我激励特别重要。张怡筠博士在情商课上分享的"乐观三部曲"简单实用,第一步是"幸亏没有更糟",第二步是"我最喜欢的是……",第三步是"我要利用这优势,做个乐观大师"。在学习了张怡筠博士的情商课后,结合爱心树的情商魔法课,我给孩子们归纳了"乐观CAP"魔法，这可以帮助父母以及教会孩子调整想法和情绪，从而做出积极的有效回应或行动。

【Change】转换想法
——幸亏没有更糟糕

当事情发生时，接纳自己当下的情绪，用"消气魔法"让自己平静，然后辩证思考整个事件，转换想法，告诉自己，幸亏没有更糟糕。毛毛因为被同学开玩笑嘲笑了，心情很糟糕，回家告诉了妈妈。

妈妈：听起来确实让人不舒服，情绪有点糟糕，你特别希望同学能够尊重你，不开这种无聊的玩笑。

毛毛：对啊！这样让我很丢脸，会让大家都觉得我很小气。

妈妈：听起来有点悲观，我们今天来试一试"乐观CAP"魔法，看看是否能帮助我们从坏事中走出来，成为一个乐观达人，好吗？

毛毛：看你有什么"鬼主意"。（孩子皱眉瞪眼）

妈妈：孩子，你有没有见过或者想过更糟糕的场景？

毛毛：那还了得！如果是在大家排队的时候或者班会课上被同学吐槽或者开玩笑，那就烂透了。我见过！

妈妈：幸亏你没有碰上这样的事情，只是私人交流时，同学随口说了一句。

毛毛：是啊！幸亏没有更糟糕！这么说，还不是很丢脸。

想一想更糟糕的状态，比对一下目前的情况，还是很幸运的。比如：语文没考好，幸亏不是最擅长的英语考砸了；爸爸没有给我买玩具，幸亏没有经常晚归，忘记辅导我写作业；积木这次没搭好，幸亏不是在学校比赛中。这样转变想法是为了让自己快速从悲观情绪里出来。

【Acquisition】发现正面
——对我还是有帮助的

虽然这件事情有点糟糕,看起来也并不是那么好,但是,整体看一看,想一想,对我还是有帮助的。比如:

妈妈:是啊!看来同学还是很尊重你的。她这么说的好处是什么呢?

毛毛:可能也是想提醒我吧,怕我不接受,就开了个玩笑。

妈妈:从这个角度想一想会有不一样吗?

毛毛:这么一想这事还是有帮助的。

妈妈:这就是"乐观三部曲"的第二步,发现这件事情中的优势,也就是对我们有帮助的地方。现在你还难受吗?

毛毛:看起来我得感谢她。(孩子嘿嘿一笑)

引导孩子从事件中发现可能存在的优势,换个角度想一想,坏事也有可能是好事的开始。比如:语文没考好,让我发现了复习的方法不太行;老师批评我,让我明白老师对我很关心,希望我进步;作业来不及做,让我发现时间管理和精力分配需要调整。这些从事件中发现的问题,都将成为进步和成功的基石。

【Programme】寻求方案
——我要做点什么

第三个步骤一定是关注解决问题,形成技能。因为事情已经发生,原因也已经明了,我们更需要做的是在未来发生同类事件的时候该怎么处理,或者说如何规避同类事件再次发生。

妈妈：哈哈！确实，我觉得我们需要就这件事情做点什么。做点什么呢？（妈妈做出思考状）

毛毛：你能做点什么啊？（孩子嗔怪）我！是我！

妈妈：你！你！做什么呢？

毛毛：明天找同学好好聊一聊，她可能是觉得问我题目什么的我经常不理睬她，语文作业本的问答题她让我给她参考时我没给。

妈妈：嗯，如果像你猜想的这样，你会怎么处理？

毛毛：她都尊重地提醒了，我当然也尊重地分享一下啦！

妈妈：毛毛，你真是值得为自己骄傲。刚才你成功地利用"乐观CAP"魔法，调整了自己的想法，并有了解决方案。

孩子：具体是哪三步呢？

妈妈：第一步是Change，用"幸亏没有更糟糕"来转换自己的想法；第二步是Acquisition，用"对我还是有帮助的"来思考事件中的正面部分或者优势；第三步是Programme，就是用"我要做点什么"来寻求解决方案。来，我们来练习一下这个魔法。

毛毛（赶紧接话）：妈妈，你就说一说你老是忘记给奶奶打电话这件事情吧。

妈妈：那你呢？说一说前天责怪爸爸没送你去培训班的事情怎么样？

娘俩开始用"幸亏没有更糟糕——对我还是有帮助的——我要做点什么"练习起来。

无论是孩子还是成人，每一次犯错都是进步和学习的好机会。从哪里跌倒就从哪里爬起来说的就是这个道理。运用"乐观CAP"魔法，孩子会发现，原本不好的事情、不好的情绪通过改变想法、调整心态、积极应对也能获取成长的经验，这样孩子不仅会乐观，也会以多元化的思维去看待事物，共情别人。

孩子成绩不理想，如何在失败中赋能？

"因果法"让孩子努力有方向

期中考试，米朵和盈盈语文都没有考好，都只拿了70多分。老师下发试卷的时候，为了督促家长一起努力，特意在试卷上写了"语文成绩退步明显"几个字。

盈盈看了卷子上的分数及老师的评语，非常难过。但是她明白，这次没考好是因为自己最近跟米朵一起沉迷于网络配音，没有好好学习和复习，自己需要为这个结果做点什么，或许还需要妈妈的帮助。她这么想以后，心情逐渐平静下来了，继续上课。

米朵拿到试卷后顿时大脑一片空白。空白过后，她心想：这下完蛋了，老师有可能从此就把自己当差生对待，自己学习也没希望了，总是考不好。重点是，该如何向爸爸妈妈汇报呢？想着想着，她越来越悲观，最后得出结论：被骂死算了，反正自己就是笨嘛，还能怎么样？

考试考砸了，孩子一定会难过、懊恼，父母也会着急和担心。面对失败和挫折，父母的态度和孩子的心态就决定了是否有力量"从哪里跌倒就从哪里爬起来"。米朵和盈盈同样考了70多分，为何心态完全不同呢？

1. 父母对待失败的态度是关键

（1）父母不希望孩子失败

从米朵和盈盈的态度中，映射的是家庭教育的氛围。我们不难猜出米朵父母对待孩子犯错的态度，少不了指责呵斥、焦虑抱怨。父母总是会在事前事后忍不住为孩子的错误和失败而担心、着急，害怕孩子下次会再犯，于是常常警告："你怎么总是失败？你到底有没有用心？"常常埋怨："这件事情说过很多次了，让你长点记性，多计划多准备，你怎么就是不听呢？""这件事情我是不是警告过你？这样的结果你活该！"可父母是否想过，在给孩子"不许失败"的压力和眼看着孩子失败却不同情不鼓励时，孩子的心理负担该有多重，情绪该有多么紧张？此时的孩子不但不能够从失败的状态中走出来，甚至可能从此一蹶不振、自暴自弃。我想，米朵就是这样的心态吧。

（2）父母不关注失败的情绪

指责抱怨不可取，那安慰总是可以的吧！也不见得。9岁的冰冰，数学成绩一直很好，但这次却考了有史以来的最低分。她心情很糟糕。妈妈看见了，安慰她："没有关系的，冰冰。一次失败不代表什么，下次努力就是了。"没想到冰冰听了妈妈的话，原本还在眼眶里打转的眼泪，啪嗒啪嗒掉了下来，她直接号啕大哭。

这回可把妈妈直接搞蒙了：都不介意了，安慰了，怎么还不知好歹呢？因为冰冰妈妈没看见孩子的情绪，不懂孩子的在乎。因为对于冰冰来说，这怎么可能是"没有关系"的呢？在她的心里，这次考不好是很大很大的事情，想考好的心思是她心中最重要的事情。面对这件最重要的事情的失败，家长一上来就说"没关系"怎么能不适得其反，让孩子更加难过、伤心呢？

（3）失败后急于追究责任

有些父母擅长"打击教育"，当孩子失败的时候，父母第一反应就是埋怨责备。他们有一个认知，认为越是贬低孩子，孩子才越有动力改正；越是责骂孩子，孩子才越有决心要努力变得更好。他们不知道事实恰恰相反。

球球今天跑步比赛状态不佳，成绩特别不理想，有点出乎意料。球球回家后难过地把跑步失败的事情告诉了妈妈。妈妈第一句话是："为什么会这样？是不是你昨天没练习？""你不是一直都跑得很好吗？今天怎么就这样了呢？"当球球告诉妈妈因为自己今天被同学冤枉，所以跑步的时候注意力不集中，老想着这件事时，球球妈妈更生气了，开始不断地责骂："这么点小事，你不会告诉老师啊！就算不好意思告诉老师，这也是件小事啊，哪有跑步比赛重要呢？你看，这次失败，你特长生的名额就悬了。真是分不清主次！"

其实，球球是希望妈妈能够理解他，理解他的失败，也理解他对自己的失望的难过情绪。可是妈妈却陷入了孩子失败后的焦虑和愤懑中，失去了引导孩子的良好机会。

2.孩子看待失败的归因很重要

美国著名的心理学家韦纳将个体对于自身行为成败的原因归结为6种：自身的能力、是否付出努力、偶然的运气、身心健康状态、任务的难易程度和其他原因。可是类似于米朵这样的孩子，就会习惯性地怀疑自己，认为自己的能力有问题，这是低自我效能感的明显表现。孩子年龄小的时候，心理承受能力很差，可能在经历了两三次失败之后，年幼的他们自信心就会被击败，他们就会不自觉地怀疑自己，从而畏缩和更容易出错，而父母不会透过现象看本质，只会去指责孩子不够努力，还常常透过语言信息传递给孩子一种"我很笨""我不行""不用尝试，我都会失败"的感觉，孩子就很有可能陷入"习得性无助"状态。

还有一部分孩子会将失败的原因归结为外部因素，比如体育比赛失败了会说："是因为我的运气不够好，而且今天是个阴天，所以才会这样，不然的话，我绝对可以做得更好的！"考试没考好会说："都是老师题目出得太超纲了，再加上这么热的天气，谁脑子那么清晰哦！"这类孩子就是典型的"甩锅大侠"，一遇到不好的事情就推卸责任，从来不会从自己身上找原因，都是别人的错、天气的错，题目太难，运气太差。

这样的自我归因偏差跟父母也有一定的关系。瞿莉这次数学考得不好，她不安地告诉妈妈:"这次我太大意,几道题失误没做对,其实这些题目我都会做。"结果,她妈妈生气地回应说:"没有偶然,不要给自己的失败找借口,你就是能力不行!"这让瞿莉很受打击。瞿莉说,妈妈还经常用绝对化的评判来指责她。比如"你从来都不按时完成作业""你根本就没好好听课""你总是撒谎说自己过一会儿就写作业",父母这样的归因方式,很容易造成孩子悲观的解释风格,使其失去学习积极性。

父母的绝对化和片面化归因导致孩子颓丧地对待失败。比如看到别的孩子表现得很好,成绩不错,有些父母就会说:"你看人家多聪明啊!"这其实是妄下论断,人家孩子之所以会成功,可能是因为他们的家长付出了更多时间和精力,也可能是孩子有很好的时间管理能力,而并不只是聪明。更有些父母本身就是"甩锅大王",比如"他为什么酗酒""他为什么脾气暴躁""她为什么不如人家过得好",统一的答案都是"还不都是这个不争气的孩子吗"。

综上所述,孩子失败时,父母的态度很重要,正确的归因很重要,其实学会正视失败就已经成功一半了。

让孩子努力有方向

◎ **积极归因**
　　——内心有力量

◎ **反思原因**
　　——自我有反思

◎ **展望结果**
　　——努力有方向

◎ **果断行动**
　　——成功有计划

接受孩子的失败，就给了他成功的机会。挫折和失败是人生常态，重要的是遇到挫折和失败以后，用什么样的心态面对。心理阳光的孩子有能力迎接风雨，面对生活中的各种困难，也能在社会上找到最适合自己的位置，所以，用"因果法"帮助孩子正视和迎接失败，重新出发，是父母的责任，也是孩子成长的必修课。

积极归因
——内心有力量

当孩子做事失败的时候，作为父母的我们首先不要再给孩子添加压力的稻草，而应共情和接纳孩子的消极情绪并帮助孩子建立积极归因。

米朵：你别骂我，我知道自己很笨，每次都考得这么差，完蛋了！

妈妈：妈妈知道你肯定很难过，觉得自己好几次考不好，学习再也没希望了。（接纳孩子的负面情绪，听懂孩子的错误归因）

米朵：难道不是吗？

妈妈：的确有点糟糕！学习真是一件很辛苦很需要毅力的事情。记得妈妈刚生你的时候，立志要成为会厨艺的好妈妈，于是买了很多菜谱来学习和练习，每次都把厨房搞得像地震，你爸爸和奶奶好几次看不下去，把我从厨房里拖出来。还好我坚持了，你觉得妈妈现在厨艺怎么样？（跟孩子说说自己曾经的失败经历，让孩子接纳自己）

米朵：你这个比我考试容易啦！

妈妈：所以我觉得你比我更厉害啊！因为你一直坚持而且努力地学习，虽然有几次没考好，但是你是很有毅力、很自觉的孩子啊！你每天坚持完成作业，考前也进行了复习，这就是特别值得鼓励的行为和品质呢！我猜想应该是我们方法还不对，需要改进一下，这样下次就可以考得更好，你觉得呢？（不否定孩子，而是积极归因为方法不对，需要改进，并及时鼓励孩子失败中的可取之处）

米朵：你不批评我？

妈妈：妈妈心疼你！把我放在你这个位置，我还不一定比你做得更好呢！你只是这个阶段的语文学习成果不理想，不代表你的全部能力，更不代表你未来的实力。（祛除孩子非理性的想法，帮助孩子积极归因）

米朵的眼神开始发光。

妈妈：要不我们一起分析一下这个阶段语文成绩不理想的原因，怎么样？（在孩子恢复平静、正确看待失败后，就有了引导的机会）

米朵抱住妈妈哭了！米朵妈妈用共情法和积极归因法，不仅帮助孩子正确对待失败，也使得母女之间的关系更加紧密。我想以后孩子要是再遇上什么挫折，会更愿意和妈妈倾诉。所以尊重孩子失败的权利，接纳孩子的失败，就是对孩子终将成功的信任，而这种信任，将是孩子战胜失败的勇气和动力！

反思原因
——自我有反思

有了第一步的共情和积极归因，父母已经慢慢走进孩子的内心，这时候用"启发式提问"跟孩子一起寻找失败的原因，展开积极的自我反思，孩子才有进步的可能和成功的机会。

妈妈：你认为这次考试哪些知识点掌握得还可以，不算太糟糕呢？

米朵（迟疑了一下）：基础知识还可以，基本没扣分。

妈妈：还有呢？

米朵：幸亏作文没有更糟糕，不然就真惨了。

妈妈：看来你写作文的时候还是很有思路和方法的。（先从好的地方谈起，让孩子逆向思考，更有帮助）那你认为不该丢分、可以努力的有哪些方面？

米朵：其实好几道题目是课后题和作业本上的，我忘记看了。

妈妈：那真有点遗憾，还有呢？

米朵：阅读题其实是可以多从文章里找答案的，我觉得自己整合能力还不够。

妈妈：看来你对自己的失分原因还是很有想法的，我觉得只要有行动，下回不进步都不可能。（娘俩都笑了）

展望结果
——努力有方向

很多父母前两步做得还不错，可是往往到此为止，貌似很有信心地丢给孩子一句：我相信你下次好好复习一定会有进步的。孩子也信誓旦旦地说：我下次一定考好。可是到了下次，孩子有可能还是没考好，那时父母焦虑的情绪就控制不住了。所以，在引导孩子分析原因、找到之所以考得不理想的问题后，父母需要帮助孩子建立合理的目标，并制订学习计划。

妈妈：下次考试，你的学习目标是什么？（你希望自己可以考多少分？）

米朵：争取考95分。（看起来很有信心）

妈妈：我相信你是可以实现这个目标的，但我希望你能照顾自己的感受，先给自己定一个咱们确定能一举拿下的小目标。

米朵：那考85分可以吗？（孩子生怕妈妈不满意，瞄了瞄妈妈）

妈妈：我觉得这高度可以，我们一起向85分高地发起总攻。（两人击掌）

果断行动
——成功有计划

有了合理的目标后还需要有计划,而且是比较细化的计划,这样才能有的放矢地帮助孩子实现目标,那时给予孩子的成就感才会成为孩子继续向更高目标进发的动力。

妈妈:你现在怎样做学习计划才能帮助你实现考 85 分这个目标呢?

米朵:每天把课后题口头回答一次,作业本大声读两次,再做一篇《阅读力直通车》,妈妈,你觉得这样有没有希望啊?

妈妈:你还是有点担心是吧?记得你上次去参加乐高比赛,为了拿到好名次,你把拼凑模型做了优先顺序,把自己不太在行的练习了一次,结果比赛拿了好名次,还记得吗?(利用成功例子跟孩子积极对话,让孩子学会自我激励)

米朵:嗯!我知道怎么做了。

妈妈:妈妈发现只要你找对方法,有计划,你是很有能力面对压力的,给自己打气加油吧!

妈妈肯定了孩子的能力,帮助孩子梳理了自己成功的经验,让他们自我化解压力和挫折,这是父母最希望看见的结果。尽管未来还可能有很多次挫折和失败,但是孩子学会了积极归因,学会建立合理的目标并有行动计划,他们便能勇敢地面对以后人生中遇到的各种问题。

三 规则意识

培养孩子自控力

13 孩子爱管闲事得罪人怎么办？

"AIS 方法"保护孩子社会性和自律性的萌芽

小臻是大班的一个小男孩。小臻在幼儿园的表现可圈可点，规则意识也不错，可就是平常喜欢多管闲事，看见小朋友吃饭慢、带饮料、吃鼻屎等都要跑去告诉小朋友这样是不对的。轮到做值日那天他就更起劲了，经常动不动就跑老师办公室或者拉住老师告状，个别表现不好的孩子在家长来接送时，他要是看见了也会"直言不讳"，弄得家长尴尬不悦，这孩子都快成老师和家长眼中的"事精"了。

这不，他这会儿因为警告小朋友放学后不能私自玩教室里整理好的玩具，被小朋友怼回来，正生闷气呢！

面对这样的问题，我们能感受到家长对孩子爱管闲事的焦虑，也特别能够理解。毕竟，在成人的世界里，爱管闲事的人，常常会被贴上"没教养""没分寸""爱搬弄是非"等标签。遇到这种人，大家都避之唯恐不及。父母担心孩子人际关系不好，没朋友；孩子也特别委屈和伤心：我明明是根据老师的要求去要求其他小朋友，为什么大家都说我是爱管闲事的"讨厌鬼""恶霸"呢？我们先来看看孩子为什么会"爱管闲事""打小报告"。

1. 用"管闲事"的方式来证明自己

6岁的孩子正处于儿童期,而儿童期最首要的任务是建立身份认同感,简单地说就是要找到"我是谁"的答案,也就是自我认知。孩子的自我认知主要是基于关系的体验而建立的,刚开始是与父母的关系,后来发展为同伴关系。而同伴以及周围的人对自己的看法和评价可以帮助孩子形成积极的自我感,孩子也是通过对伙伴和周围人的"帮助"以及对关系型活动的参与,来证明自己是谁,以及自己对事态的掌控感的。

2. 用"管闲事"的方式来获取大人的关注

在小学一年级,我们会发现一些孩子表现得特别积极而活跃,上课举手恨不得直接把手甩到老师眼前,没请他发言也嗷嗷叫;下课后俨然自己是个小老师,时不时批评谁谁没听老师话。"晓丽,老师说了不能在过道里打闹,很危险的,你没听老师的话。""老师老师,浩然上课在抽屉里玩纸飞机。"究其原因,大部分类似的孩子在现实家庭生活中缺乏父母高质量的陪伴和积极关注,正因为孩子所受到的重视度和关注度不够,所以希望通过自己的行为得到一次有价值感的评价机会,其实也是孩子心底的一份诉求。

3. 以不恰当的方式来满足交往的需求

"爱管闲事"的孩子往往朋友不多,但是这些孩子对于交往的需求却一点也不比其他孩子少,于是他们只好到处晃荡,到处管闲事,其实他们也是希望通过管闲事来创造机会跟其他小伙伴交往,只是用错了方法。另外,"爱管闲事"的孩子在现实生活中可能缺乏对事态的掌控感,他们希望通过"帮助别人进步""发现别人错误"这样的行为,来满足自己可以支配别人的欲望。

每一个孩子的天性都是活泼好动、积极爱探索的。如果没有同伴的交流和玩耍,没有团队游戏的参与和探索,孩子的内心也一定和大人一样有孤独感和失落感。如何跟其他伙伴建立连接呢?孩子缺乏社会技能和有效的引导,那"管闲事"的方式就成了他们找到连接对象的手段,只是孩子并不知道,这样会陷入一个人际交往的负循环。

而一部分孩子的"爱管闲事",也恰恰体现了孩子本身的优点。这些孩子多半富有同情心和正义感,生活中肯定也非常乐于帮助父母做点家务事,帮助爷爷奶奶拿点东西。有的时候肯定还会"正义凛然""挺身而出"。这类孩子在学习上和自我管理上往往有积极的一面,只是孩子是非判断能力和独立处事能力都比较薄弱,也并不知道在指出其他小朋友存在的问题时需要采取温和而尊重他人的方式,其实是可以理解的。

保护孩子社会性和自律性的萌芽

- **Attend**(倾听)
  ——倾听感受并了解事实情况

- **Inquiry**(询问)
  ——询问孩子当时和现时的想法

- **Study Skills**(学习技能)
  ——教授孩子技能"我看到( ),我担心( ),我们可以( )"

"爱管闲事"的孩子在现实生活中都不怎么受欢迎,孩子会感觉不平衡和受挫。因为当下孩子并没觉得自己的行为欠妥,而是正义或者维护规则的。当伙伴的质问、冷落来袭时,确实有恼羞成怒的可能性。所以共情地倾听孩子的感受和想法,才能有针对性地予以引导。理解孩子仅仅是第一步,是为了跟孩子建立连接,让孩子能心甘情愿接受我们的技能引导。然后再教会孩子应对策略,如何形成对事态和场景的敏感度,如何尊重地提醒别人,这才是一个社会人该有的情商。

Attend（倾听）
——倾听感受并了解事实情况

孩子爱管闲事，说明孩子情商发育良好，思维活跃，而且生性活泼，爱动脑筋。而且，只有对周围的新鲜事物感兴趣，有好奇心，孩子才会喜欢去帮助别人、"管闲事"。所以，作为家长，首先需要倾听孩子真实的想法，再加以引导。

妈妈：宝贝，妈妈注意到你今天很不高兴，是感到委屈了吗？

臻臻：哼，都是坏孩子，没有一个是好孩子。

妈妈：看上去你真的又生气又难过！（听出孩子话里有话）

臻臻：明明老师说过放学后不能再玩玩具了，浩浩还玩，大家都整理好了的，他又全部弄得满天飞（孩子很夸张）。

妈妈：因为浩浩放学后把整理好的玩具又弄乱了，所以你很生气。（听内容）

臻臻：就是啊！我都告诉他不要玩了，老师说过的，他就是不听，还说我是小恶霸。他才是小坏蛋呢，不听话的小坏蛋！

妈妈：你告诉浩浩不要玩玩具，跟他说了老师的规定，他没听你的，还说你是小恶霸，所以你很生气。（重复孩子的描述，强调孩子的感受）

臻臻：对啊！还说不跟我玩，我才不要跟他玩。

妈妈：妈妈觉得臻臻很讲规则，很会自我管理！（鼓励孩子积极的一面）让妈妈来猜一猜啊！你批评浩浩的时候，边上一定还有好几个小朋友吧？我再猜一猜，你跟浩浩说的时候，一定是这么说的（边说边演）：你不能玩玩具，老师说了，放学后不可以玩。

臻臻：妈妈，你怎么知道的？

妈妈：妈妈有透视眼啊！（幽默一下）不过我猜，当时浩浩一定也生气了。

臻臻：他比我还凶，明明错了，还那么凶。

Inquiry（询问）
——询问孩子当时和现时的想法

禁止或者批评孩子"管闲事"可能都达不到效果，最好的方法是用询问的方式，引导孩子回顾当时的场景，让孩子自己去觉察别人的感受，也通过孩子真实的想法进行有效的引导，让孩子知道管闲事或者介入别人的事情需要掌握尺度。

妈妈：你想想看，为什么浩浩明明做错了，还生气呢？我猜你肯定能想到。

臻臻：嗯——他做坏事被发现了，有点不好意思。

妈妈：还有呢？

臻臻：怕被老师批评。

妈妈：还有呢？

臻臻：边上有同学，他肯定觉得丢脸了，当时我说话是有点凶。（孩子不好意思地捂嘴）

Study Skills（学习技能）
——教授孩子技能"我看到(　)，我担心(　)，我们可以(　)"

孩子的"正义感"需要妥善保护，更需要引导正确使用。看到别人的不良行为，给予提醒和表达自己的想法，又不让别人尴尬，这是未来人际交往的一大能力。

妈妈：浩浩偷偷玩玩具，做得不对！你发现了想提醒他，特别了不起。

那怎么提醒，浩浩才会听进去，不生气呢？今天妈妈教你一个魔法，学会这个魔法，下次提醒别人就变得既有礼貌又有威力了。现在你是浩浩，妈妈来扮演臻臻，好不好。

臻臻不说话，一副期待和不相信的表情。

妈妈：浩浩，我看到你偷偷玩玩具，我担心你被老师批评哦！我们可以一起收拾，去操场上玩跳跳球。

臻臻：好吧！

妈妈：这么说浩浩听起来会不会愿意配合呢？说不定还会谢谢你呢！妈妈来教你这个"我提醒"方法哦！

臻臻：好！

妈妈：（把魔术贴贴出来：我看到——我担心——我们可以——）来，臻臻自己说一说看。

臻臻：贝贝，我看到你吃饭的时候边吃边说话，我担心你会呛到自己，也吃得慢，那样我们就来不及玩游戏了。我们可以一起吃快一点，像这样大口大口哦！

妈妈：臻臻学会了耶！宝贝，爸爸早上一起床就抽烟，这个习惯特别不好，你要不要用这个"我提醒"魔法去劝一劝爸爸？

臻臻（走到爸爸身边）：爸爸，我看到你早上一起床就开始抽烟，我担心你会生病哦！电视上说抽烟的人肺会变黑。你可以少抽一些，如果你实在做不到完全不抽的话。（爸爸愉快地答应了，全家哈哈大笑）

孩子"爱管闲事"不是坏事，因为孩子的内心是纯净而积极的，动机也是单纯而有善意的。只是方式方法不恰当，往往又"好心帮倒忙"。如果我们能静下心来看见孩子的感受，倾听孩子的想法，并通过询问的方式引导孩子换位思考，关注对方的情绪和需求，孩子也就具备了更强的同理心。再通过技能的习得和练习，孩子不仅学会了共赢，更有了对事情的掌控感，也同时赢得了友谊。

14 孩子没有时间观念怎么办？

"一图一表"让孩子生活学习有节奏

> 小毛是一个一年级的小男孩儿，个子不高，长着圆溜溜的大眼睛，特别聪明。但是每次写作业小毛都磨蹭半天，30 分钟可以完成的作业，小毛要写上 4 个小时。妈妈说，每次写作业的时候，孩子的注意力都难以集中。他就像个好奇宝宝，外面的一点动静，就能吸引他的注意力。要不他就一会儿掰掰手指头，一会儿抠抠笔。写一道口算题，如"19-12="就要自己拿着笔，在题目下面画上半天，自己嘴里还念"19-12""19-12"……妈妈实在看不下去了，就使劲儿催道："快点啊！这个你不是会吗？你念叨什么呢？"孩子一经提醒，振作了一下，过会儿又神游了。

磨蹭是孩子最常见的行为，一般是早上起床磨蹭、吃饭磨蹭、写作业磨蹭、晚上睡觉磨蹭，这四个磨蹭时间可谓"一日雷区"。家长一般是提醒——催促——唠叨——吼叫——惩罚，亲子之间爆发"战争"也是常事。要知道，6—12 岁的孩子，家长说得越多，孩子听得越少。其实家长也知道这些方法无效，一再运用也是浪费时间，但是还是每每遇上磨蹭就如此反复，因为大家不明白孩子为什么磨蹭。一般说来，孩子磨蹭可能有以下四种原因。

1. 缺乏时间概念，慢半拍型

美国的一项心理学研究实验表明，6—7岁的儿童对于半个小时以内的短时间的长度感知力不是很强，所以一玩起来、一吃起来、一画起来就完全没有时间概念，没有紧迫感。他们知道，有人会替他们着急、会催促他们，等催促了再说。孩子就像一个木偶，推一下就动一下，不推就不动。到了学校，由于没有父母的催促，他便边玩边写，不能按时完成作业，老师只能让他带回家补。回家要补白天的作业，还要完成当日课后作业，雪上加霜，每每带着负面情绪写作业，辛苦不说，挨批也是"每日必备"，自然就陷入磨蹭的恶性循环了。

当然，个别孩子属于慢半拍型，天生反应比较慢，家长要适当降低期待，训练孩子的反应速度。

2. 注意力分散型

注意力分散型的孩子容易因受到周围事件的干扰而分神。常见的行为之一是喜欢"两件事情一起做"，比如吃饭的时候看电视、上课的时候玩手上的玩具、写作业的时候说话等等，孩子无法做到专心致志地做一件事，就无法感受时间的流逝，也不知道时间的重要性。其二是密切关注与自己无关的事情。比如：正在写作业时听到门铃声，赶紧跑过去开门；上课看见同学的东西掉地上了，冲过去帮忙捡起来；家长和朋友在客厅聊天，他老远也能接话茬。一二年级的孩子目标感不强，注意力容易随兴趣转移，特别需要父母帮助他们设定小目标。心理学研究表明，儿童注意力集中一次最多25分钟。孩子的注意力很容易受到周围环境的影响，旁边有什么好玩的事就会让他忘记了初衷。所以刚开始时，可以以20分钟为一个单位时间，让他明白每个20分钟都需要干什么，以此类推，直至40—50分钟，这个小目标不仅可以提高孩子的自制力，也可以时时提醒他集中注意力，因为本阶段你还有事情做，做好了可以休息一下。

3. 吸引注意型

有的孩子会利用磨蹭来寻求关注。如果孩子表现特别好,一切都按部就班不用父母操心,父母可能连陪孩子聊天的时间都没有。所以,有的孩子会主动犯小错误,来吸引父母的注意,让他们有更多的时间关注自己,磨蹭就是其中的一种方式。二年级的浩哲学习特别好,每天都能自觉完成作业,还会自己认真检查,连听写打卡这类事情也能自己搞定。父母特别省心,加上工作也很忙,一看孩子没什么事,也就落得轻松,各自忙自己的事情。每天这样各忙各的,大家相安无事,唯独少了亲子时光。可是有一天,孩子偶然兴起,边写作业边玩魔方,爸爸看见了,就过来说:"别玩了,快做作业。"然后孩子就发现自己一玩魔方或者橡皮什么的,爸爸或者妈妈就会过来制止他,这个时候孩子就有了一个错误的诠释:"自己好好学习被忽视,玩橡皮玩魔方会受到关注。"因此他就更多地表现出类似的行为,父母也就不得不更多地"关注"他了。根据戴克斯行为目的观点,一个孩子最喜欢的是被鼓励和肯定,其次是被批评和责罚,最不喜欢的是被忽视。浩哲表现良好时,父母不打扰不关注,看起来是相信和放手,但是在孩子看来,这也是忽视他,因为孩子的努力和省心并没有得到鼓励和认同啊!所以,孩子在内心归属感和价值感不被满足的情况下,退而求其次,采取不好的行为被提醒催促,甚至被批评和责骂,至少这时候花费家长的精力和时间,至少代表家长是在意他的,孩子的行为目的便达到了。当孩子的磨蹭是这种类型时,家长要注意的是多建立亲子特殊时光。其次,当孩子有好的行为时就一定要鼓励和肯定他;当孩子有不好的行为时则暂时忽略,避免负强化。

4. 父母耽误型

(1)父母包办

嫌孩子穿衣慢,妈妈帮孩子穿;嫌孩子洗脸耽误时间,妈妈就帮孩子洗;嫌孩子整理书包的工夫太长,妈妈就天天帮孩子整理。父母什么都替孩子做了,他的惰性就会越来越强,他的依赖性就会越来越大。教室里有的孩子上一门课，拿出一堆书和本子，到了下午，书包空了，满桌子、满地都是他的书本，铅笔、尺子、橡皮更是经常不翼而飞，校服、水杯也是常常消失。殊不知，父母包办在无形中剥夺了孩子学习的机会，使他们生活能力没有得到提升和锻炼。到了上学阶段，也就没有办法迁移至学习能力，而学习听讲、写作业、考试等是家长无法替代的，孩子则表现出生活、学习都磨蹭的现象。对于这样的情况，建议对于孩子完全可以做的事，家长要放手，给孩子锻炼的机会；孩子不会的事，示范给孩子看，教孩子做，并鼓励孩子大胆探索和尝试。

（2）家长期望过高

家长期望与孩子的能力有差距，孩子达不到父母要求，会产生沮丧情绪。比如一二年级的孩子考试得了95分，如果你问他为什么失分，孩子自己也不知道，家长非说孩子不认真、不仔细，总是数落和批评孩子，可是100分的机会毕竟不是常有的，孩子就会觉得自己不够好，家长不喜欢自己，家长只是喜欢100分。长此以往，就会造成孩子总是被笼罩在挫败感中而无法自拔，孩子自我评价极低，不相信自己能成功，每天都是在被动学习，应付家长，你让他读书、写作业，他肯定是疲疲沓沓、能拖就拖。他如果就此陷入"习得性无助"的状态，那就非常糟糕了。我们要根据孩子自身条件，适当降低期望值，适当拆解目标，允许孩子取得小进步。同时要避免把自己实现不了的愿望强加给孩子，让孩子实现自己的心愿。对孩子要多鼓励、肯定，少批评、指责。

（3）被动抵抗

孩子磨蹭，能引起家人强烈的反应。孩子最初只是跟随自己的心，磨磨叽叽做事。当他看到因为他磨蹭，妈妈先是耐心催促，之后暴躁催促，最后暴跳咆哮的时候，他就会意识到磨蹭是他的武器。当他不想做什么事情又不得不做的时候，他就会使出磨蹭"神功"，来表达内心的无力感和愤怒。孩子们会有一个错误的信念："我不想写作业，妈妈偏让我写，我就磨磨蹭蹭，妈妈也拿我没办法。这件事上，赢的人还是我。"孩子用磨蹭的方式来耽误时间，影响进度，还破坏父母的情绪，这样的武器，是不是很厉害？

了解了孩子磨蹭、没有时间观念的原因以后，我们还需要进行合情合理的分类——分一分父母和孩子的责任，更要分清孩子先天和后天的影响因素。对于先天的因素，我们需要勇敢地接纳，慢下脚步引导，正如"牵着蜗牛去散步"和"静待花开"；对于后天的因素，我们需要合理规划和改善，帮助孩子快乐成长，有序生活。

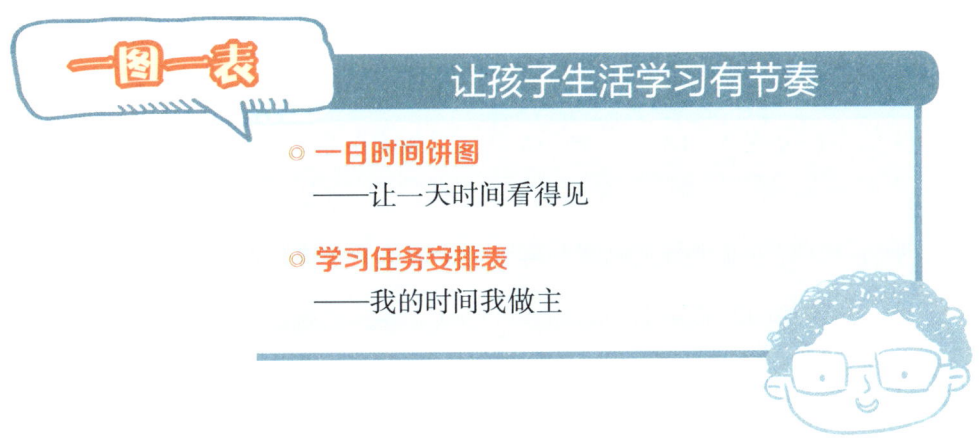

时间管理就像整理电脑碎片。电脑在长时间使用后会越来越慢，甚至会因为出现故障而罢工，有经验的工程师会帮助我们整理碎片，把零散的储存空间分门别类，以便省出很大的空间来保证电脑灵活运行。如果我们在大脑里建立时间抽屉，每一个时间抽屉放入一类事项，固定的时间有固定的事项，而且显性化，是不是不仅能培养专注力，还能提高效率呢？

一日时间饼图
——让一天时间看得见

在孩子的感官系统中，有 80% 左右的信息是通过视觉输入大脑的，所以需要让时间可视化、整体化。"一日时间饼图"就是让我们帮助孩子把一天的时间放在一个圆圆的大饼上,把 24 小时的时间进行大块的切割,一目了然地让孩子明白什么时候该玩耍,什么时候该学习。这样就能训练有目标,行动有效率,执行有成果。具体怎么做呢?

1. 罗列

将孩子看不见摸不着的时间落实为具体的事件,通过罗列每一项事件所需要的时间,帮助孩子建立和明确时间观念,为后期训练奠定基础。罗列出来的那么多事件按照怎样的原则来划分时间呢?我们可以根据一定的标准把每天的事件分成 A、B、C 三种。A 是父母规定的事情,比如睡觉和跳绳;B 是不得不做的事情,比如每天做作业;C 是可以自主安排的事情,比如搭积木、玩手机等。有了这个分类原则,再按轻重缓急依次进行罗列,最后把事件和时间写在条形的便利贴上,这样就可以自由挪动摆放,安排起顺序来就更方便了。

A. 罗列每日固定时间点

比如起床时间、早饭时间、午饭时间、饭前下楼运动时间、睡觉时间等。

起床(7:00)　早饭(7:20)

午饭(12:00)　饭前运动(17:00)　睡觉(21:30)

B. 罗列放学后的事务

写作业、阅读打卡、跳绳等。

C. 罗列自己希望有的自主时间

玩积木、看动画片、亲子阅读时间。

2. 评估时间

除大块时间比如睡觉、上学以外,清晨、饭后写作业等事情就以半小时为单位评估每项事务所需的时间,比如写作业需要 1.5 小时,就写三条。

3. 排序

上学、睡觉等大块时间是基本固定的，没办法节省时间，无须特别安排。但是下午放学后到睡前这段时间可以有计划地利用，所以需要将下午放学后的事情按照 A、B、C 原则进行排序，先保证 A 的时间，再合理安排 B 的时间，最后尽量满足 C 的时间。

时间	事 情
7:00	起床（7:00）
7:20	早饭（7:20）
7:50	上课时间
12:00	午饭（12:00）
12:30	午休（12:30）
13:30	上课时间
17:00	饭前运动（17:00）
17:30	数学作业
18:00	晚饭（18:00）
18:30	语文作业（1） 语文作业（2） 英语作业 阅读打卡
20:30	玩耍时间
21:00	亲子故事和致谢时间
21:30	睡觉（21:30）

4. 开始绘图

让孩子根据自己的安排将"一日时间饼图"绘制出来，如果父母能跟孩子一起做时间饼图，对孩子来说会非常有帮助。因为孩子也能很好地理解父母时间的有限性和对他的关注,这不仅有利于亲子时间管理,更有利于相互理解、合理协调。

学习任务安排表
——我的时间我做主

为了更好地建立孩子的时间观念并学会有序管理时间,在一日时间饼图的基础上,再罗列一张学习任务安排表,能培养孩子合理利用时间的能力,并让他们养成有计划、有目标地做事的习惯。根据睡觉的固定时间,扣除孩子洗漱时间,把放学后的学习任务和活动任务做一个详细的安排表,安排表

学习任务安排表

序号	我的任务（必须的和我想做的）	我规定的时间	实际时间	节省时间
1				
2				
3				
4				
5				
6				
7				
8				
9				
10				
11				

还是需要遵守 A（紧急重要的事）、B（重要不紧急的事）、C（一般的事）原则，让孩子根据自己的常态确定标准时间，尽量鼓励孩子挪出时间安排做喜欢的事情，让孩子有期待、有奔头（表格中深色部分就是希望孩子罗列自己喜欢的事情，如果洗漱睡觉时间有余，即可行动起来）。排序的时候，本着 30—40 分钟休息 5—10 分钟的原则，将任务分段处理，我们还鼓励将学习任务安排表里的事务完成后逐个打钩，这样看起来更有驱动性和成就感。表格中还列出实际时间和节省时间，这样可以督促孩子保质保量按时地完成任务，准时即可得到 2 张星星卡，省时且有效能得到 3 张星星卡，还可以将节省的时间储存起来，放在周末的时候跟父母协商做一件自己喜欢的事情。

荷兰的未来学者、作家与演讲家巴卡斯说："时间管理最重要的目的是创造更多的休闲时间。"对于孩子来说，时间管理的目标就是"搞定一切还能玩"。所以，千万不要看见孩子时间有余，就给孩子层层加码，那就糟糕了。

执行学习任务安排表需要注意时间节奏和孩子的注意力特点，不要期望一蹴而就。正如叶圣陶先生所说，"教育就是培养习惯"——时间管理的习惯！所以，父母还需要注意两点。

允许孩子小步前进。父母如果希望孩子养成每天阅读打卡30分钟的好习惯，刚开始的时候可以将时间设定为20分钟，这样孩子减轻了压力，坚持也就更加容易，然后在孩子达成目标后给予鼓励，并鼓励孩子增加5分钟，巩固稳定一段时间后再延长至30分钟。循序渐进是培养习惯的原则。

帮助孩子进行自我评估。一张计划表不是用来安慰自己的，在执行过程中学会自我评估也就培养了孩子的自我认知能力，从而才可能调整认知边界，无限拓展。所以执行一段时间，比如一周后，父母需要跟孩子聊一聊执行情况："孩子，你觉得这一周在执行时，自己做得怎么样？哪些完成得很及时呢？"如果有不合理的地方，可以适当进行调整。这样巩固三四周后，孩子对于时间的概念也就比较熟悉了，慢慢地可能就不需要父母提醒了，自己就能管理，而且会很有成就感。

一图一表的训练可以让孩子学会管理时间，养成有计划地做事情的好习惯。孩子习惯了为自己做计划后，父母就可以通过图表的形式，帮助孩子做一些短期、中期的学习、生活目标和规划，只要孩子有自己的目标，便有憧憬和自我激励的能力，实际目标便指日可待。

15 孩子屡教不改，老是犯同样的错，这是为什么？
"3W1H 原则"培养知错就改的孩子

小颖今年 6 岁，平时就喜欢"管大人的闲事"，有空没空总会在大人边上蹭来蹭去，经常"帮倒忙"，比如打破个小碗、洒点水、弄丢筷子等小事经常发生。今天妈妈一回家，小机灵鬼怯生生地守在门口，默默地给妈妈拿拖鞋，又帮妈妈放包，脸上堆满"害怕"的愧疚。

妈妈走进厨房一看，天哪！厨房里一股烟味，微波炉还往外冒着烟气。打开微波炉一看，她发现微波炉的内壁上全是奶油，一问女儿才知道，原来这个淘气鬼突发奇想，想看看微波炉到底有多大"能耐"，于是把前两天吃剩下的蛋糕放到了塑料盒里加热，引发了"蛋糕炸雷"。

看到这个场景，妈妈心里是五味杂陈，有担心、生气，也有无奈。担心的是小颖这种行为很危险，如果孩子当时伸手去开微波炉，天知道会发生什么，想想就后怕；生气的是孩子每次闯了祸之后认错态度都特别好，可就是屡教不改，这种危险已经不是头一次了。而每次说教以后，孩子貌似已经听进去了，可就是不长记性，屡屡犯错，也让妈妈超级无奈。

我们先不提小颖是个好奇心很强、乐于助人和喜欢探索的孩子这个话题，孩子频频出错，屡教屡犯这样的情况在其他家庭是不是也经常出现呢？比如说水杯要放在手臂不容易碰到的地方，孩子却总是忘记而导致水洒一地；又如每次睡前要求孩子先整理好第二天穿的衣服，免得早上手忙脚乱，可孩子总是忘记……诸如此类的小事情发生后，孩子认错的态度都挺好，可是到了下次，孩子仍然会给家长惹出事来，家长只能再批评孩子。于是亲子面对问题的模式就成了"孩子犯错——家长责怪孩子——孩子不停地犯错——家长不停地责怪孩子"这样一个恶性循环。家长在批评孩子时，自己的情绪也很容易失控，而且还很容易产生连带想法，比如：这孩子怎么这么不长进？孩子爸爸怎么就不能分担？我怎么这么辛苦？这些想法一冒出来，简单的批评就可能演变成责骂和抱怨，一旦这样的场景出现，亲子关系就会受到伤害。当然，在骂过孩子以后，家长自己心里还是愧疚的，觉得有点小题大做了。可是不批评也不是个事儿啊！真是让人恼火。在骂过孩子之后，家长自己心里也很愧疚，可孩子犯了错，不批评也不是回事，真是让人恼火！那孩子为什么总是反复犯错呢？

1. 父母问责的态度锁死了孩子的"犯错记忆"

记得有一位教育家说过：教育的最高境界在于传递感觉。教育也好，引导也罢，语言的功效只占 7%，声调的高低和肢体动作（包括表情）的作用合起来占90% 以上。所以，当我们怒火冲天、满脸怨气地面对孩子的错误时，孩子的理智脑根本就不在线，他们启动的是情绪脑和行为脑，只想着如何规避惩罚，找各种理由和借口搪塞，逃脱责骂。这样的问责让孩子充满愧疚，情绪压力导致"错误失忆"，也就真的成"为什么总是做不好？""说了这么多遍怎么还不听？"的局面了。总而言之，问责带给孩子的不光是愧疚感，还有家长无形中施加给孩子的压力，在这样的压力之下，孩子很难进行自主思考，而没有思考的过程，孩子对于自己的错误也没有记忆，自然会导致孩子出现屡教不改的情况。

父母的责骂和吼叫，出发点是为了纠正孩子的错误，期望孩子学好，可谓是"刀子嘴豆腐心"，可是当下的孩子丝毫感觉不到父母的爱，这种痛苦会让孩子产生一些局限性的想法，从而用退缩的方式来保护自己，这份退缩恰恰成了改错的障碍，因为他也需要先处理自己焦虑和愤怒的情绪，这自然就分散了改错的精力。

2. 孩子出于好奇心的探索，又遭遇经验的限制而状况频出

在孩子的成长过程中，他们总是需要逐渐去了解更多的事情，想用自己的方式去探索世界。而对于现实经验不足，内心又期望自己更多更全地了解这个世界的孩子来说，最好的方式就是模仿别人的言行，可由于主角不同，场景不同，尝试自然经常失败。这份失败在大人看来，可不就是错误？正如四五岁的孩子翻垃圾箱、拆玩具之类的行为，如果家长给予否定，那么势必会抑制孩子的想象力和挫伤孩子的积极性，他们也就没有了学习经验和发展技能的机会了。

另一点就是父母忽视了技能的习得是需要耐心引导和花时间训练的，很多父母以为孩子到点了就应该会，教过一次了就要能，往往省去了"学"和"习"的过程以及这个过程中对探索思维和解决问题能力的训练，所以孩子面对自己不熟悉的问题就变得束手无策，最后的结果往往是胡乱尝试一番之后宣告失败。

3. 引发关注和宣泄情绪

很多父母平时工作忙，对孩子关注不多。如果孩子能及时完成作业，也没出什么差错，估计父母跟孩子聊天的几句话就是："作业写完了吗？""写完了记得看书！""赶紧去洗澡睡觉吧，明天还得早起上学呢！"这样官方的问询和交流完全不能满足孩子对存在感和价值感的需求，原本学龄初期的孩子就特别需要鼓励和赞赏，这是他们肯定和认可自己的基础。偏偏父母看不见孩子的努力和辛苦，比如：我及时完成作业没有鼓励和赞赏吗？我的自觉没有被看见吗？我这么省心你们不夸夸我、抱抱我吗？孩子心底有需求，嘴上却不知道如何正确地表达。久而久之，这些诉求就外化为错误行为来吸引父母的关注了。

有时候孩子犯错是为了表达对父母的一些决定和行为的反抗与不满。孩子犯错了，父母会一次次地对孩子做同样的批评，不停地唠叨。父母自以为不断批评孩子就能强化孩子的记忆，可事实却并非如此，这些批评使孩子从内疚、不安到不耐烦，最后到反感讨厌。孩子被"逼急"了，就会出现"我偏要这样"的反抗心理和行为。心理学家鲁道夫·德雷克斯在《孩子：挑战》

一书中曾说:"我们不停地指出孩子的错误,不停地告诫他们……这样的方式事实上是在表现出我们对孩子没有信心,这会让所有人沮丧和气馁。"

生活中,我们往往不知道的是,比孩子犯错更严重的,是父母对待孩子犯错后的消极态度。

培养知错就改的孩子

- **Why(背后原因)**
  ——了解事情原委(刚才发生了什么?)

- **What(所思所想)**
  ——了解孩子的真实想法(你是怎么想的?你觉得是什么导致了这样的结果呢?)

- **Where(症结所在)**
  ——关注解决问题或者修复错误(我们需要做点什么来改正这个错误?)

- **How(方法措施)**
  ——着眼形成技能(下次如何做得更好?我们如何规避这个错误?)

孩子在犯了错误之后,心理压力往往是很大的,他也很想弥补这个错误。可是家长的问责引发的负面情绪恰好压制了孩子的思考。家长如果能善待"错误",把错误当成学习的好机会,从而让孩子主动思考、知错就改,岂不皆大欢喜?所以家长需要有意识地改变自己说话的方式。最直接的做法就是不要"责",而是去"问", 这一问一答间的关爱和启发无形间就给孩子带来了一剂"强心剂",稳住情绪、感觉被爱的孩子自然能独立思考、积极进取。

技能演练

Why（背后原因）
——了解事情原委（刚才发生了什么？）

当孩子犯错时，需要给孩子说话的机会。这样既不会冤枉孩子，也能帮助我们更好地了解孩子的心理动向以及孩子出错的起因，引以为戒。看起来"发生了什么？"这个问题无关紧要，其实非常重要。这可以避免成人习惯性地下结论。

妈妈：小颖，妈妈想知道刚才发生了什么。

小颖：妈妈，我不是故意的。我是想把蛋糕放进去烤一烤，我看电视上都是这样放在盘子里弄进去的。

妈妈：嗯，妈妈猜你也没想到会冒出这么大的烟，而且差点爆炸，这让你沮丧又害怕是吗？（认可孩子的感受）

小颖使劲点头，眼睛瞬间红了，眼泪都在眼眶里打转了。

妈妈：（把孩子抱在怀里，孩子靠着妈妈抽泣起来。估计孩子这次真是吓得不轻，看孩子慢慢平静了）妈妈要谢谢你并跟你道歉。

小颖特别惊讶地抬起埋在妈妈怀里的脑袋。

妈妈：妈妈谢谢你，因为你想烤两个香喷喷的蛋糕，我猜有一个一定是送给我的，这让妈妈很感动。可是妈妈没有耐心教你怎么使用微波炉，让你差点出意外，对不起。

小颖：妈妈，是我不对！

What（所思所想）
——了解孩子的真实想法
（你是怎么想的？你觉得是什么导致了这样的结果呢？）

知道了刚刚发生的事情，我们还需要引导孩子去思考这件事情可能导致的结果，通过"What"来询问，让孩子认识到问题所在，也让孩子的情绪转移到事情本身，而不是使劲考虑如何规避惩罚或者逃脱责任。当父母能体会孩子感受时，父母和孩子之间就架起了正向沟通的桥梁，给予孩子指导的机会也就来了。

妈妈：你当时是怎么想的？

小颖：我想呢，电视都是这样弄的。

妈妈：那我们来猜一猜是什么原因导致微波炉会冒烟，甚至要爆炸吧。

小颖：蛋糕肯定没问题，不会冒烟。我知道了，肯定是盘子不对，我把塑料盘子整个儿放进去了。（孩子刚平缓下来的脸又哭丧起来）

Where（症结所在）
——关注解决问题或者修复错误
（我们需要做点什么来改正这个错误？）

错误已经发生，结果也可能不是很好，所以关注解决问题是纠正错误的正确态度。此时，父母可以跟孩子一起讨论如何做点什么，让结果不至于更坏甚至往好的方向发展。这里，特别不建议的是父母直接给答案，这样过早地介入和干涉不利于孩子形成积极的思考方式。

妈妈：小颖很会总结和思考。我们现在需要一起做点什么呢？（妈妈环顾了一下厨房）

小颖：先收拾吧，不然看起来太糟糕了。

妈妈：我去拿畚斗吧，你从哪里开始呢？

小颖：我去拿畚斗，妈妈，你先用抹布把微波炉擦干净，这个我不太会。

How（**方法措施**）
——着眼形成技能
（下次如何做得更好？我们如何规避这个错误？）

儿童心理学家说：孩子无数次犯错，那是由于孩子的生理和心理都在快速发展。此时，给予孩子机会，孩子愿意自己不断摸索，从而做得更好。中国有句俗话：吃一堑长一智。这一智需要有人引导孩子去思考，去总结，这才可能真正成为下一次处理同类事件的智慧。

妈妈：我想你肯定从这次失误中学到了什么。

小颖：嗯嗯，下次应该换成我们家的盘子，这样就不会出错了。

妈妈：真会想办法！可是这次事件还是让妈妈害怕，因为用这样高温的电器还是很危险的。你看，以后怎么做才能独立使用微波炉，又能确保自己很安全呢？

小颖：嗯——等妈妈在家的时候一起做。

妈妈：还有呢？

小颖：再戴上手套。

妈妈：这个主意真不错！来，我们一起用微波炉烤个新蛋糕。

小颖跃跃欲试。

著名的教育家苏霍姆林斯基说过：真正的教育是自我教育，如果一个人无法教育自己,那么他也不能教育别人。这句话是说给孩子的,更是说给父母的。

其实,孩子犯错家长无须太过紧张,他们每一次犯错,都给我们一次引导孩子成长和发展孩子技能的机会,更是一次增进亲子关系的机会。心理学家卡尔·罗杰斯说:"爱是深深的理解和接纳。"孩子犯错后,我们要学会理解和接受孩子的情绪。通过"3W1H"原则的引导,让孩子在积极的思考中认识到自己犯错的原因,从而改变自己固有的做事习惯,关注如何从错误中发展技能,孩子才能真的长记性、长本事。

每天睡前各种争斗，让人筋疲力尽怎么办？

"星月卡"让孩子按时入睡，形成习惯

> 晚上八点半，是茗茗和妈妈约好的睡觉时间，可是到点了，茗茗一会儿要尿尿，一会儿要喝水，一会儿又说自己肚子饿了。好不容易把流程走了一遍，茗茗又说要帮玩具小熊把衣服换了。
>
> 妈妈觉得孩子事儿多，总在找各种借口拖延睡觉的时间。说道理哄劝又安慰，妈妈的耐心终于被磨光了，孩子的瞌睡虫也被赶跑了。于是，终将上演的睡前大戏来临，妈妈的怒吼声和孩子的哭闹声此起彼伏，直到双方都筋疲力尽，才各自恹恹睡去。

旷日持久的晨间舌战、作业大战、睡前烟火战可能是当今成本最高的"战争"了，其规模之大、涉及面之广，难说绝后但绝对空前。很多时候父母为蓝方孩子为红方，有时候一方叛变或投诚，变成父一方，母子一方，或母一方，父子一方。但是绝大多数还是父与母形成统一战线共同对"敌"，可依然胜负难分，结局让人筋疲力尽。那睡前状况有哪些呢？

1. 不规律的睡眠时间影响孩子睡眠驱动的建立

睡眠专家戴蒙（Dement）博士和埃德加（Edgar）博士提出的理论认为，人类在生理上同时存在着"恒定睡眠机制"和"定时清醒机制"两个机制，两者相互抗衡，最终决定人是清醒还是昏睡。有些人起床很晚，那么他们的睡眠驱动力就会越来越少，自己还容易产生失眠症的错觉。事实上，只是他们的睡眠驱动力不足而已。

而孩子的正常睡眠驱动力除了跟自身的睡眠需求有关外，还跟他们白天运动量大小、午后或日间清醒刺激物的影响以及睡前精神状态等因素有关。以上这些因素都会影响孩子的睡眠，从而影响睡眠驱动的建立，最终使得孩子在晚上该睡觉的时间不睡觉。

睡眠驱动是自体调节睡眠驱动力系统作用下的一种功能。也就是说，孩子清醒的时间越长，睡眠的驱动力就越大，孩子就越想睡觉，并且很快就能睡着。如果孩子早上赖床，起床比较晚，睡前又拖拉、不在规定的时间入睡，那就会影响孩子睡眠驱动的建立，从而形成一个恶性循环。所以我们需要根据孩子正常需求的睡眠时间，跟孩子制订睡前习惯表，帮助孩子建立一个良性的睡眠驱动机制，这既有利于孩子生长激素的分泌，又有利于形成良好习惯。

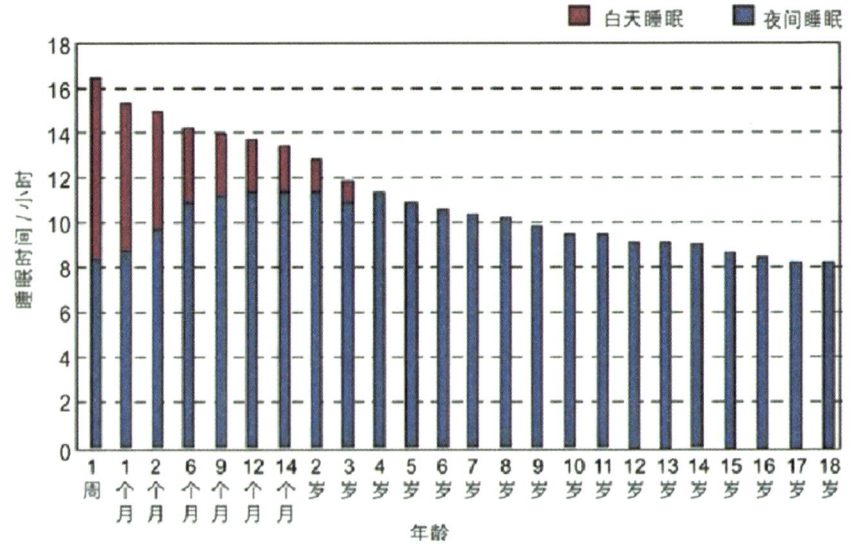

孩子晚睡的危害不需要赘述，父母都很清楚。也正是因为清楚，所以才会上演睡前大战。孩子的身高 70% 取决于基因，30% 取决于后天。在这 30% 的外在因素中，睡眠对身高的影响排名第一，超出运动和饮食，这是因为孩子在睡眠中会分泌出生长激素。晚睡或睡眠不足，就表示醒着的时间太长，对身体而言是一种过度刺激，进而会引发人体的压力反应，诱发肾上腺大量分泌肾上腺素，肾上腺素是一种压力激素，它会抑制脑垂体功能分泌生长激素，让孩子长不高。睡眠不足的孩子会产生过度压力反应，他们会因为睡眠不足而感到疲倦，显得易怒、暴躁，很难平静，还间接地给孩子埋下心血管疾病的隐患。

2. 父母的仓促状态使得孩子按时睡觉动力不足

父母的心态决定孩子的状态！如果孩子睡前家庭氛围平和融洽，孩子睡前争斗就不容易发生；反之，如果父母匆忙着急，或者焦虑催促，那么这份情绪也会刺激孩子产生压力，而压力反而容易使其情绪亢奋，难以入睡。

眼看八点了，茗茗妈妈还在忙前忙后地整理家务，因为今天下班有点晚，加上饭后处理了一下工作事务，她这会儿正收拾客厅呢！看妈妈没管自己，茗茗和爸爸都乐得清闲，一个全然无知地玩着玩具，一个惬意地刷着手机。妈妈想起孩子该睡觉了，赶紧催爸爸："你赶紧带孩子去睡觉，要不然明天起不来的。"孩子一听，说："不要，我要妈妈陪我睡觉，爸爸不会讲故事。"爸爸一听孩子这么说，双手一摊，假装苦笑一声，不动弹了。

茗茗妈妈看着这场景，生气的小火苗已经被点燃了。她狠狠地瞪了爸爸一眼，拽起孩子走进卫生间，催促孩子刷牙洗脸，然后进房间爬上床睡觉。孩子小嘴嘟着也不高兴，就是不躺下，说妈妈还没讲故事。妈妈却坚决地说："不行，说好了到八点就睡觉，现在已经八点过五分了，没得讲。"说完按下孩子就起身准备到外面去。没想到孩子马上跳起来挡在妈妈前面，摆出扎马步的动作，两个胳膊扶着墙把妈妈围在那里，哭喊着："你今天必须给我讲，不然不许出去！"这时候，妈妈要是想离开就得把茗茗推开，这架势大有愈演愈烈之势。

妈妈抓住茗茗的胳膊，还没发力呢，孩子使劲挣开，不知是有意还是无意踢了一下妈妈的腿。妈妈瞬间就被激怒了："不管怎么样，今天我们都不讲了。你如果继续挡着我，就去墙角罚站，不然你就自己睡觉。"孩子开始哇哇哭，妈妈坚定也不是，妥协也不是……

通过茗茗的事例我们可以看出，睡前的心理暗示和节奏感还是非常重要的。一天下来，孩子的能量其实消耗很大，学习压力负荷、伙伴之间交往的小问题、完成作业时的疲惫感和任务驱动之间的调整，外加体能上的释放，都让原有的能量即将消耗殆尽。这时候，如果有舒缓的情绪和环境，有父母能量的加持，也有按部就班节奏的规范，孩子就容易入睡并且能快速进入梦乡。具体怎么做呢？

让孩子按时入睡，形成习惯

○ **月亮卡**
——整理睡前清单

○ **星星卡**
——用规律的仪式感培养习惯

月亮卡
——整理睡前清单

固定睡觉的时间、固定睡前的项目、固定结束的方式可以帮助孩子建立平稳的睡眠驱动力。所以，父母需要用"睡前仪式"将孩子每天的睡前事务通过相对固定的一些行为，让孩子建立睡眠联想，直到形成条件反射，从而形成良好的睡眠习惯。而且这也能确保父母在孩子睡觉之前有足够的时间陪伴孩子，一起去做一些让双方都很愉悦的事情，这也会成为孩子最长情的陪伴时光，还会增强孩子的归属感和安全感。

萱萱妈选了一个萱萱比较空闲的晚上，开启了关于制定规则的友好交谈。

妈妈：想不想从今天开始，我们来个睡前胖胖熊时间？（孩子最喜欢胖胖熊）这样我们不仅能玩一玩枕头大战游戏，还能有时间一起读大布头故事（安东尼·布朗的书，萱萱和妈妈给取了个名字叫大布头系列），怎么样？（和孩子制订计划时，建议从孩子的需求出发，这一点很重要，这样孩子才会有兴趣认真去做）

萱萱：好耶好耶！

妈妈：那我们把睡觉以前需要做的事情都罗列出来，这样才能一件一件都有时间做，漏掉很可惜哦！

萱萱：好的，有喝牛奶、刷牙、喝水、讲故事、枕头大战……

妈妈：我觉得还有两件"大事"需要做。

萱萱：大事？（孩子很好奇，也很期待）

妈妈：我们不是做了感谢卡吗？睡前我们要讲一讲今天感谢谁，然后把卡送给他，我们要一起积攒感谢卡啊！你忘记了吗？（孩子对"感谢卡"环节很喜欢，就是亲子相互说一说今天要感谢对方的原因，也可以感谢自己）

萱萱：这个不能忘记的，积攒起来的卡还可以兑换特权呢！

妈妈把萱萱和自己讨论出来的事件一起写在月亮卡上，最后他们还加了"吻安"环节，萱萱很多字不会写，妈妈就跟萱萱一起画画，还创造了好几个符号来代替文字，把每一件事情都画在了"月亮卡"上。因为创造符号很有意思，孩子兴致勃勃地参与了这个"游戏"。

萱萱列出来后，妈妈让萱萱给每件事情排个顺序。在排顺序的时候，萱萱和妈妈在枕头大战这件事情上有了点分歧。萱萱要在吻安前玩，妈妈觉得不合适，认为应该在洗澡前玩，萱萱开始有点不想妥协，可是妈妈说自己可不想吻到汗臭味，萱萱觉得妈妈说的有道理，就按照下图排好了顺序。妈妈就鼓励萱萱："你能听取意见，说明你很会照顾别人感受，特别了不起。"排好睡前习惯表，妈妈将事先准备好的磁粘贴在月亮卡后面，还将事先准备好的胖胖熊乐园图拿出来，贴在了白板上，妈妈还特意请了爸爸和妹妹当见证，隆重地请萱萱介绍了自己的睡前习惯表，并充满成就感地把它贴在了卧室的门后。

星星卡
——用规律的仪式感培养习惯

如果说有睡眠魔法，睡前仪式一定是关键的一环。《小王子》一书写道："仪式感就是使某一天与其他日子不同，使某一时刻与其他时刻不同。"萱萱妈妈还给孩子准备了带钩的星星卡，孩子每完成一件事，星星卡就盖住月亮卡，代表夜越来越深，马上要睡觉了。当最后一个月亮被盖住以后，妈妈就可以跟孩子吻安了。就是这样，通过一系列的睡前仪式，可以帮助孩子不再抗拒睡眠时刻的到来，从兴奋状态转为平静状态，同时也会让孩子感到安全，每天都能带着父母的爱和祝福入睡。

　　为孩子点一盏心灯,可照亮孩子成长之路。星月卡就是父母为孩子点亮的习惯之灯,幸福之灯,不仅让原本不停内耗的睡前"战争"变成了亲子美好时光,而且还培养了孩子良好的睡觉习惯。

孩子总是说话不算话、不遵守约定怎么办?

"约谈法"培养自觉自律的孩子

> 豆豆妈：7岁的儿子昨晚和我约定好的，没写好作业不看动画片。我回来听他姥姥说他不仅看了动画片，而且还和他姥姥说不告诉我，作业也只写了一半，孩子没有遵守约定又掩盖事实的情况我该不该让他受到惩罚？
>
> 嘉豪妈：嘉豪今年大班了，很喜欢看动画片。爸爸跟嘉豪约定好了每天只能看一个小时，但是每次约定的时间一到嘉豪就哭闹着要继续看，爸爸顿时手足无措。
>
> 乐洋妈：周末儿子拿到了他的手机（之前与家人约定好，周六下午可以拿到手机，晚上10点后再交）。但是从拿到手机起，就没见他看过书，或者起来运动过！我非常着急，就讲了他两句，他还和我辩，最后我们争吵了起来，甚至把手机都摔了！然后我儿子和我说：你不就想我看书？我还就不看了！作业我也不做了！然后他就把门关上了。

俗话说，无规矩不成方圆，每一位家长都希望孩子有规则有秩序感，所以会跟孩子有很多的约定。既然有了约定就希望他们能遵守约定，主动配合，"听话、守规矩"就成了好孩子应有的表现，可是往往事与愿违。一说再说，一劝再劝，一骂再骂，孩子总是挑战家长的底线和耐心，总有办法让家长怒吼，最后在哭闹中草草收场。孩子为什么喜欢耍赖，那么容易毁约呢？

1. 与约定本身有关

很多家长都想知道，为什么之前与孩子的约定和计划执行起来总是要大打折扣，或者孩子干脆违反约定不执行，这可能跟约定本身有关。我常常听到家长这样跟孩子做约定："儿子（女儿），妈妈今天开始跟你定个规矩，iPad 以后每天最多只能玩 30 分钟，必须要做到哦！做不到的话，每超时 10 分钟就停玩一次，同不同意？不同意的话，iPad 以后就别玩了。妈妈这都是为你好，近视了怎么办？你之前就是太不自律了。"孩子刚开始可能还想和家长争辩几句，可当孩子提出了几个想法之后，家长的回应都是"这个不可以""那个也不行"，久而久之，孩子也就不再说话了。看起来孩子是答应了家长的约定，其实他们心里是不服的。

如果家长跟孩子做约定的时候不是发自内心地尊重孩子，而是以各种理由和诱惑条件"强迫"孩子答应其要求，这实际上是规定而不是约定，是家长的一厢情愿，孩子对这种规定并非真心认同，所以一旦执行起来，孩子出尔反尔也就不足为奇了。只有孩子真心认同的约定才有得到主动执行的可能。如果某个约定让孩子感受到的只有束缚而没有尊重和信任，那孩子也会丧失对家长的信任和对制订计划的热情，以后家长再想调动孩子的积极性就会更难了。

2. 与孩子的心理需求有关

（1）自主意识发展需求

学龄前的孩子正值自我意识高度膨胀的一个发展期，他们希望自己的事情可以由自己做主。当他们向父母说"不"的时候，是在表达自己的意见。如果父母不予理解，他们又觉得没有足够的理由向父母争取这一自主权，就可能发展出更加极端的方式——耍赖，他们想告诉父母他们自己的事情想由自己做主。有的父母面对孩子哭闹容易心软，一看见孩子哭了闹了，就选择妥协。这样一来，也许当下问题解决了，孩子不哭了，自己也不用心疼了，但也让孩子形成了一种错误的认知，就是只要自己耍赖皮，爸爸妈妈就会答应自己的要求。长此以往，他们还会在其他事情上面疯狂尝试，不断耍赖皮，从而养成一种坏习惯。

（2）寻求关注的需求

对于孩子来说，他们的世界观发展还不够完善，他们的世界更多的是爸爸妈妈，但是家长却不能全身心都放在孩子身上。除了要照顾孩子之外，家长还需要操心生活上、工作上的事情，有的时候难免会忽略孩子，因此可能出现孩子耍赖的情况。

3. 与家长的态度有关

（1）立场不坚定

很多家长自以为能看清孩子的内心，可事实上孩子才是揣摩大人心理的高手。"我只多玩一会儿""就再看10分钟"，孩子这类耍赖手段，是在测试父母的底线与处理方法，孩子往往能发现父母的立场并不坚定，只要自己撒点儿娇、软磨硬泡一下，爸爸妈妈就可能心软，遂了自己的心愿。这就可能向孩子传达错误的鼓励信息，甚至导致孩子用让家长更头疼的方式相"要挟"。所以既然制定了规则，有了约定，就必须温和而坚定地执行。

（2）脾气控制不住

孩子耍赖时最常见的就是以哭闹来表现，家长往往很难保持情绪上的平静，因为此时家长会觉得这个孩子不守信用，说话不算话，再加上孩子并不是第一次，而是屡教屡犯，一想到这些，家长的火气立即噌噌噌上升，就开始叨叨、讲道理、数落外加责骂吼叫，还有警告、威胁。这些手段看起来是在约束孩子的行为和推进原计划的进程，但其实对于孩子的自控力是一种破坏。所以这时候给家长的建议就是"闭上嘴，迈开腿"，立刻态度坚决地转身就走。家长突如其来的离开，会让孩子主动意识到问题的严重性。

（3）违约耍赖的后果不明确

很多时候，为了约束孩子耍赖，家长会跟孩子有后果的补充约定。比如执行得好怎么奖励，执行得不好如何处罚。个人并不提倡明显的奖励和惩罚，因为既然是约定，着重的是培养孩子的契约精神，如果一味地以外在刺激来约束孩子执行，总有失效的时候。但是如果家长有警告，那就要兑现，并强调孩子的行为与后果之间的关系，以此强化孩子的责任意识。这样下次孩子想提出"无理要求"时，就会考虑后果。有一次，著名作家刘墉和他的儿子一起去某企业做演讲。他跟儿子约好上午11点一起出发去机场，结果到了11点，儿子还没出现。5分钟后，他果断拦一辆出租车自己走了。从此，他儿子再也不敢拖延时间。

我们需要怎么做，才能让孩子自觉遵守约定，成为自觉自律的孩子呢？

培养自觉自律的孩子

◎ 约谈三部曲
◎ 坚持三部曲
　——让规律的仪式感培养习惯

A. 简明告知现状　B. 提醒你我约定　C. 无言跟进坚持

正面管教体系大力倡导的方法约定与坚持执行，能有效地帮助家长避免无效约定和耍赖现象的出现，可以称得上是家长陪同孩子成长不可或缺的工具。

这里的"约谈三部曲"是基于接纳和友好的基础上"双赢"的谈话模式，既能满足家长的需求，也能满足孩子的需求。而孩子的需求里除了他本身的物质需求外，还有一个隐形的又非常重要的心理需求——尊重！所以有效的规则，前提是规则要由孩子自己制定！具体如何操作呢？

技能演练

约谈三部曲

1. 相约说感受和想法

当我们发现孩子的某一行为需要制定规则，不然可能对学习或者生活造成影响时，"约谈法"就可以启动了。但是启动该约谈模式前，家长的心态是基于帮助孩子而不是责备。

妈妈：儿子，以前你看电视时，妈妈总是监督你、催促你关掉，你是不是觉得挺烦的？今天，妈妈想听你说说你的烦恼。说说看，妈妈哪些做法让你觉得烦了？

孩子：你总是催我，我其实有自己的安排，每次都不放心又无端催催催，真是太让人难受了。

妈妈：你的想法和希望是什么？（此处家长开始安静倾听，不评判、指责孩子，孩子说得越多，约定成功的可能性就越大）

孩子：我希望你能相信我，很多时候我知道自己作业多，但是我也需要放松一下，可是我一拿起手机或者 iPad，你就觉得我好像一直在玩，这让我特别生气。（有些时候，光是倾听孩子的感受和想法就能解决孩子的很多问题，而且这样的沟通与倾听方式特别能让孩子感觉到你的尊重）

妈妈：嗯嗯，妈妈理解你的感受了。看来我确实需要更加信任你。那你愿不愿意听听妈妈的感受和想法？妈妈一方面希望你玩得开心，另一方面也担心电子屏幕伤害你的眼睛。（这里家长要重点说出自己的感受，先不提建议）

孩子：（没说话，看起来平静了很多）

遵守约定意味着对孩子承诺的尊重，而不是半哄半骗的敷衍。孩子得到了尊重，才会以同样的方式尊重别人、尊重承诺。

2. 相约头脑风暴解决法

进行第一步约谈后，接下来需要开启的是头脑风暴环节。因为只有孩子自己参与，自己确定遵守的约定内容，孩子才更愿意遵守和坚持。

妈妈：儿子，你的脑子比妈妈的好使，妈妈需要你的帮助。来，帮个忙，想三个方法，既能保障你畅快地玩，妈妈不再打扰你，又能让妈妈不再担心。你有什么主意？

孩子：我可以在学校里先完成三个作业，吃饭前我还可以写一会儿作业，到饭点，应该就只剩下阅读和英语打卡了。所以，饭后我先看两集动画片，你别催我，看完我就去看书打卡。

妈妈：我担心看两集动画片时间太长，万一作业多，你写不完，会影响睡眠。是否可以先看一集，如果作业写完有时间，就再看一集？你还有什么想法？（当孩子提出来的想法不是很科学时，家长对此有顾虑，可以用"我句式"来表达，确保最后选择的方法是孩子愿意执行的，也是家长能够接受的）

孩子：那我干脆先写作业吧，写完时间早，就看两集，不早，就看一集，以七点半为界。

妈妈：这个主意不错，很有计划性。那作业清单是不是也需要规划一下？如果你省出时间来，周末我们可以一起去看电影或者做其他你喜欢的事。（结合作业习惯表让孩子更有计划性）

孩子：嗯！我的作业清单就是计划数学、语文作业都在学校完成。我们老师中午就会让我们写作业呢！

妈妈：这样安排很有条理。那我们就约定看动画片或者综艺节目的时间最长为 40 分钟，最迟不超过 8 点 10 分，OK？（为了让约定更容易被执行，家长需要明确一下时长和节点）

孩子：就这样！

3. 相约试行期限

每一个约定都需要检验一下可行性和实行的效果，一边修订和讨论，让孩子更愿意遵守。所以家长需要跟孩子约定一下试行的期限。

妈妈：儿子，你觉得我们这个计划先试行多久合适？

孩子：那就试行一个月吧！（孩子觉得妈妈想的办法不错，又满足了他的需求，觉得时间越久越好，根本没考虑到可能出现的情况或者自己有可能耍赖）

妈妈：你这么有决心，妈妈觉得特别好。我的意见是我们先试行一个星期，看看效果，有用而且大家感觉好就继续，没用又感觉不够好的话，我们就重新调整……（设置试行期限的目的，一是及时鼓励孩子、和孩子庆祝阶段性完成了约定的事情；二是考虑到在执行的过程中可能会遇到一些困难和意外情况，可以让孩子对不太适应的地方进行调整。通常第一次约定的试行期限可以是三天或一周）

孩子：那好吧！（孩子听到妈妈不是想压缩自己的玩耍时间，而是尊重"感觉好"这个点，欣然接受了）

妈妈：那我们一起做个"有限屏幕计划书"吧，贴在客厅，你觉得怎么样？（孩子年龄小忘事快，因此重要的约定最好是形成文字或者请孩子画下来，尽量用具体、直观的方式表示约定的内容，让孩子更容易感知，同时把约定张贴在醒目的地方，起到提示的作用。）

孩子：我来写题目，下面的文字你帮我写一下，然后我来涂点颜色。（孩子做过时间表和睡前习惯表，对计划清单很熟悉了）

坚持三部曲
——让规律的仪式感培养习惯

遵守约定是信任感的建立过程，请家长务必相信孩子能做好。当然，对于自己制订的计划（约定），孩子执行的新鲜劲还是有的，但是坚持和养成习惯，就需要家长的跟进了。不仅是孩子需要坚持，家长的跟进更是孩子坚持的有效推动力。如果孩子没有遵守约定，家长也要尊重孩子，采取以下三个步骤督促坚持即可：

简明告知现状 ——"孩子，我看到你还没做……"。这里要注意的是，家长只需简单描述事实，不要加以评判，避免说"你为何总是做不到""你怎么又做不到""你从来都做不到"之类的话。

提醒你我约定——尤其是在约定初期，孩子还没有形成习惯的时候，家长就要落实这一步骤，提醒孩子。"我们约定的屏幕时间是什么时候？""我们的有限屏幕时间是几点？""妈妈相信你一定会遵守我们的约定。"

无言跟进坚持——若孩子依然无动于衷，请尽量不再说话，使用唠叨替代法（指指手表、沉默地注视着孩子、会意的微笑、手指着需要被捡起来的鞋子、对应该有的行为提醒暗号、写字条……），这种无声的沟通可能比语言更有成效。

控制得住脾气，耐得住性子，学会用"坚持三部曲"替代唠叨，孩子的习惯养成就事半功倍了。最后，一旦孩子遵守了，家长也要及时鼓励孩子："谢谢你遵守我们的约定。""我就知道你会遵守约定的！""你是个很会自我管理的孩子！"

孩子爱玩游戏，不爱学习怎么办？

"'约''会'法"培养孩子的自控力

案例一：

然然妈妈说：然然在写作业的 30 分钟里，起来了三四次，一次喝水，一次上厕所，一次出来无故溜达一圈，就是不专心，坐不住。可是一玩游戏他就能坐几个小时，你让他起来他跟你急。这还不算，明明是然然自己选的数学兴趣班，上一次就被老师投诉说想放弃。但是在玩《植物大战僵尸》的时候，不管有多大的困难，还是要不停地去挑战，拦都拦不住。

案例二：

杨洪妈妈说：杨洪 9 岁了，上小学四年级，他非常喜欢玩电脑游戏，只要看到电脑就想玩。为了不让游戏过分地分散孩子的精力，影响孩子学习，我们和儿子约定：每个周末可以玩 1 个小时。但通常是时间到了，如果没有我们坚决地督促，儿子很少主动离开电脑。

提到电子游戏的问题，很多家长都感到头疼。在五十多期的家长课上，"孩子玩游戏忘记写作业，为了玩游戏跟家长冲突，玩游戏不守约定"的事情是大家普遍感到焦虑的问题。为什么游戏屡禁不止，孩子屡教不改呢？怎样才能让孩子放下手里的游戏，专心学习呢？我们先来看一看孩子喜欢甚至沉迷电子游戏的原因。

1. 禁不住感官的诱惑

很多家长把游戏和学习看作是对立的敌人，希望孩子能在两者中选择学习，放弃游戏。可孩子们却偏偏不按家长心中的期待出牌，义无反顾地选择游戏。于是，游戏也就变成了大人眼中的"祸害"，没有它的存在，孩子也不至于如此"不听话"，荒废学业。

其实，从儿童发展的角度来说，游戏从古至今都扮演着重要的角色。只是当传统游戏、互动游戏被电子游戏替代后，家长们才感到焦虑。我们也曾做过一些调查，跟孩子聊过学习和游戏的关系。我们发现，其实孩子们心里很清楚学习是非常重要的事，但每当想起打游戏时那种快乐的感觉，就会让他们控制不住自己，不自觉地被吸引过去。游戏的设置之所以吸引孩子，第一是因为游戏拥有视觉、听觉、感觉的全感官刺激和亦幻亦真的故事情节刺激。不玩游戏的大人可能还局限于游戏是因为通关、升级才让人有刺激感，殊不知现在的很多游戏都有着文学叙事化的故事情节。游戏文本的叙事效果通过富有冲击力的画面、煽情的配乐、场景的战斗场面，让玩者不仅有感官的刺激，还有心理的吸附力。游戏通过声光电技术，加上手机和游戏手柄的震动、感应等交互功能，让每一个玩家以角色代入的方式主观能动地运用自身感官，变成被动的"刺激—反应"模式。常有父母抱怨小孩一拿起游戏机或手机就放不下，殊不知这正是游戏文本在不断地给予刺激，而落入被动境地的孩子就只好不断地进行反应。而游戏本身具备的这些东西可以直接激发孩子情绪脑的快乐情绪，这种本能的驱使，会让孩子情不自禁地继续玩下去。而学习呢？需要靠自律和意志来坚持，且成就动机不足，内驱力不强，如果让孩子在快乐和刺激的游戏和枯燥无趣的学习中选择，很多没有自控力的孩子当然会选择游戏。

2. 心理填补和释压

中国青少年研究中心2019年发布的《中小学生网络游戏的认知、态度、行为研究报告》显示，76.3%的孩子从小学就开始接触网络游戏。为什么游戏的"普及率"如此之高？

一大原因是释放压力的需要。现在孩子的压力并不小，比如升学考试、学习成绩、爸妈的比较，所以电子游戏就成了孩子的一个宣泄出口。调查显示，74.5%的孩子认为网络游戏能缓解压力。这种减压的效果，正是由于游戏能为孩子带来快乐感。游戏中往往会设置很明显的奖赏体系，当达到目标时，大脑会产生快乐激素，而这种激素会让孩子产生"愉悦回路"，促使孩子重复做这件事。

调查显示，孩子沉迷游戏的行为与亲子关系也密切相关。亲子关系越差，越易导致孩子形成沉迷网络游戏的行为。反之，父母与孩子的亲密度越高，越关爱孩子，孩子越不会沉迷网络游戏。亲子关系差大多是陪伴过少造成的，缺乏沟通，父母也很少去回应孩子真实的需求和感受。就像《小欢喜》中的季杨杨，跟爸爸关系差时，几乎整天待在赛车场；关系好了之后，在家的时间逐渐变长，对学习上心。孩子在现实中满足不了的愿望，都会去虚拟世界中寻找，爸妈的陪伴少，那就去游戏中找陪伴，以至于让孩子觉得有游戏陪伴就好了，你们也不用管我了。有一句话是这样说的：很多父母以为是游戏带走了孩子，但其实是他们先抛弃了孩子。

3. 满足了归属感和价值感的需求

被忽视的孩子最容易迷上游戏。因为大人忽视了孩子的内在需求却不自知！现实生活中缺认可、缺肯定、缺关注，游戏中补！孩子的感受没有被看到，需求没有被尊重，就会去游戏里寻找一个伊甸园，一个可以让自己不跟现实世界接触的地方。父母越是责怪他们，越是说孩子不行，那么孩子沉迷依赖游戏的可能性就越大。孩子一方面扮演一个理想的角色，另一方面回避掉那些让他们感觉到糟糕的、有挫败感的事情，这才是孩子沉迷游戏的真正原因。

在游戏的虚拟世界里，如果过关成功，系统就可能会及时发出"你真棒！"之类的鼓励，随之便有升级或者打赏的奖励。如果失败了，系统会说："没关系，再来一次！" 游戏可以不断重启，现实生活似乎没人给他们这个机会。而且电子游戏有一个设置，那就是玩几把，往往能至少赢一把，这是为了让玩家下次再玩。而现实世界里，考个好成绩需要付出很大的努力，得到爸妈的夸奖又难，跟虚拟世界反差很大。虚拟世界的成功，极大地满足了孩子的虚荣心，孩子获得了成就感，自然就沉迷了。正如弗洛伊德认为：游戏过程可以补偿现实生活中不能满足的愿望，发泄在现实中不被接受的危险冲动，逃避现实的约束。

有些孩子在现实生活中，可能是被同伴孤立、被老师忽略、被父母数落的，在现实生活中没有好朋友，找不到团队带来的归属感，孩子就会到虚拟世界中去找。因为那里花费的精力少，付出的成本也低，孩子何乐不为？加上在游戏中，孩子可以跟其他同伴组队，彼此之间配合、合作，像一个团队一样行动，这能让他们产生被认同和有归属的感觉。而且因为大家都不熟悉，孩子还可以呈现出理想的自己。这就像是我们玩自拍，修图后发到朋友圈里，那是我们理想的一种状态。

因为缺失，所以渴求！如果孩子沉迷手机游戏，要怪谁？

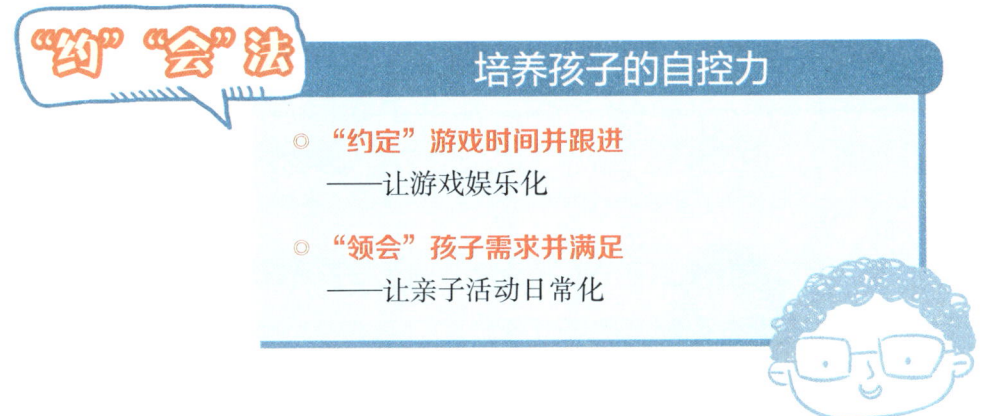

如果家长发现孩子沉迷游戏，直接禁止或者没收手机或电脑的方法并不可取，效果也是可想而知的，如果逼迫孩子转为"地下活动"，就更难监管和引导了。发现了孩子沉迷游戏，家长更需要的是让游戏娱乐化，让亲子活动日常化，这才是"疏导"之方。

"约定"游戏时间并跟进
——让游戏娱乐化

在游戏世界里，玩家是可以获得无限自由和成就感的。学校生活和学业压力以及父母的管束和期待，给孩子设置了太多的约束和控制，孩子需要在游戏里寻找一些自由的感觉和体验挑战成功带来的成就感，以及那个自我感觉良好的理想角色，所以说，适度游戏也是一个"充电"的过程。

阳阳爸爸发现孩子最近有点沉迷手机游戏的态势，并没有直接呵斥和禁止，而是跟孩子进行了"友好约谈"。

爸爸：爸爸注意到你最近对手机游戏很感兴趣，有点爱不释手的意思。

阳阳：没有啊！（孩子有点尴尬，有种干坏事被捉到的感觉）

爸爸：小时候，爸爸特别迷恋打电子游戏，不过只能去游戏厅打。当时奶奶家条件一般，爸爸没有零花钱，就偷偷拿买书和早餐的钱去打。后来被爷爷发现了，他在游戏厅里抓住了我，当着所有同学的面，狠狠揍了我一顿，打得可不轻！

阳阳：啊？爸爸也打游戏，还被揍了？（孩子惊讶之余偷着乐，表情瞬间释然了，亲子关系看起来亲近了不少）

爸爸：所以玩游戏是可以的！不过阳阳你希望每天玩多长时间的游戏呢？

（开始跟孩子约定，让游戏成为生活的开胃小菜）

阳阳：我希望每天玩一个半小时！（孩子看爸爸亲近，胆子大了不少）

爸爸：爸爸正打算每天带你去滑滑板！如果你每天玩一个半小时游戏，就没办法一起去滑滑板了，你确定吗？

阳阳（想了想）：那我只玩半小时吧！周末玩一个小时，这样我就可以跟爸爸去滑滑板了，周末也可以跟爸爸一起玩游戏。怎么样？（孩子觉得自己很有规划，正求认可呢！）

爸爸：好，这个安排不错！来，拉钩！

父子的友好约定就算达成了。原来阳阳是逮住机会就玩游戏，一天算下来可能不止两个小时。但是跟爸爸约定了以后，他果然可以做到一次只玩半小时，半小时一到就自觉放下手机。以前的阳阳觉得在和爸妈的手机抢夺战中获得了不少乐趣，现在发现跟爸爸去滑滑板，出身大汗更有意思。

现代社会，让孩子不接触虚拟的游戏是不可能的。如果能制定规则，把玩游戏变成孩子成长过程中的开胃小菜，游戏是能够创造很多乐趣的。孩子沉迷游戏的根本原因是家长的陪伴不够，如果家长能够放下手机，孩子自然就更愿意和父母玩现实中的游戏。

"领会"孩子需求并满足
—— 让亲子活动日常化

很多父母以为是游戏带走了孩子，其实是父母先忽略了孩子。当父母一直把自己的焦虑和期待放在孩子身上，督促孩子成为"期待的那个样子"，同时也就意味着父母选择忽视了孩子真正的需求，孩子自然就需要去寻找可以无限制"重启关系""重新成就"的电子游戏了。

10岁的憨憨跟妈妈也约定了游戏时间，不过憨憨妈妈特别明白作为大宝的憨憨需要的是什么。妈妈在家庭会议上，跟孩子商定了"一、三、五亲子游戏，二、四、六电脑游戏"，孩子很赞同！俩孩子为了让亲子游戏有更多项目，发明了"脱袜子游戏""套圈游戏""投壶游戏"等，有时候连脸盆和饭勺都用上了，家里好不热闹。最复杂的是"套圈游戏"，两个孩子会找来很多物品：书包、苹果、鞋子、零食包、酸奶、塑料碗、小猪储蓄罐……反正地上七七八八放了很多物品。憨憨、弟弟还有妈妈会给每样物品贴上积分便利贴，这个积分是根据距离来定的，近的分数相对低一点，远的分值高。每次游戏每人玩10次，把10次所得积分都加起来，憨憨和弟弟轮流计算分数，最高者可要求最低者为自己服务一次。最近几周，他们家每周一、三、五的亲子游戏时光基本上都是玩这个游戏，有时候会变花样，低分者可要求一次安慰奖，规则由孩子们于上一周的家庭会议上提出来。自从有了家庭亲子活动和家庭会议后，电脑游戏好像变得无关紧要了，有时候孩子竟然忘记了玩电脑游戏，特别可喜的是俩孩子之间的关系变得超级融洽。

记得一次亲子情商课，我们聊到最希望爸爸妈妈陪自己做的一件事，我问孩子们：足以匹敌电子游戏的事，你会选择哪一件？当时孩子们的答案让在另一个房间学习的爸爸妈妈潸然泪下。有一个孩子说："我渴望跟爸爸妈妈一起在小区里散步，只要牵着他们的手就好。"一个孩子说："我最希望妈妈陪我玩枕头大战游戏，很久没有玩了。"有的孩子说："我希望爸爸能陪我一起骑车、滑滑板，我很羡慕同学能有跟爸爸一起活动的故事可讲。"

帮助孩子摆脱沉迷电子产品，首先要从改善亲子关系、让孩子体验到价值感开始。亲子关系越好的家庭，孩子沉迷游戏的概率越低。因为孩子在现实世界里得到了关爱和满足，自然就不会去虚拟世界里寻找；即使刚开始沉迷，后面也会逐渐地退出来。就像电影《哪吒之魔童降世》中的哪吒，即使是魔童的种子，最后还是被父母的爱所融化，实现了逆天改命。爱其实是化解一切矛盾的良药。

四

习惯培养
提升孩子学习力

19 孩子爱听故事不爱看书怎么办?

"2R2P 陪读法"让孩子爱上自主阅读

案例一:

老师,我儿子亮亮上一年级了,但还是只愿意听故事书或者妈妈讲故事,不愿意自己花时间阅读。每次一本书给他,让他自己看,总是三下两下就说自己看完了。老师布置的每天 30 分钟阅读,他也是能拖则拖,不读最好。

案例二:

老师,现在孩子都二年级了,让他自己读书,他不愿意。除非我给他念,他自己看只翻翻图,让他自己读,他嫌太累,说读不懂。再好听的故事,我给他读一半放下,他也不会自己接着往下读,就等着下次我给他念。按说他认识的字也不少了,语文课文的文章都能读下来,为什么就是不愿意自己读呢?

1. 爱听故事不爱阅读不是问题,是本性。

首先想跟大家讲的是,孩子不爱阅读只爱听故事不是"问题",而是"本性"。六七岁的孩子爱听故事,不爱看书,这是正常现象。因为听故事孩子只需要用耳朵,很轻松,而且无论是妈妈的声音还是录音机的声音,都会让孩子有亲切感和连接感,让他们很安心很享受,自然就受他们欢迎。听故事满足了孩子发展想象力的需求,更多的是给予了孩子那种陪伴的幸福感和快乐。孩子虽然有一点识字量,但是对文字的理解能力有限,独立阅读会有困难和障碍。他们只会一个字一个字地读,却无法自己去理解故事中有趣的内容,阅读对他们来说就是无趣的事情。加上很多妈妈会把阅读当成任务,孩子自然也就体会不到阅读的快乐,当然就没有兴趣了。

日本"绘本之父"松居直在演讲中说:日本人的识字率是99%,被认为是世界上最高的,联合国教科文组织的统计也接近这个数字。尽管几乎人人都识字,但日本成人的读书率只有50%。这种现象其实很好理解,大多数的人从小没有养成阅读的习惯,也没有从书中找到足够吸引他的乐趣,因此在空闲的时候也就不会主动拿起书阅读。"樊登"听书软件风靡中国,就是因为"听书"比"看书"要轻松且更加便捷。要想让孩子由"听故事"过渡到"自主阅读",过程和手段都需要。

2. 搭建"听读"—"阅读"之间的桥梁

孩子的阅读,是个循序渐进的过程,形式上需要经历的是"听故事——看故事——读故事"的过程,类别上一般会经过"图画书——图文书——文字书"几个阶段,家长需要按照孩子成长的节奏,慢慢地经历这个过程,可不能操之过急,更不能拔苗助长。

父母从孩子6个月开始,就可以开始家庭阅读计划了。比如给孩子换尿不湿时,可以在孩子身边放一本童谣书,一边换尿布,一边唱童谣,其实读什么不重要,重要的是让孩子把看书和父母在一起时的舒适和安全感联系起来,这才是最重要的事情。

阅读的仪式感和习惯也特别重要。如何让阅读成为一种积极的体验,这就是父母需要做的功课。

圆圆妈妈有个阅读习惯,每天洗澡的时候听故事,每天睡前亲子共读,雷打不动,而且睡前阅读的时候,妈妈都会说:让我们来读一本可爱的书吧!书都是由孩子拿着,妈妈讲一页,孩子翻一页,有的时候,妈妈也会让孩子自己讲两页，再跟进鼓励。让人惊喜的是，圆圆刚满 6 岁，已经顺利进入自主阅读期。那是在 5 岁 2 个月的时候，孩子忽然自己拿起书读了起来，边读还边咯咯笑。当她读完一本书的时候，特别兴奋地告诉妈妈："我自己读完了一本书。"孩子很强调"我自己"，妈妈学过正面管教，知道鼓励的重要性，赶紧用启发式鼓励："你很为自己感到骄傲是不是？我特别想知道你是怎么做到的。"孩子眉飞色舞地告诉妈妈，自己是边看图边看文字的，有些不认识的文字就跳过去，因为看图就懂了啊！妈妈也特别兴奋，跟上一句："你是个阅读天使，我相信你一定可以自己阅读更多书的，妈妈为你感到骄傲！"从此，无论是图画书还是桥梁书，圆圆通通都能拿下，丝毫没有畏难情绪。

其实孩子天生就有阅读的欲望，只是听书和看书需要结合和过渡，如果孩子从小都是以听的形式接受书上的信息，其实也在无形中失去了阅读的机会。当我们希望孩子自主阅读的时候，需要有家庭氛围和仪式感，这会给孩子一种示范和鼓励；当孩子在自主阅读遇到困难的时候，我们更需要理解和共情孩子的情绪和能力，及时助力。自然，当孩子能自主阅读，哪怕就一次，我们也需要大张旗鼓地鼓励和宣扬，让成就感成为孩子养成良好阅读习惯的动力。

3. 让"快乐阅读"一直延续

四五岁时，孩子在听故事的过程中，身心是放松的，特别是亲子共读时光，孩子还可以享受父母心无旁骛的关注，享受故事带来的魔力时光，这是多么温暖而快乐的时光，所以我们称这是"快乐阅读"。

快要上小学了，孩子已经有了一定的识字量，有些孩子就会很顺利地完成从"快乐阅读"到"学习阅读"的转换，并享受这个过程。但是对于另一些孩子来说，这个过程就没什么乐趣了。他们会发现这个转换过程困难重重，而且在期待中倍感压力，从而逐渐失去信心，乃至丧失对阅读的兴趣。所以，在学龄前期和初期，当阅读成为学习任务，而且还常常是一项给人造成压力的任务时，孩子也会面临焦虑和挫折，外加读写作业已经占据了他们大部分的时间和精力，已经鲜有玩乐时光了。这时候保持阅读习惯，就往往不再是一件很有吸引力的事情了。

父母如果觉得孩子此时应该自主阅读，不需要陪读或者听读，可以放手不管，只督促就好，那就错了！这可不是骑自行车，不要太快放开扶着的手。如果家长完全不陪读，也不共读，那是在剥夺孩子的快乐体验，拒绝给予他们（和家长自己）美好的亲情心理联结的时光。而且，撒手不管和"任务式阅读"是在给孩子传递一种阅读的负面信息。所以，家长应该跟孩子一起读书。而家长和孩子一起读书，也在给孩子传递一个信息：那是我们的家庭成员的特别时光，阅读是我们家庭生活中的一个重要组成部分。通过陪读和共读建立一种信念和认可——在我们家就是这样——这是完美家庭认可的一种生活态度，"快乐阅读"就能延续，自主阅读自然就能到来。

4. 少一些阅读功利心

尹建莉老师说过：应该让儿童感觉到阅读是件有趣的事，除了有趣没有任何其他目的。恰是这种"没有任何其他目的"，才能让孩子喜爱这项活动。可是很多家长把阅读当成了机械学习生字的工具或者把绘本当成了教育孩子的载体，孩子在学习压力和情绪压力下，自然就不愿意阅读了。

冬冬是个二年级的孩子，已经能看整本书了。有一次，妈妈带冬冬去书城，给冬冬挑了一本彭懿的《妖怪山》，然后自己就去买东西了。当妈妈回来的时候，孩子已经放下《妖怪山》去看《云朵面包》了。妈妈的第一反应是孩子肯定没认真看，不然怎么能看得那么快呢？于是，她厉声呵斥："怎么看完了？你有好好看书吗？"孩子抬起头，委屈地说："我看完了啊！""那你说说看，最后他们有没有战胜妖怪？"孩子怯生生地说："有啊！他们找回了夏蝉，打败了妖怪。""那他们是怎么打败妖怪的？"孩子没接话。妈妈觉得好像抓住孩子的"小辫子"了，开始数落："就知道你没有好好阅读，问个问题都答不上来，这样看书有什么用？"说着拿过《妖怪山》给孩子，并扔下一句"重新看"。孩子很不情愿地拿过书，漫不经心地翻着，神色明显疲倦了。

还有很多家长在亲子阅读或者自主阅读的时候，时不时插入识字环节，打断孩子的阅读节奏，这也是特别不可取的行为。其实"识字"和"阅读"二者是完全不同的事，爸爸妈妈将阅读和认字混为一谈，希望一举两得，那可是技术活，可不是所有的父母都能把握其中的尺度，都能保护得了阅读的趣味性。

如何引导，孩子才能爱上自主阅读呢？

让孩子爱上自主阅读

- **Replace**（替换）
  ——替换角色讲故事，提升阅读兴趣

- **Predict**（预测）
  ——预测故事发展，发展持续注意力

- **Rotate**（轮换）
  ——轮换阅读，降低阅读难度

- **Praise**（赞扬）
  ——及时赞扬，推动自主阅读

阅读是件小事，随时可做，时时可做，但是坚持很难，形成习惯很难。阅读是件大事，终身受益的大事，没有这个习惯很吃亏。那如何让阅读成为孩子常态化的生活方式？这需要父母更多地在"兴趣"上花工夫，最终使得孩子"生活在书籍的世界里"。

Replace（替换）
——替换角色讲故事，提升阅读兴趣

让孩子爱上自主阅读的第一招是"替换角色，让孩子进入故事"。怎么做呢？就是在故事中选择一个角色，然后用孩子的名字代替角色名字，你会发现你和孩子都能从中获得极大的乐趣。孩子特别喜欢"进入故事"带来的兴奋感。他们喜欢自己能够"做"书中的各种事情，因为孩子在现实生活中能做的事情非常有限，自然就非常喜欢假装自己真的能跟故事里的人物一样能做各种事情，比如抓住一个强盗、来一次恶作剧、上一次屋顶、探一次险，比如可以把长袜子皮皮换成阅读者悠悠小朋友。

"瞧我跳。"悠悠（皮皮）叫着就跳下去，跳到绿树梢上，抓住一根树枝吊着，前前后后晃了几晃，就落到地面上了。接着悠悠跑到另一边山墙，拿走了梯子。

两位警察看到悠悠往下跳，已经有点傻了，等他们平衡着身体，顺着屋顶好容易走回来，正想下梯子，就更傻了。起先他们气得发疯，对站在下面抬头看他们的悠悠大叫大嚷，叫悠悠放聪明点把梯子放回来，要不然就给她点厉害看看。悠悠在底下笑得前俯后仰。

Predict（预测）
——预测故事发展，发展持续注意力

对于学龄前以及小学低年级的孩子来说，用快乐的经历让孩子越来越渴望阅读才是关键。而这种渴望，终将成为孩子一生的财富。"预测"是一个让孩子爱上阅读并可以进行阅读思考的好方法。亲子共读中父母可以时不时

停下来让孩子预测一下接下来的情节，任由孩子发挥，如果他们猜得不对，也不要马上打断或纠正，允许和鼓励孩子去思考更多的可能性，因为孩子的预测肯定也是基于自己的思考的，这能够很好地帮助孩子发展持续性注意力。比如：接下来可能会发生什么？主人公为什么会做这件事？老鼠在逃离图书馆后还会干什么呢？你认为罗伯特的第三次报复行为有可能是什么？跑猪噜噜能赢得比赛吗？类似带预测的询问类问题，会让孩子将阅读信息进行整合，前后呼应，也能更好地发展阅读力，使得孩子成为一个更好的故事叙述者，自然这对孩子专注力的培养也是一大助力。

Rotate（轮换）
—— 轮换阅读，降低阅读难度

这种方法指的是家长和孩子读同一本书，并轮流读各部分内容。试着自己读几页，然后把书交给他们，让他们读一两页。这样，家长就能让孩子接触那些他们可能不会独自尝试阅读的故事。有的家庭还尝试着家庭共读，爸爸读一个故事，妈妈读一个故事，孩子读一个故事，这样的轮换阅读既能带给孩子快乐和归属感，还能很好地激发孩子自主阅读的兴趣。

除了这种"轮换"方式以外，还可以跟孩子玩一玩"记者轮换制"，就是和孩子一起读完了一本书，爸妈和孩子轮流扮演故事主角和记者，让记者来采访故事主角。

如果孩子是记者，既可以询问迷茫困惑的地方，也可以发挥想象提出天马行空的问题。比如：白雪公主，七个小矮人的家有多大啊？吃下毒苹果的时候是什么感觉？王子的城堡和你自己原来住的差别大吗？父母可能需要脑洞大开，才能回答孩子的这些疑问。如果父母是记者，就需要针对故事中的一些情节内容、故事变化发展的原因等来提问，可以提类似于"如果是你，你会怎么做？为什么？"这样的带有思辨性的问题。这样一来一回地问答，故事就会以另一种形式重新演习一遍，可以充分调动孩子的大脑，让孩子进行一次主动的思考。

Praise（赞扬）
——及时赞扬，推动自主阅读

随着孩子独立阅读能力的提高，孩子会向家长显示自己识字和阅读的能力哦！所以，当孩子在读一本图画书时，你可以说："你会读这个字（句子）吗？""哇！这么多字你都认识啊！你是怎么做到的？""一会儿爸爸回来，我可得告诉他，你已经会读不止一个句子了，都能读一整页了，等下你可以再读一次吗？""我得打电话给爷爷奶奶，告诉他们你能自己阅读了，他们一定会非常高兴的。""孩子，你应该为自己感到骄傲。"

记得我女儿刚开始阅读的时候，我们会做各种各样的阅读贴，比如人物绘画贴、故事名字贴、故事地图贴、人物名字贴等。当孩子上二年级时，阅读就改为思维导图笔记了，除了鼓励性的语言外，这样的结果呈现也是一种很好的鼓励方式，因为当别人来我家时，我们会分享孩子的阅读成果，这种肯定和展示的方式，给了孩子莫大的阅读动力，使得孩子在阅读这条路上看到了更多的风景。

20 孩子看书随便翻，毫无目的怎么办？

"BHH 三步聊书"培养孩子的阅读力和表达力

> 我家孩子是很喜欢看书，但是每次都是随便翻翻，喜新厌旧，拿起这本翻几下，又看另一本，看起来阅读数量倒是很多，只是不知道有没有读进去。
>
> 我家孩子就是不喜欢看书，给他买了那么多图书，他就是不看，随便翻翻就丢了。幼儿园布置的作业他也不做，我现在都愁死了，怎么才能让他安静地看会儿书呢？
>
> 我家娃看书喜欢默读，看得还非常快，我就非常担心，总觉得娃是在敷衍我，肯定是跳行看，或者是随便翻翻。我要不要让我家娃大声朗读，不准默读呢？

孩子不看书让人担心，孩子看书随便翻翻，家长内心也有隐忧：每天都读书，孩子到底读进去了没有？为什么家长希望孩子读书，而孩子却不喜欢读书呢？一般来说，是家长在初期阅读的时候没有对孩子进行正确的引导，不小心陷入了误区，没有很好地培养孩子的兴趣。

1. 野草式阅读——"自生自灭"

很多家长觉得到了五六岁，阅读就应该是孩子自己的事了。所以家长只负责给孩子买书，家里有书，孩子自然会去看书。这种观点是不正确的，如果家长不进行引导和示范，孩子爱上阅读的可能性还是不大的。香港中文大学曾对幼儿园的小朋友做过一项调查，部分家长给孩子一堆书，什么都不做，另一部分家长带着孩子互动阅读，对比显示，后者孩子的阅读能力得到特别大的提升。这种"浸入式语言学习"才能真正助力孩子阅读力和表达力的培养。或许刚开始，对于内容简单、画面生动的绘本孩子会喜欢翻阅，加上好奇心的驱使，孩子看起来会很喜欢看书，但是如果任其"自生自灭"地发展，没有大人的伴读式指引，等孩子把能理解的部分看完了，那本书就变得索然无味，再读或者深度阅读的可能性就没有了。所以，伴读是特别重要的阅读方式，哪怕孩子已经二三年级了，这种形式还是应该有的。《幸福的种子：亲子共读图画书》中讲：有涵养的人，是曾经聆听丰富语言且永志不忘的人。父母若希望自己的孩子成为有涵养的人，就必须通过孩子的"耳朵"，向他们传输感情充沛的丰富语言，传递陪伴的温暖力量。通过"聊书"传输思维的深度、学习的广度，那么这些来自与父母、与书本交流的丰富体验，才能成为孩子未来学习的基础。

2. 监工式阅读——功利心强

很多家长从早期的听读开始，就会一个字一个字地跟孩子指读绘本，或许孩子刚开始有点兴趣，一看孩子有兴趣家长就更来劲了，干脆淡化讲故事，着眼识字。这个字读什么，那个字读什么，亲子阅读俨然成了识字课。当孩子自己看书的时候，家长会时不时过去，打断孩子的阅读插上一嘴："这几个字你认识吗？念什么呀？"这样不仅会打断孩子阅读的思绪，还容易让孩子产生厌读的心理。阅读时刻意强化识字是小学内容提前化的做法，不仅会加重孩子的负担与压力，将来当孩子一拿起书本，就会和早期所获得的枯燥、机械、乏味的识字经验联系起来，很容易产生厌恶的情绪。另外，强化识字也好，强调故事内容也罢，都可能会忽略孩子对图画的关注，也让孩子损失掉发展逻辑思维能力、审美能力的机会，这对孩子来说损失巨大。

亲子共读的重要性大部分家长是明白的，但是如果把亲子阅读视为让孩子"不能输在起跑线上"的被动选择，觉得阅读必须"有用"，那也违背了亲子阅读的意义——在享受阅读的乐趣、滋养心灵的同时，开发孩子的智力，发展孩子的思维。所以，如果强调"有用"，把阅读当成任务，这也是抹杀阅读兴趣、阻碍深度阅读的做法。人最难抗拒的就是"诱惑"，最讨厌的是"强迫"，要让阅读"去任务化"，不刻意追求阅读效果。让我们一起去掉这些套在孩子身上的阅读枷锁，让阅读多一些自由的色彩，多一些轻松的状态。

如果孩子暂时还不喜欢课外阅读，千万不要直接要求他"去读书"，也不要总拿他爱不爱读书这事当话题来聊，更不要用阅读的事来教训他。家长可以采用"诱惑阅读"的方式，"伴读聊书"的方式，让孩子自己爱上阅读。

3. 单向阅读——知识不循环

教育专家研究发现，儿童的早期阅读一般会经历三个阶段：第一阶段，培养阅读的兴趣；第二阶段，培养阅读的习惯；第三阶段，培养阅读的能力。无论是哪个阶段，孩子的阅读都需要有双向的互动甚至多维的交流渠道，这样才能让孩子不至于成为完成阅读作业的"阅读机器"，才能成为真正的"阅读者"！有些家长也会跟孩子聊书，但是总是想去左右孩子的看法："你这样想是不对的！""你是怎么读书的，这么简单的问题你都读不明白？""读书需要三到，所谓眼到、口到、心到，你什么都没到，怎么算是阅读呢？""你就看懂这么点？继续看！"类似这样的干预不能算互动，权威式的介入很容易使关系出现裂痕，后遗症就是孩子懒得跟你聊，聊着聊着成批判会了，孩子觉得没意思。

幼小阶段的我读你听、低年级的只阅读没互动、中高年级的机械摘抄，都只是单向的阅读。"互动式家庭共读""互动式读书会"这样的阅读方式更适合于2—10岁的孩子。比如跟孩子一起模仿书里面的动物的动作和语言，让阅读"动"起来；比如模仿故事中的场景来个亲子游戏，让阅读"欢"起来；再比如组织几个家庭，举办家庭读书会，让阅读"聚"起来；让多个孩子一起改编书中故事进行戏剧表演，让阅读"演"起来。

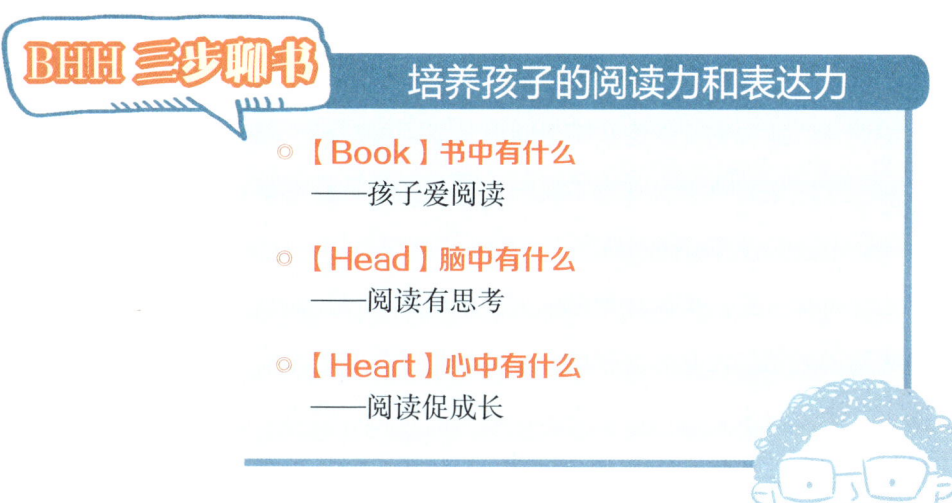

《颠覆性思维》这本书提出了一个阅读框架——BHH，用三个字来概括就是书（Book）、脑（Head）、心（Heart），这里借用BHH的理念，来说一说如何跟孩子聊书（互动式阅读），并由此提升孩子的阅读力、表达力和思维力。

【Book】书中有什么
——孩子爱阅读

跟孩子聊书的第一个层次是读懂书中内容。所以通过"4W"的提问方式跟孩子聊一聊书中有什么，是一个很好的互动阅读模式。比如在初期的绘本阅读中，因为文字较少，孩子喜欢重复阅读，对文本是有一定的熟悉度的，所以，家长可以故意不把文句说完整，然后做思考状："下面是什么（What）呢？"以此鼓励孩子"接话"。当我们重复几次之后，孩子能理解爸爸妈妈暂停的意图，就能形成互动默契，孩子如有意识"接话"，也就调动了孩子的阅读记忆。《草房子》的主人公是谁（Who）？《小王子》中的小王子游历了哪些星球（Where）？《爷爷一定有办法》里的爷爷变了哪些裁剪魔法（Which）？当然，还可以问书中的事、地和物。无论是哪个问题，都需要对孩子阅读的这本书有大致的了解，这还是需要家长花点工夫的，不然孩子觉得都是自己说，没有反馈和共鸣，也会失去聊书的兴趣。

有时候，我们可以找到书中的一个精彩片段，然后问孩子："你觉得这时人物的表情应该是怎么样的？你觉得他穿什么衣服合适？"然后干脆和孩子一起表演出来，也可以录下来给家里的其他成员看一看。这样不仅可以活跃家庭气氛，还能让孩子过过戏瘾，在娱乐的过程中加深对书本的印象，寓教于乐。

【Head】脑中有什么
——阅读有思考

这一层次的聊书是基于思考的角度展开的。这一层次可以多用带"吗"的疑问句来启发孩子思考。比如："你认为大家都会喜欢这个故事的主人公吗？""你觉得恐龙是因为地球气候寒冷被冻死的吗？""《小王子》中提及的仪式感，你认为重要吗？""这个故事最吸引你的环节是什么？结局你满意吗？"抛出这样的问题，能让孩子和父母、孩子和孩子之间有"头脑风暴"的过程。这样的探讨不仅可以激发孩子回忆书中的故事情节，而且孩子通过回答这些问题，思维也会不断发展，还可在无形中锻炼孩子的口语表达能力。

【Heart】心中有什么
——阅读促成长

第三层次需要基于成长的角度跟孩子聊书。思维成长和心理成长都可以通过聊书来实现。

倾听有心。跟孩子聊书时，并不需要有多么高深的阅读技巧，就是抛出话题，引孩子说。聊书时，孩子是主角，家长认真地倾听，时不时地回应，鼓励孩子继续聊下去。

在一次跟孩子的聊书会上，当我们聊到《跑猪噜噜》中的"噜噜"的特征时，昊然同学站起来说："克鲁鲁特别擅长奔跑，速度很快。"一个孩子接话："这不是明摆着吗？题目就叫跑猪啊！这还用说？"昊然瞬间沉默，特别尴尬地坐回位子。我看到了赶紧接话道："能够通过题目提示，结合小说内容来发表看法，我觉得这个思路特别好！昊然同学，你能举几个例子来说明跑猪奔跑速度特别快吗？"孩子兴致盎然地从书中找出了三个例子。我随即跟进鼓励："表达观点有理有据，足见阅读细致有心。"

在跟孩子聊书的过程中，要想尽办法让孩子多说。家长也好，老师也罢，都需要有一套引导孩子多说的话术并耐心倾听。比如："我待会儿再说我的看法，我想先听听你的想法。""你刚才的想法我觉得挺有意思的，你能多说一点吗？""这一点上我一直不是很明白，我想问问你是怎么想的。""这个说法很有条理，你是怎么概括的呢？"

阅读是一种学习途径，只要是学习，都需要动力。所以聊书也需要激发孩子的热情，让孩子更有阅读的成就感。比如故意指着某一情节或提出某个问题，大惑不解地说："这个是咋回事啊？"孩子会不厌其烦地为家长"答疑解惑"，甚至会"嘲笑"父母"太菜"，"菜"就"菜"吧，让孩子站在家长的肩膀上看世界，也是一种智慧。再比如请孩子推荐自己喜欢的书："这本书你看得这么认真，我猜一定很好看，我没看过，你能给我讲讲吗？"相信孩子也极其乐意跟我们"普及"的。

阅读除了可以拓宽知识面，还有一个功能就是丰富孩子的精神世界，为他们开启一扇博览世界之窗。所以聊书还可以着眼于"人"的角度跟孩子探讨。比如："这个人物很有意思，你怎么看呢？""如果你是书中的主人公，你会怎么处理这件事情？""由这个主人公，你想到了生活中的哪些人？"这样的问题是基于成长和发展的维度来展开的，学会和孩子一起"聊书"其实很简单，只要父母愿意成为他们的"读伴"，和他们成为"书友"，分享和交流随时可以进行。

 ## 孩子不想背诵不爱记单词怎么办?

"游戏学习法"让记忆变得有趣有效

> 彤彤的老师非常注重学生的日常积累,每天要求学生们背诵经典古诗词和课文精彩片段。这可难住了彤彤,一首五言绝句也就二十个字,可是彤彤这会儿背会了,吃了个晚饭,再让她背一次,却已经忘了;就算晚上背会了,第二天去学校又忘记了。老师三番五次打电话和她妈妈说,要好好督促,这让彤彤妈妈也很烦心。她觉得自己的孩子平时看电视,里面广告看了都能记住,怎么偏偏背几句书本上的句子就这么难?没办法,她只好逼着孩子反反复复背。久而久之,彤彤越发讨厌背诵了。

记忆力是指视觉、听觉、触觉、嗅觉和味觉五大信息通道对客观事物关注后在脑中存留的印记。目前市场上针对孩子记忆力的训练有很多方法,效果肯定是有的,但是前提是需要孩子情绪平稳、状态积极。所以,没有积极情绪的驱动,再聪明的理智脑也是无法正常工作的。很多孩子之所以记不住东西,不想记单词,不是因为没有记忆的方法,而是因为对记忆产生了畏难、恐惧、挫败等情绪,导致无法启动理智脑的工作状态。那么是什么原因导致孩子出现这些负面情绪的呢?

1. 背诵内容引不起兴趣，影响记忆动机

记忆按照心理活动有目的性地分为无意记忆和有意记忆两种。无意记忆是指事先没有预定目的、没有经过特殊努力的识记。在日常生活和学习活动中，如参加集会、看电影、聊天、看报、听故事等，家长并没有给孩子提出明确的识记任务和目的，孩子也没有付出特殊的意志努力或采取专门的措施来识记这些事物，但是它们却自然而然地记在了脑子里。

这是因为凡是比较突出、鲜明、能引起人们强烈好奇和浓厚兴趣的材料，或具有强烈情绪色彩的重大活动，对孩子来说都特别能引起他们的无意记忆，这也就是彤彤妈妈说的看电视时，没让彤彤记忆，看的广告她却都记住了。

但背诵古诗词、记单词，光靠无意记忆是不行的，必须有目的且主动地去记忆，但如果背诵的东西孩子不感兴趣，不能自然地产生兴奋点，再加上心理上存在一定的压力，或者曾经背诵时留下过糟糕情绪的记忆，就会严重干扰理智脑的启动，孩子自然就不想背，或者老是记不住了。如果此时家长一直逼着孩子继续背诵，情绪就会越来越糟糕。此时最关键的是在情绪上给予关怀与调节，帮助他们回到兴奋愉悦的状态中。

2. "记性不好"的负面标签，影响记忆动力

我们班有个叫咪咪的小姑娘，孩子看起来挺机灵的，就是背书记忆力有点糟糕。刚接班的时候，孩子妈妈就说："我家孩子动手能力和学习力都不错，就是记忆力有点差，这随我，我也老是记不住东西。"这个负面标签就一直影响着咪咪的背诵，每次记不住或者背不好，孩子就会很沮丧地安慰自己："我记忆力差，妈妈都这么说。"还经常失望地叹气。"记性不好"的负面标签让咪咪很受挫，后来在一次背诵比赛中，我们启用了导图记忆法，孩子竟然在15分钟内流利地背出了古文《愚公移山》。具体是怎么做的，我们后面再阐述。

总之，当我们给孩子贴上"记性不好"的负面标签，孩子就会对大人的这个诠释形成一个固化思维——"我记性不好，记不住东西"，这个消极的

暗示会不断导致孩子真记不住东西。所以解决的最好办法是：撕掉负面"标签"，改变大人对孩子记忆力的负面评价，对孩子的记忆力给予积极正面的暗示，不断强化孩子对自己记忆力的自信心。

3. 记忆方法没掌握，影响记忆效果

学习除了勤奋，还要有方法，就如记忆，只是让孩子一味地去多读只能达到会背的程度，不懂得语义记忆，不懂得情景记忆，也不懂联想记忆。在他们的思维模式中，只有我们平时所说的"死记硬背"，这是很糟糕的。也许部分能力强的孩子，读几次之后就能背诵，但多数孩子都很难靠这样多读来完成背诵，即便背了，短时记忆，很快也还是会忘记。因此，我们需要引导孩子学习一定的记忆方法，给予孩子一定的鼓励，让他们通过有效的背诵方法，增强背诵的信心，循序渐进地提升他们的记忆力。

心理学家艾宾浩斯曾经指出，人们对于记忆内容的遗忘是有规律的，最初遗忘的速度很快，但是到了后来遗忘的速度就会变慢。因此，反复背诵可以达到快速记忆的效果，却难以长久记忆。

要想专注地进行记忆，提升记忆能力，启动大脑和掌握方法同样重要。具体我们可以怎么做呢？

游戏学习法 —— 让记忆变得有趣有效

◎ **情绪调节法**
　　——学会停，愿意记

◎ **花式游戏法**
　　——学得欢，记得住

◎ **导图记忆法**
　　——学得巧，记得牢

情绪调节法
——学会停,愿意记

大家都知道兴趣是最好的老师,只有自己喜欢这件事,愿意做这件事,才能努力把这件事做好。而背诵这类枯燥的事情,在启动理智脑的时候是必须给点"营养素"的,多巴胺就是其中一种"营养素"。而当我们感到兴奋和愉悦时,大脑就会产生大量多巴胺,刺激神经元细胞的突触产生连接,记忆的能力就会增强。所以,当孩子对记忆有抗拒、有情绪的时候,停一停,调节一下情绪是很关键的。

孩子:妈妈,今天老师让我们背15个单词,我背不会,实在背不会。

妈妈:看起来你现在情绪有点烦躁。作业指挥官是怎么说的?(孩子学过作业指挥官的情商课)

孩子:有情绪要调节!看来我需要做点什么来帮助自己找回积极情绪了。

妈妈:那你准备怎么调节呢?

孩子:我看会儿漫画吧。

妈妈:行,大脑这部机器在高速运转前,肯定是要有点营养的,记单词是个技术活,所以肯定需要积极启动才行。

孩子:对嘛!写了这么多作业,再记单词,脑子肯定"秀逗"啦。(孩子哈哈笑)

妈妈:那你需要看多久漫画来启动大脑呢?

孩子:20分钟,行吗?

妈妈:好的,妈妈利用这20分钟,帮你做一做15个单词的卡片吧。

孩子：我爱你妈妈，那你根据第一个字母来分类吧，颜色纸在那边。（我们有卡片记忆的习惯，孩子会根据辅音将单词进行分类）

花式游戏法
——学得欢，记得住

1. 录音记忆法

很多孩子背诵课文的时候，觉得很吃力，使劲儿读还是很难记住。我们可以试一试录音法。这个方法很简单，就是把要背的内容，自己读一遍，用手机录下来。然后可以边听边读，或者刷牙、洗脸、吃饭、洗澡时反复听，次数多了，自然就背下来了！

生理学家认为，让视觉和听觉共同参与记忆，要比单用视觉或听觉记忆效果提高30%—40%，这种记忆方法被称为"协同记忆法"。所以根据这一理论，在练习背诵的时候，播放自己的录音文件，边听边读，形成记忆信息的双向刺激，完全可以强化记忆效果。

前文讲到的咪咪同学，一直觉得自己记忆力不行，很是苦恼。周四的课后管理时间，全班学生作业写得比较快，除了背诵没其他事情干了。于是我开展了有计划的记忆力大赛活动，目的是帮助咪咪同学打破"我记忆力差"的负面信念。当时我选取了《愚公移山》这篇古文，要求孩子在20分钟内背出多少算多少，看谁背得多、记得熟，奖励冰棍一根。孩子们倒不是为了冰棍，竞赛的形式总是让人喜欢的，于是个个叽里呱啦地开始了。在这之前，我自己将《愚公移山》的注释译文和原文录音，并让咪咪先听一遍译文，然后边听边读，开始记忆。对于我的优待，孩子很高兴也特别认真。20分钟很快过去了，当我询问"哪些同学已经能够熟练地背出一、二两段，请举手"时，咪咪举了手，再问"谁可以试着背一背全文"的时候，咪咪竟然又举起了手。

我请了全班记性最好的同学和咪咪一起上台背诵，两人不负众望地都背出来了，全场响起了雷鸣般的掌声，咪咪的脸上也漾起了自豪的微笑。

课后，我当着咪咪的面给孩子妈妈打了电话，告诉她这一惊喜，并郑重地跟孩子妈妈说：咪咪无论是学习能力还是记忆能力，都很强，并不像妈妈认为的那样，我对孩子很有信心。我又告诉她妈妈，今天咪咪还学会了一种背诵大法——录音法，孩子当时别提有多激动了。

后来，班上很多孩子都学会了用录音法来背课文和其他内容，效果都很好。

2. 卡片记忆法

我女儿小的时候不喜欢记忆类的学习，常常是生逼硬吼外加哄劝利诱，才能把单词和一些知识点记下来，作为老师我也是很头疼。后来我们就开始了卡片记忆法的游戏，不只是把知识点和单词写在卡片上，还会在卡片上穿插一些好玩的游戏，比如"做个鬼脸猜一猜""翻个白眼说一说""吃一根冰棍""放一个臭屁"等。这几张卡片会每天出现在需要记忆巩固的卡片里，平时独立放置。比如今天需要背 15 个单词，就会再加上这几张，这样记起来和玩起来就很有意思了，孩子带着愉悦的心情记忆，自然就快了。

3. 故事记忆法

故事记忆法，也被称为链接记忆法，通过文字联想到一个具体的有画面感的情景，或者将一些关键词图像化，然后根据逻辑、情节以及动作将这些图像连接起来，串成一个故事。这种训练方法不仅能牢固地记住所要记忆的内容，还可以同时锻炼想象力。在联想的过程中要夸大图像的效果，把握图像的细节部分,这样更能达到"以点概面"的记忆效果。

如古诗词背诵,就可以用故事法提升孩子的图像记忆能力,有意识地引导孩子对自己要记忆的材料进行图像故事法的加工,在脑中留下具体的场景图像,因为孩子大脑的图像记忆能力是抽象记忆的100万倍。

一位小学五年级的孩子背《天净沙·秋思》时抓住了景和人,编出了一个小故事:"我们一行人走进一个荒凉的村落,前面是一棵被枯藤缠绕着的老树,上面停着一只饿昏了的乌鸦,叫得那是一个惨。顺着小桥下的流水,我们继续向前,看见了一户人家。吃过晚饭,我们沿着古道继续向前,只见西风中走来一匹超级瘦的马,估计也是饿昏了。这时候,夕阳西下了,我也正好走到天涯,回头凝望昏鸦、瘦马,真有断肠人的悲凉。"如此一编故事,背诵起来就容易了。

导图记忆法
——学得巧,记得牢

思维导图是东尼·博赞博士在1988年开发的一种学习工具,是一种用来构建知识网、发散思维、提高学习能力的可视化工具。

用思维导图编故事记单词效果非常好。把生词尽可能地编辑在一起,形成一个有意思的故事,并将这个故事画成思维导图,记住1个中心词相当于记住10个单词。

下面就是从"est"引出的一系列单词。

第一个单词best（最好的）延伸到了test（测试），再延伸到了text（课文）、textbook（课本），以此类推展开思维导图，我们就会发现这几个单词连续读起来都非常有节奏感，且在某种程度上是有关联的，如果给单词编一个故事就更有意思了。

• I want to the best in the test by reading the text in the textbook.

我想在测试（test）中成为考得最好（best）的，所以我需要阅读课本（textbook）上的课文（text）。

• I need to rest in the restaurant and use restroom, or I will be restless.

我需要在饭店（restaurant）休息（rest），用一下洗手间（restroom），否则我会焦虑（restless）。

• I take off my best vest and harvest oranges in the forest.

我脱下我最好的马甲（vest），在森林（forest）里面收获（harvest）橘子。

看，这就是思维导图快速记单词的秘诀，一个单词群，一幅思维导图，联系故事，记住单词也就简单了。

当然，利用思维导图记忆古诗也特别好，二年级的妍妍小朋友就很喜欢画思维导图来理解记忆课文。

玩中记，记中玩，无论用哪种记忆方法，只要根据孩子的记忆规律，关注孩子记忆时的情绪体验，就很容易将外显记忆转化为内隐记忆，内化成孩子终身受用的方法和技能。

22 孩子注意力不集中、心不静怎么办?

"书童式陪伴"让孩子平心静气学习

> 淘淘是个可爱聪明的孩子,但是专注力不够,一节课上总坐不住,不是在座位上动来动去,就是从抽屉里拿文具摆弄,老师会提醒他,但没几分钟他又忍不住了。同样,在家也是这样,写个作业,他一会儿去喝水,一会儿要上厕所,作业没写几笔就开始找橡皮,接着就是削铅笔,过了大半个钟头,也没写几个字。妈妈是打也打了,骂也骂了,都没有效果,实在没办法,带他去看医生,可是检查的结果也并不是大家说的那样属于"多动症"。这使淘淘妈妈很苦恼。另外,淘淘妈妈也很奇怪,在看电视、玩电子产品时,孩子就可以一动不动地坐着,和他说话他都听不见。

从上面描述的情况来看,孩子的主要问题是注意力不集中、容易走神、做事情拖拉磨蹭、小动作多、记忆力差等,这些问题看似很小却会随着年龄增长越来越严重,不及时介入会严重影响孩子未来的生活和发展。

孩子的多动和注意力不集中由多种因素造成,其中主要包括外部因素、内部因素和心理因素。作为家长,我们首先要了解自己的孩子注意力不集中的原因大致是什么。

1. 外部因素

外部因素包括环境因素和家庭教养方式。环境因素主要包括以下几个方面：一是学生学习的外部环境造成注意力涣散，比如家里或教室外面的吵闹声，家里的玩具、花里胡哨的文具都会干扰孩子的专注力；二是事件本身并不能引起孩子的注意，比如某些学科的作业，比如老师上课的方法、说话的语调等；三是过多的糖果、含咖啡因的饮料或者人工色素、添加剂、防腐剂等，都会刺激孩子的情绪，也会影响孩子的专注力。

家庭教养方式也是孩子专注力是否集中的一个关键因素。比如父母教养方式不一致，孩子会更多地考虑如何自保，如何规避风险，专注力会受一定影响；溺爱孩子，规则意识不强，孩子也会因为无序感而导致注意力缺失；控制欲太强的父母会使得孩子情绪高度紧张或者过度焦虑，让他们把精力放在情绪发泄和控制上，也会抹杀专注力。还有一些家长，在孩子学习的时候，以"监工"的方式去打扰孩子，一会儿关照孩子要保持距离，注意保护眼睛；一会儿提醒孩子当心感冒；一会儿批评孩子这样做不对；一会儿又表扬孩子现在表现很好，这样既分散了孩子的专注力，又弄得孩子心烦意乱，他们哪里还能专心学习呢？

2. 内部因素

专注力缺失的内部因素主要是孩子的自我认知和心理原因。一是孩子对学习目的、意义认识不足。因为学习原本就是辛苦而枯燥的事情，缺乏学习的责任感和主动性是必然的，父母如果没有进行自控力和学习力的训练，当然会影响孩子的有意注意。二是有一部分孩子注意力的持久性、稳定性比较差，孩子的注意范围窄，不善于调节注意的分配和转移，或称"感觉统合失调"。三是部分孩子为了引起别人注意，得到关注，或者为了逃避父母给予的过度负担，会下意识地通过一些行为来达到目的。

据不完全统计，一部分孩子有过心理创伤，在成长过程中有过被"遗弃"（父母长时间不在身边）、被惩罚打骂、被过度控制等不正确的教养方式对待的经历。这样的孩子，他们面对的压力和焦虑会让他们的神经很紧张，外化出来的症状就是好动，注意力涣散。

3. 生理因素

由于孩子大脑发育还不完善，神经系统兴奋和抑制过程发展不平衡，所以自制能力差。比如上课的时候，教室里飞进来一只小鸟，小学生会立刻炸锅，而高中生显然要好很多。所以孩子注意力的集中程度会随着年龄的增长而提升。

这里特别要分析一下看电视和玩电子产品时，孩子的注意力看上去很集中的问题。人的注意可以分为有意注意和无意注意。专注时间增加实际上就是有意注意能力提升了。而看电视这种不需要调动目的和意志的活动，只能让无意注意占据孩子的生活，有意注意能力丝毫得不到训练。长期与电视机、动画片为伴的孩子更容易出现多动、缺乏注意力的症状。因此，家长千万不要误认为孩子看电视持续时间长，是说明注意力集中的时间长，如果以此为训练来提高孩子的注意力，那就适得其反了。

> **书童式陪伴**
>
> **让孩子平心静气学习**
>
> ◎ 排除环境干扰，提供一间清心"书房"
>
> ◎ 无须指手画脚，让孩子"书山有路"
>
> ◎ 实现有效陪伴，制作"注意力书签"

根据前面的综合分析，我们了解了孩子注意力不集中的成因有多个方面。为了提升孩子的专注力，我们可以尝试着用"书童式陪伴"的方式来提高孩子的专注力。

书童是古代大户人家公子的随从，书童对公子的成长成才都起着很大的作用。书童不仅照顾着他们的饮食起居，而且他最大的作用是陪读，和家里的公子一起游山历水，一起吟诗作对，一起学习，一起探讨，共同进步。在家庭中，作为家长，一味用强压式、命令式来要求孩子，还不如换一种方式，学学古人，用"书童式陪伴"做孩子的读伴、玩伴，帮助孩子静心学习、快乐成长。

排除环境干扰，提供一间清心"书房"

孩子的注意力往往受外部环境的影响很大，如果外部干扰比较多，孩子一般很难保持自己的注意力，很难专注在某件事情上。比如，孩子在家里读书、做作业时，如果桌子上或书房里有各种玩具，或者房间里在放电视或播放音乐，都会导致孩子的注意力分散。为了避免这些事情的发生，首先就要降低环境对孩子的刺激，减少环境对孩子的干扰。

如何减少这种环境的刺激呢？"书童"就要发挥自己的作用，收拾好房间，把可能干扰孩子注意力的物品收纳到橱柜里，这样就会减少环境对孩子的影响。当然，除了整理这些干扰物外，还要避免为孩子购置那些花里胡哨的东西，特别是孩子的学习用品，一块卡通的橡皮，一本密码笔记本，一个多层按钮式的铅笔盒，都会成为孩子的玩具，孩子怎能不走神？所以，一个相对简单的学习环境，是提升孩子注意力的第一步。

无须指手画脚,让孩子"书山有路"

孩子对自己感兴趣的事情总是很着迷,注意力集中的时间往往也特别长。父母看到孩子在那里长时间地拼拼图,会怎么做?或许有些父母会说:"拼了那么长时间了,还拼不好,赶紧放下,去做作业。"或许有些父母会忍不住在边上说:"这都不会,不就是这块放上去吗?这都看不见。"有些父母反反复复地从孩子旁边经过,不停地打断孩子的活动,其实这样的行为是很不可取的。

在孩子注意力发展的时期,如果孩子的注意力不时被打断,就会使孩子在发育过程中相关脑区不能够得到充分的发育,这样就不能培养孩子抗干扰的能力,进而扼杀孩子学习的机会,从而阻碍孩子智力的进一步发展。

比如孩子在做作业时,有的父母会突然想起孩子今天苹果还没吃,就不顾孩子的感受,热情地递过削好的苹果,还热情地说:"先吃,先吃,吃了慢慢做。"殊不知,这样会打断孩子的解题思路,导致孩子的日常注意力无法真正集中。

作为"书童",父母要明白所要做的第一是陪伴,当孩子在做自己感兴趣的事情时,父母需要做的就是不干扰他,或拿一本书看着或做自己的事情,让他安安静静地投入;第二,父母也可以坐在边上观察他的兴趣点,从而在平时不断和孩子聊他喜欢做的事,帮助他找到内在驱动力,从而不断激发他做这些事的热情,使其注意力持续的时间变得更长,这样他当然会慢慢地将注意力从做这件事上延伸到做其他事上。

实现有效陪伴，制作"注意力书签"

积极的情绪情感能提高人的活动能力，令人思维敏捷，迅速解决问题，更有助于提高工作学习的效率。多巴胺是我们下丘脑分泌的关键神经递质，它发出的信号能让人感到愉悦。所以，跟孩子一起制作一些亲子项目的书签，挂在孩子房间或者客厅醒目处，利用空余时间或者亲子特殊时光，陪伴孩子专心地去实施书签上的内容，这会使孩子既有安全感和价值感，又能够通过促进其多巴胺分泌来稳定孩子的情绪，锻炼其意志。孩子专注于做自己喜欢又有父母陪伴的事情时，自然能提升专注力和动力。

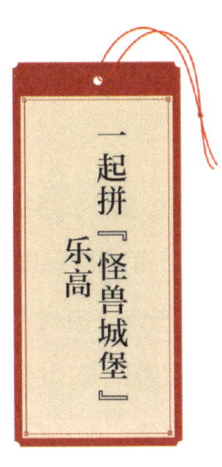

前面提到的孩子淘淘，在看电视或打游戏时，注意力特别集中，一两个小时都可以一动不动，那是不是如我们前面说的，发现了孩子这个兴趣点，就让孩子多看电视或打游戏，培养注意力的持续性呢？切记千万不可这样做。这一点，家长必须高度重视，因为电视和电脑游戏是不断播放动态的画面，孩子容易被色彩丰富、动感有趣的事物吸引注意力，在持续关注这些事物时，孩子们不需要动用太多思维，也不需要任何意志力的参与。这其实是孩子注意力不集中的表现，久而久之，孩子注意力范围变小，让他们看静态的书本时注意力就很难稳定下来。因此，"书童"千万要把好这个关，陪他一起看故事书、玩游戏，去游乐园、公园，感受生活中快乐的事，才是应该做的事哦！

这里也给大家推荐几种有趣的提升孩子注意力的游戏。

（1）词语训练法

家长事先准备好一些词语，孩子认真倾听每一个念出的词语，如果听到的是关于水果的词语就举起左手，如果听到的是关于蔬菜的词语就举起右手（可以从 4 个词语开始，接着 8 个词，之后逐步增加到 16 个、32 个……）。当然，这样的方法还可拓展用于听数字等。

（2）多米诺骨牌

多米诺骨牌的训练实际上能够比较好地考验孩子能否坚持重复单一的动作。这个训练方式通过让孩子体验推翻几百块多米诺骨牌的快感，锻炼孩子的耐受性，使孩子逾越这种重复工作的单调感，最终获得成就感。

（3）舒尔特方格

舒尔特方格是在一张方形卡片上画上 25 个方格，格子内任意填写上阿拉伯数字 1—25 这 25 个数字。游戏时，要求孩子用手指按 1—25 的顺序依次指出各个数字所在的位置，同时诵读出声，家长在一旁记录所用时间。数完 25 个数字所用时间越短，注意力水平越高。可以更换几张去做，记录数据，孩子在这个过程中，会很有挑战感和成就感。

4	14	5	10	3
13	2	21	17	20
7	25	22	15	9
8	24	19	23	1
16	12	18	11	6

舒尔特方格

值得注意的是，不同年龄段的孩子专注的时间也是不一样的，3—6岁是孩子专注力发展的关键期，孩子们在这个年龄段专注的时间会从5分钟增加到15分钟甚至20分钟。研究表明，2岁以下的孩子注意力在2分钟左右；2岁以上的孩子，时间会延长，大约7分钟；孩子到3岁的时候，时间会在9分钟左右；而孩子到5—6岁的时候，时间会达到14分钟左右。家长只有对照自己孩子的年龄特点，采取不同的训练方法，运用科学合理的方法，效果才会好。

在我们漫长的学习过程中，注意力是打开我们心灵的门户，门开得越大，我们学到的知识就越多。作为家长，我们一定要改变原有的一些教养方式，学会有效陪伴，正确引导，做好"书童"，陪伴孩子共同成长。

23 督促孩子写作业总是鸡飞狗跳，这是为什么？

"爱的陪伴"引导孩子学会自主写作业

有人说"不提作业母慈子孝，一提作业鸡飞狗跳"，一点都没有错，欢欢家真的就是这样。平时吧，欢欢乖巧，妈妈下班回家，他会主动给妈妈递拖鞋、拿手提包，很是孝顺。可是一坐下来看他写作业，妈妈就受不了了。他的动作慢得不行，一会儿使劲儿擦错题，一会儿又削铅笔，半小时过去了，没写几个字。妈妈给他检查作业时，发现简单的题目他都做错，只要给他指出来，他拿回去一改又是对的。这让欢欢妈妈非常生气，有时真忍无可忍，打他两下，好像能好两天，做作业的速度快了，做题也认真了，但是没过两天又恢复原状。

2021年上半年的电视剧《小舍得》里的两位爸爸，佟大为饰演的"佛系老爸"夏君山和李佳航饰演的"甩手掌柜老爸"颜鹏，都曾经辅导孩子写作业，最后都成了"炮仗"。"佛系老爸"本来已经打算好了，不对女儿发火，可是看到女儿一晚上只做了一道题，还把橡皮都掰开了，一道题不会就不往下继续写，夏君山即刻失去理智，吼到孩子大哭。他甚至对女儿说："我求求你了，你教教爸爸，爸爸应该怎么教你你才能学会？"

难怪一到开学季，朋友圈里就遍布类似的"不提作业母慈子孝，一提作业鸡飞狗跳"的段子。关于孩子做作业的问题，几乎已经成为当下家庭教育热度不减的话题。孩子的家庭作业要不要盯着做，孩子做好的作业要不要帮忙检查，孩子做作业拖拉怎么办？不肯做作业怎么办？

我们暂且不去分析欢欢不专心和磨蹭的原因以及对策，我们在前面关于如何让孩子爱上学习、如何培养孩子的专注力中都提到过，今天就陪伴和督促孩子写作业的事实，我们来看看父母的日常。

1. 监工型

上小学三年级的球球很苦恼地说："只要写作业，老妈就坐在我身边，让我很烦躁也很紧张。我稍一停顿，她就会问我怎么了，看见我有不会的题就非得给我讲。她讲着讲着就会吼：'你有没有带脑子啊，这道题我都讲过多少遍了，这都不会，你是不是想气死我啊……'我真希望妈妈消失。"

既要当爸妈，又要当"老师"的日子可真吃力不讨好，甚至招来孩子记恨，这不是渡劫是什么？可是从孩子的角度来看，球球妈妈是不是一个"监工"呢？哪里有压迫，哪里就有反抗，难怪陪写作业现场经常变成"灾难片"的现场。

"球球，赶紧去写作业，做完作业你才能玩手机，听见没？"

"还不快去，再不去手机没收一个星期啊！"（催作业倒计时）

"你都进去半个小时了，才完成一道题目，你在干什么啊？我不坐在你边上你就不写是吧？赶紧的！先写语文！"（掏出孩子语文作业，摊在孩子面前）

"看着我干吗？我脸上有字啊？动笔啊！"（催作业进行时）

"叫你先写语文先写语文，你怎么不听呢？语文作业多，很多你都不会，早点做早点教，脑子清醒，到了八九点，糊里糊涂教你也没用了。"（监工发现时）

"喏！又偷懒了嘛！你想干什么？想气死你妈啊！刚离开一会儿你就不自觉，快点！"【监工开始吼叫】

这样的场面你经历过吗？是否很有画面感？妈妈是真累！这"监工"着实也不好当。再看孩子，"不耐烦——拖拉耗时——迷茫麻木"，活生生一个"苦工"形象。长此以往，孩子很有可能被父母"培养"成"不负责任、不自信、不主动、不积极"的人，拖延、应付、磨蹭和拖拉也就成了学习常态。

父母成为孩子写作业的"监工"，有部分原因要"归功于"学校老师。一进小学，班主任老师便会建群，让所有家长进来，每天的作业、任务都会在群里发布，打卡情况还能在群里直观显示，也是硬生生把家长变成了严厉的"监督者"。

2. 保姆型

还有一种陪写作业的家长是"保姆型"。为了孩子的学习，妈妈以牺牲自我为代价，将所有期望都放在孩子身上，事事操心代劳，步步生拉硬拽。

慧慧妈妈年初就给孩子报了奥数班，因为孩子数学思维还有点薄弱。为了让孩子有所收获，孩子的培训材料妈妈是绞尽脑汁地学习和请教，每次回家，培训班讲过的题目，妈妈一定还得再讲一遍，因为妈妈发现如果不讲，孩子根本是云里雾里的，真不知道孩子是不用心还是真的傻。慧慧妈妈自认为自己是孩子班上最用功的家长，每天都盯着孩子学习，费了这么多心，孩子的成绩却不见提高。

其实慧慧妈妈面临的困境，在很多家长身上都或多或少存在着。孩子还没上小学，就摩拳擦掌，排除万难打算辅导作业。等孩子真的上了学，直接给他"保姆式"的辅导："这道题没听懂？来，妈妈给你讲。这里不会写，来，妈妈先给你写两遍。"看似很用力，但对孩子的帮助却十分有限。

"保姆型"父母一门心思盯着和敦促自己的孩子做好唯一重要的事情——学习，结果却往往适得其反。父母总是觉得自己很辛苦，每天担心孩子的作业有差错，担心孩子的成绩跟不上，所以"一厢情愿"为孩子改作业、盯作业，殊不知，这无形中把孩子写作业的责任揽到了自己身上。久而久之，孩子变得非常依赖父母，也缺乏责任心，孩子在完成作业时，总是会想着，反正等一下会有妈妈检查,错不错没关系,养成了这样的恶习,其实比不完成作业更加伤害孩子的自我肯定和价值感。如果某一天,父母没有将错题检查出来,孩子反而会埋怨父母,因为,孩子已经把检查作业、指出错误当成是父母的事了。

3. 撒手掌柜型

有人说:教育路上,最不该偷懒的是家长,最不该放纵的是孩子。对于孩子的学习和作业,还有一种父母是"甩手掌柜"式。这种父母总是放手让孩子自己成长、一切独立。父母崇尚"快乐学习",不在意孩子的成绩,对孩子的学习和作业不管不理,等到孩子学差了、学坏了,才开始焦虑。在我看来,没有引导和规划的释放天性是教育最大的骗局。当然,还有部分家长是因为长期在外打拼,和孩子在一起的时间非常少觉得内疚而放任孩子,这都是家长不懂教育的表现。为人父母是要"静待花开",但绝不能放弃"默默耕耘"。父母要成为孩子成长的合伙人,而不是监工。

引导孩子学会自主写作业

◎ **陪好**
——温暖,为孩子营造轻松的学习环境

◎ **陪少**
——激励,让孩子提升学习的欲望和动力

◎ **不陪**
——放手,让孩子独立自主完成作业

完成作业是学生学习的一个重要部分，如何有效陪伴孩子，让孩子养成独立自主完成作业的习惯也成了家长非常关注的一件大事情。对于不同的年龄段、不同水平的孩子来说，父母可以尝试循序渐进做到以下三点。

陪好
——温暖，为孩子营造轻松的学习环境

对于刚入学的孩子来说，家长要不要陪写作业，要不要给孩子改作业，是大家问得最多的问题。

陪，必须要陪，而且是有质量地陪。但是陪孩子写作业是为了帮助孩子建立自我学习和管理的能力，是为了后期不管不陪打下基础，所以父母绝对不应该局限和纠缠在某一种具体的题型、某一次孩子完成作业的态度、某一回孩子因为各种原因导致的作业质量不高这类事上。

我们需要帮助孩子营造一个相对轻松的学习环境，这是父母可以尽到的责任。不过，在父母采用任何解决办法介入前，至少要好好地观察一周的时间，看看孩子到底是如何对待家庭作业的，然后，要和孩子一起坐下来，告诉孩子你们注意到了什么，你们的希望是什么，以及你们将如何给予帮助。我们可以尝试着这样说：

孩子，妈妈注意到你上周每天晚上都到睡觉时间了才开始做作业。我希望你在下午放学回家后就能开始写作业。我很乐意帮你看看你的时间安排，看看什么时间更合适，或者如果你希望有人陪伴的话，我可以在你写作业的时候坐在旁边看书或用电脑工作。我每天晚上6:30—8:00随时愿意为你做作业提供帮助，但是如果你太晚的话，妈妈就会想睡觉，注意力难以集中。

同时，父母还要告诉孩子，你们不会再因为家庭作业而唠叨或提醒他们，然后，就闭上嘴巴，按你们说的去做。如果孩子没有完成作业，就让他们在学校体验后果。父母还应该给老师打电话，让老师知道你们在这么做，因为你们觉得功课是孩子自己的事情。

家长们特别需要表明的是对孩子的信心，相信他们能够从失败中学到宝贵的东西，而不是从羞愧、惩罚或羞辱中学习。这样，孩子就会感觉被理解、被尊重，自己有能力和责任感，也会因此受到鼓舞并关注内在自我价值的实现，从而对作业保持积极的兴趣。

记得在我儿子刚上一年级时，我会在他写作业时，坐在他边上，我不是看书就是在电脑前工作，所以，我们的书房里总是静悄悄的。但是，我会在他累的时候，给他竖个大拇指，夸道："哇，你写字的姿势真是好啊！"或者说："需要妈妈帮助时告诉妈妈哦！"孩子总是会自信满满地回应我："妈妈，我可以的！"温暖的氛围，家长的信任和鼓励，能给孩子无限的能量。

陪少
——激励，让孩子提升学习的欲望和动力

在与孩子互动时，家长需要引导孩子寻找适合自己的方法来解决问题，也要结合孩子渴求新知识的欲望、解决问题的喜悦与满足以及对获得价值感和成就感的渴望，引导并激发出孩子的学习欲望和动力。

每个孩子天生就有学习的兴趣。同时，每个孩子也有自己的学习和思维方式，这些方式从他们出生开始就陪伴着他们，自然而有效。孩子有自己的节奏，掌握孩子的节奏，给予孩子自主的权利来安排自己做作业的顺序和时间，并以此计划为目标，然后辅助一些激励性的导航语，比如"数学作业做好了你需要检查一次""阅读打卡需要妈妈的时候叫我""妈妈相信你能安排好作业节奏！"

所有的孩子都渴望独立，希望自己对周围世界的掌控能力不断增强，并通过学习去实现这一切。

我曾经在儿子小学一、二年级的那段时间里，经常和他聊"今天的作业，你觉得多少时间可以做完""做完作业，你希望我们玩点什么"，然后在孩子写作业时，每隔20分钟去瞧一眼。选择这样的时间间隔，一方面不会打搅他的专注；另一方面，20分钟也差不多是孩子注意力能集中的一个时间界限。每次孩子在自己既定的时间内完成作业，我们都会互相击掌、拥抱，表示鼓励，孩子的积极主动性不断被强化，天生的学习热情也得到呵护和激发，他自主完成作业的动力也越来越强。

当然，虽然陪伴的时间在减少，但是在这个过程中，家长及时鼓励，并和孩子一起总结反思，是什么原因让自己如此迅速地在规定的时间内完成作业，这是至关重要的。我就曾经和孩子一起针对他完成作业的方式进行过深入讨论，怎样写才能更快更有质量地完成作业。

妈妈： 乐乐，今天我们来讨论一下不同学科写作业的顺序，看怎么安排更高效。

乐乐： 那肯定是先完成每门学科的书面作业，最后再完成非书面的！（孩子觉得书面作业才是真正的作业，而复习、预习、朗读、背诵都是可以忽略的，没有时间就可以不做。）

妈妈： 妈妈发现，老师布置书面作业和口头或者实践作业是有连贯性的，比如书写是为了巩固和记忆，让你学会今天所学的知识点，预习是为了更轻松地展开明天的学习，打卡是为了给自己的学习成果画一个暂时句号，你觉得呢？

乐乐： 你这么说也对，这样完成一门算一门，其实也挺好的。

妈妈： 那同一个学科的作业，我们按什么顺序做效果更好？

乐乐： 我知道了，也必须有连贯性，先复习然后开始做题，温故而知新，最后再把明天要教的内容预习一下。

妈妈：这个良性循环会成为你高效学习的绝招哦！

乐乐：那必须的。

我们给孩子提供一个愉悦平和的学习环境，同时让他们感受到自己可以有掌控感，有思考的空间和机会，而不是实时指出他们的错误，让他们感到沮丧和无能。要在相信孩子、激励孩子的过程中，让孩子感受到学习新技能的快乐，以及"我可以独立解决问题"的喜悦和满足，从而激发更大的自主性。

不陪
——放手，让孩子独立自主完成作业

陪伴的目的，最终是要达到不陪。要带着爱和信任，慢慢放手，允许孩子犯错，让孩子在错误中学习，一步步走向自主、独立和自律。

你的记忆中还留下孩子学走路时的情境吗？当你第一次放手，等着那个小小的身影跟跟跄跄地从几步开外扑到你怀中的时候，你是否感受到巨大的喜悦呢？可能小家伙还没扑到你怀里就摔了一跤，但当他爬起来继续向你走来的时候，你会为他的学习能力和锲而不舍赞叹吗？你一定很笃定，他一定会学会走路的，不是吗？

阿尔弗雷德·阿德勒认为，每一个人要实现精神健康都需要四个基本要素：拥有内在的归属感；具有不断成长、提升和学习的意识；走向独立，证明自己的价值和重要性；感受并具备"哪怕心怀畏惧依然奋勇前行"的勇气。

孩子学习走路的过程就是这样。那么和学会走路一样，独立学习，独立完成作业，也是孩子的必经之路，需要他的努力付出，也需要你淡定地慢慢退出，让他有独立提升自己和不断成长的空间。

从孩子三年级开始，我几乎不再管孩子的作业了，我甚至告诉孩子，我的签名是这样写的，让他依葫芦画瓢，学习我的签名。从此，我把家长签字这个光荣的任务交给了他，但是我让他知道，这是妈妈对他的信任，签下妈妈的名就是要对妈妈负责，更要对自己负责。我很清楚地记得，儿子当时的表情，无比荣耀，无比兴奋。有家长一定会质疑：你心这么大，那孩子作业忘了做怎么办？作业做错了怎么办？

其实，家长放手时，孩子会犯错，这是再正常不过的。我也曾多次在他睡觉之后去查看他的作业，他会在自己的作业登记本上，每做好一项作业打一个"√"，会在做好的算术本的那一页上再打一个"*"，表示已经检查过，但即便这样，他依然有做错的时候，有漏做的时候，那又如何呢？相信孩子会在错误中成长，家长的一步步放手，孩子就是在一步步养成自主、独立、自律的优秀品质。

放手是爱和信任的结果，家长信任孩子，就不会因为孩子一次没有完成作业而否定他的努力过程，也不会因为他某次考试发挥不好而灰心失望。因为信任，每一次的错误都会为孩子的成长带来营养，让孩子在这个过程中不断积蓄勇气，成为更好的自己。

24 孩子学习习惯不好，如何帮助孩子提升自控力？

"四步一回头"养成良好学习习惯

案例一：
　　我儿子今年9岁，上三年级了。他上课经常做小动作，写作业的时候杂事特别多，在学校从来不问问题，回家却一大堆问题，搅得我头疼。

案例二：
　　素素是一位英语老师，孩子8岁，就在自己工作的学校念书。本来他觉得可以顺带抓一抓孩子学习，没想到自家孩子成了同年级最令人头疼的孩子。儿子波波上课时注意力不集中；下课非常调皮，回到家里就是玩，不爱写作业。素素经常和其他教师一起探讨怎样教育孩子，表扬、鼓励、批评都用了，可一点效果都没有。

　　学习习惯不够好，妈妈焦虑着急的现象还真不少，某研究所发起了一项针对一到六年级学生学习习惯的调查问卷，有2100名学生参与调查，结果发现：
　　能真正做到上课不做小动作、专注听讲的学生占比不到40%，
　　能自觉复习的学生占45%，

碰到问题能自己思考解决的占 36%，

有将近 50% 的学生从来不检查作业，

独立完成作业的学生只有 37.9%。

看到这组数据，估计父母们要稍微舒一口气了，因为学习习惯不好并不是个例。那么有哪些因素会导致孩子学习习惯不好呢？

1. 孩子的自我认知不足

学习是需要有目标感的，比如我为什么学习、我怎么学习、我可以学会什么等等，但是因为孩子还处在发展期，对于目标和规则的意识认识还不足，就很难坚持。在孩子看来，学习的目标的设定，都是在父母或者老师的引导甚至可以说是在他们的（指父母或老师）"一手掌握"下完成的。这种由他人来设定目标的情况，会导致孩子在目标的完成中，很容易出现目标的明确性不足的情况。难怪有些孩子经常会拿写作业和玩游戏来谈条件，比如：我作业写完了是不是可以玩游戏？我都写了那么多语文作业，还不能玩一会儿吗？当孩子习惯将写作业看成是"替谁完成的任务"，学习的目标感也就丧失殆尽了。何况很多孩子更是在监督或者高压下才完成作业的，自控力自然不会主动产生。

有心理学家指出：想要学习好，学习习惯好，必须具备一个特别关键的能力——自我认知能力。"自我认知能力"指的是发现自己的知识边界的能力，即是说发现自己存在问题的能力。在学校多年，我们会发现善于提问的恰恰是成绩优秀、学习习惯好的孩子。本来学习成绩差的孩子问题应该是最多的，但是没有人"会问"，因为他们往往没有"发现问题"的能力。所以，很多孩子学得很辛苦，但是成绩就是上不去，因为他们只低头拉车，不懂抬头看路。

2. 孩子自控力缺乏训练

心理学研究证实，自控力来自大脑前额叶皮质，也就是跟我们前面提到的"理智脑"有关，而且它跟神经元的突触一样，有着"用进废退"的发展原则。有人天生强一些，但后天不训练也会退化，相应地，就算天生弱，后期只要训练跟上，一样能变强，所以后天的训练至关重要。

很多人羡慕学霸的自觉性，认为他们的学习习惯好。如果仔细研究，我们会发现几乎所有的学霸都有一个共同的优点，就是自控力几乎都强到"机械化"的程度，这些孩子都有自己的计划表，而且扎扎实实地执行。可见做好计划并执行计划是所有父母都需要帮助孩子养成的学习习惯。

2—7岁是培养孩子自控力的最佳时期，这个时候，如果父母给孩子设置一些固定的生活习惯和规则，比如早上、中午、晚上吃饭时间，每天吃零食时间，每天玩游戏时间，玩具添置规定，购物清单需提前一周拟定等，孩子会更容易有秩序感和自控力。比如前面文章里提到的睡前习惯表、学习计划表和家务清单等，都是训练孩子自控力的好手段，更是培养孩子良好习惯的途径。因为在计划表的实施过程中，如果父母能温和而坚定，坚定执行并能理解孩子可能出现的偷懒或者想放弃的心情，给予帮助和鼓励，那么孩子自然就明白，有些需求需要等一等，有些事情需要想一想，有些规定只能做一做。可惜的是，也有很多父母禁不住孩子"一哭二闹三不吃饭"的软磨硬泡，有求必应，这无异于抹杀孩子的自控力。

3. 家庭教养方式不当

少儿时期是孩子大脑结构和功能发育的关键期。一方面，他们的大脑具有非常大的可塑性，因此学习能力很强；另一方面，因为大脑还在发育中，他们的自控力、专注力等高级功能还存在着一定的缺陷。所以，如果没有外界的约束，他们可能会因自控力和专注力较弱，而出现行为和心理上的问题。所以父母的言行一致、宽严统一就尤为重要。另外，研究还表明：父母关系的和谐程度同幼儿自控能力呈正相关关系，父母的关系越亲密，幼儿的自控能力越好。父母给予幼儿的温情态度越多，孩子在长大后的自控能力越好，对自己的行为和注意力更能够自觉地加以调控。除此之外，还有两点也需要家长重视。

（1）忽略对孩子的承诺——兑现承诺看事情

一天晚饭后，妈妈在收拾家务。7岁的心心想让妈妈带她去楼下社区玩，因为有好多小朋友饭后在那里滑滑板、骑车还有跳绳、打球等。心心妈妈想了一下说："妈妈正在洗碗，还有家务要做，你先写完作业，写完了妈妈就带你下去。"心心愉快地答应了，带着期待高效地完成了作业，屁颠屁颠地跑来要求妈妈下楼。可妈妈一看时间不早了，就假装很同情地说："今天实在太晚了，你下去玩一会儿就得上来，所以今天就算了啊！明天我们早点下去。"

孩子一听，立马像瘪了的气球一样无精打采，结果那天晚上孩子特别不配合，妈妈也是一次次发飙。很多时候，父母觉得哄一哄孩子没事，过会儿他肯定忘记，其实不然。如果"连哄带骗""出尔反尔"，孩子就会失去对父母的信任，自然也不会去考虑自控的问题，久而久之就会让孩子形成不良的习惯。

罗彻斯特大学有一个有名的棉花糖进阶版实验。实验前，先将孩子分成A和B两组。然后，先让研究人员分别和两组的小朋友做游戏。在做游戏的时候，研究人员分别对两组的小朋友做了两次承诺。对A组的两次都信守承诺，对B组的两次都食言。最后在进行棉花糖的实验中，结果令人震惊，A组的小朋友通过的测试率比B组的孩子高出4倍。实验说明，信守承诺的父母，孩子更愿意自控。所以，父母答应孩子的事情，再小也要做到。

（2）惯用否定式提醒——训练自控力靠训斥

为了培养自控力或者提醒孩子遵守规则，家长常常会用"上课的时候不要乱动""不要吃零食""不要跳来跳去"这样的否定式命令来要求孩子，可是这些话不仅不能纠正孩子的行为，让孩子学会自控，反而会对孩子的行为起到负强化的作用。哈佛大学心理学教授丹尼尔·韦格纳曾经做过一个实验：他告诉被试者，他们可以想任何事情，就是不要想白熊。结果呢，每位被试者在试着不去想白熊的时候，其实总是在想着它。韦格纳把这个效应称为"讽刺性反弹",这个实验说明:大脑会自动过滤"不要"这两个字,只记住你说的"不要"后面的内容,那么当家长越是强调孩子不要做什么的时候,孩子反而越会做什么。

语言是个非常奇妙的东西,同样一件事情,用正面的语言表达或许孩子更容易接受,更愿意遵守。比如"我们约定过,上课的时候请把手放好""现在是吃饭时间,把零食放起来""我很期待半个小时后跟你的特殊时光""我相信你可以坚持到周五玩电脑的时间"。

孩子有了自控力,学习习惯自然就好了。而有了自控力的孩子情绪也就相对稳定,也就可以促进孩子成绩的提升和智力的发展了,那家长可以怎么做呢?

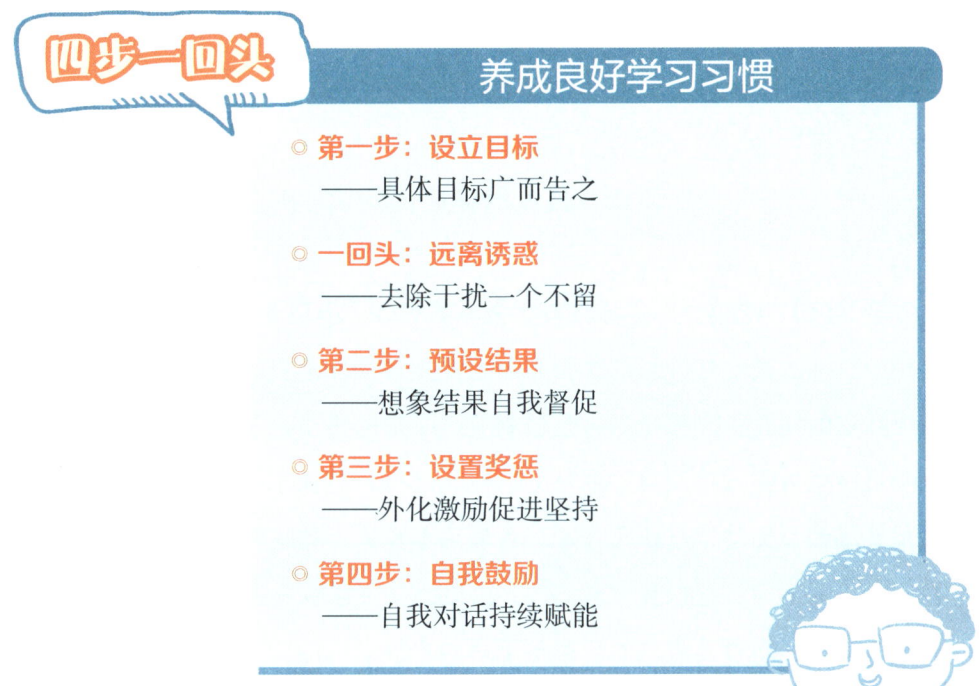

我们以减肥这件事情为例来说一说"四步一回头"方法的运用。小锦是一个减肥成功的辣妈,在决定开始减肥起,她给自己设定的目标是成功减肥

20斤，然后制订了详细的执行计划，比如早上该做什么、午餐在单位该做什么、饭后该做什么等等，这是目标力。为了督促自己，小锦还买了好几件中号的衣服，挂在柜子里用来激励自己早日实现目标，这也是目标力。但是有了目标和计划还不行，很多人制订计划是用来安慰自己的，只停留于口头或者头脑中的减肥，并没有落实在行动上，所以还需要行动力，坚持每天按照计划执行。最后，为了能顺利达成减肥目标，还需要拒绝力，这就是我们方法中的"一回头"，小锦需要控制自己的食欲，拒绝诱惑，也就是"管住嘴，迈开腿"。下面我们来具体看看如何做到"四步一回头"，帮助孩子养成良好的学习习惯。

技能演练

第一步：设立目标
——具体目标广而告之

培养孩子自控能力，养成良好学习习惯的第一步是设立目标和制订计划。当然，目标的设定和计划的执行都需要具体并循序渐进，孩子在挑战目标、完成计划的同时，能感受到自己控制自己带来的进步以及控制的快感，这样孩子更愿意去尝试控制自己的行为。比如父母希望孩子一回家赶紧写作业，如果父母的目标是"赶快写作业"，显然不具体，先吃零食再看会儿电视然后跟奶奶斗下嘴，这也算"赶快"。所以，父母需要先跟孩子讨论所有作业完成的时间不超过几点，然后跟孩子做一个放学后的作业计划表，如前文中叙述的时间表那样，孩子才会有目标感和紧凑感。

乔乔是个急脾气的孩子，要是想要什么就要立马得到满足，否则就开始哭闹不止。乔乔妈妈为了培养孩子自控力，就开始引导孩子学着做计划。生活上，妈妈跟乔乔做了作息时间安排；去超市，会制订一个购物计划；出去玩，也会做个游玩计划表。而且，乔乔妈妈会把跟孩子一起制订的学习计划以张贴的形式广而告之，使得全家人都知道并随时鼓励孩子；购物或者游玩计划，妈妈就会带出去，有时候还会拿出来给其他妈妈看一看，孩子得到了很多的肯定，执行力和自豪感都是满满的。乔乔在每一个计划的安排下，做事有了耐心，性子也缓和了许多，慢慢养成了好习惯。

小土特别迷恋手机，几乎手机不离手。为了帮助孩子，小土妈妈跟孩子约定的目标是坚持一个小时不看手机。孩子觉得这个目标并不困难，自己可以做到。妈妈在孩子做到后也会给予鼓励并放手，孩子觉得自己还是挺能干的，能摆脱手机的束缚，自己也产生了极大的自豪感。后来妈妈一步一步跟孩子讨论去延长不碰手机的时间，随着时间的不断延长，孩子最终也就能够掌控自己的行为，脱离对手机的依赖了。

一回头：远离诱惑
——去除干扰一个不留

有人说："树的方向，由风决定；人的方向，自己决定。"所以，是否能养成好习惯靠的是孩子自己。但是由于少儿期的孩子心智还没完全成熟，判断是非的能力较差，自我控制能力还处于培养阶段，自然需要父母协助来抵制诱惑。比如玩具的诱惑、电视的诱惑和手机的诱惑等等。所以，要引导孩子将书桌清理干净，只留当天作业必备用品，将手机放在客厅，规定作业时间不碰手机，设置番茄钟时间专心写作业。同时也要拒绝家庭成员的干扰，比如奶奶喊孩子吃水果、爸爸喊孩子帮忙、妈妈时不时推门查看等等。第一招计划的张贴以及广而告之法就是为了形成一个全家总动员的良好氛围，齐心协力培养孩子好习惯。

"作业时间回头看,去除干扰不留后患。"我们爱心树曾把这句话当作孩子写作业时的提示语。

第二步:预设结果
——想象结果自我督促

提到自控力,大部分人肯定会想到"棉花糖"实验,抵制诱惑,学会等一等。在我看来,与其拿物质的诱惑去吸引孩子等一等,培养自控力,还不如让孩子自己设定一个完成后的目标,至少这个目标是孩子自己喜欢而期待的,也更有利于孩子自我督促尽快完成计划。下面是小土妈妈和小土的对话:

妈妈:小土,根据计划表,今天你按时完成作业后有什么活动呢?(妈妈预先放手让孩子设定自己的课余时间项目,只要不违反一些规定即可,比如使用手机和电脑的时间每天只能是 30 分钟,周末可以是 2 小时)

小土:今天完成后我准备约柯柯去楼下草丛捉牛。(孩子很神秘地说)

妈妈:捉牛?这又是什么神秘活动?你和柯柯看起来有什么大行动!妈妈期待你到时候揭晓答案哦!

小土:等着吧!(孩子低头边偷笑边写作业)

后来妈妈才知道孩子是去楼下草丛中捉蜗牛。他们说明天有科学课,俩男生要炫耀自己的战果。这里,小土妈妈引导孩子预设和想象美好结果,让孩子完成自我督促。当然,我们还可以引导孩子想象不能及时完成的结果,比如:"如果没有及时完成作业,可能会有什么后果?"引导孩子说一说,我们也可以同情一下并询问孩子怎样避免这样的结果,这样也能起到自我督促的作用。

第三步：设置奖惩
——外化激励促进坚持

刚开始，孩子根据计划坚持还是很难的，这个时候我们就必须要靠外驱力去推动。我女儿小时候比较粗心，经常会漏题或者上下行抄错。为了帮助孩子改掉这个毛病，家里就设计了一个积分制度：规定时间完成作业积分10分，认真检查没有错误加10分，当积分达到50分，就可以换取一张特权卡，特权卡由我们和孩子一起设定，包括"下载一个小游戏、吃一顿大餐、玩手机加30分钟、爸爸妈妈陪看电影"等。

过段时间，孩子的习惯基本巩固了，我们就开始取消积分制度了，因为孩子也因为自己认真做作业得到了老师的肯定，事情本身给孩子带来了乐趣和成就感，孩子有了自觉性。而家里的"特权卡"还是延续了下来。我们跟孩子一起将她喜欢做的事情制成了卡片，当孩子觉得今天需要的时候，孩子抽取一张，我们也会尽量满足孩子。我们跟孩子说："因为妈妈注意到你自控力很好，能很好地管理自己，所以我们把支配时间的权力交给你。"

第四步：自我鼓励
——自我对话持续赋能

在爱心树的情商课上，我们一般会通过"情商魔法令"让孩子进行自我对话，来帮助孩子做自我激励。比如上面提到的"作业时间回头看，去除干扰不留后患"就是自我对话的一部分。我们还需要教给孩子通过"我需要……""我不能……""我想要……"的语言模式来强化自控力。比如："我需要在规定的时间完成作业，这样我就有时间做自己喜欢的事情了！""我不能泄气，坚持一下就可以了，上次坚持练习，后来获奖了呢！""小土想要取得好成绩，让老师对你刮目相看，所以小土需要再复习一次。"像这样第一人称或者第三人称的积极的自我对话是一种超能力，可以时刻激励自己。

在信息爆炸时代，周围充斥着令我们分心的事物，自控力显得愈加可贵。"四步一回头"的自控力培养法，看起来简单，实则是前面很多方法的整合，需要父母积极实践，才能让孩子具备成功的必备技能。

孩子那些奇怪的想法和问题让人招架不住怎么办?

"'答非所问'法"培养孩子的探究意识

"妈妈,你说那个东西像什么?""为什么这个菜是红色的?会不会有毒?""妈妈,我可以和你结婚吗?""石头能不能放在微波炉里加热呢?"

"妈妈,为什么木星是圆的而不是方的?为什么土星有光环而地球没有?为什么我们在地球而不在其他星球……"

"妈妈,我是从哪里来的?""妈妈,叔叔阿姨为什么亲嘴?""妈妈,为什么爸爸不能生孩子呀?"

"为什么我要读书?奶奶就只是去公园跳跳舞?""为什么你们大人就可以看电视?""学习到底是为了什么?我不上学会怎么样呢?""为什么我们不是有钱人呢?"

这么多问题,有的没的,越问越多,实在让人招架不住。天哪!父母既不是全能的,也不是能解决所有问题的"超人"啊!太烦了!怎么办?

从上面的问题我们不难看出,孩子从最初问"是什么"到连续不断地问"为什么",从生活现象到自然科学再到"性问题"等等。我们可以发现孩子大脑的成长速度是惊人的,他们的大脑不再只是满足于认识到一个具体事物,他们更想知道这个事物的更深入的特征以及与其他事物的联系。孩子在不断询问"为什么"的过程中,其实是其思考的潜能和力量在发生作用,是其大脑在寻求知识的充盈和满足。满足更深层次的思考和探索,从而让自己找到"我能行"的价值感。

作为父母,当孩子问出我们能力之外的问题时,我们会因为自己的不够智慧而尴尬,然后采取厌烦的态度敷衍孩子:"你自己长大就知道了。"或者干脆拒绝回答孩子的提问:"怎么这么多问题,不要烦我。"很多家长由于工作繁忙,回到家里早已筋疲力尽,实在没有精力再去回答孩子的"十万个为什么"。有的家长就算知道答案也懒得告诉孩子,因为通常一个问题的背后会跟着许多其他的小问题,家长就会随便打发孩子离开。如果我们来归纳一下孩子提问的内容,不难发现,其实孩子的提问基本可以分为以下三种。

1. 好奇心问题

孩子每天要问几十个问题,作为父母,很多人说自己忍不住咆哮:"没有为什么!"孩子问这么多"为什么",到底是因为什么呢?中国著名教育家、儿童心理学家孙瑞雪在《捕捉儿童敏感期》里这样说:这些"为什么"会经常连续成串。每一个"为什么"引导一种因果关系,成串的"为什么"引导一个因果链条。因果关系是一种逻辑关系,当儿童用语言探索逻辑关系时,就发出了一连串的"为什么"。3—6岁孩子的"为什么"更多的是在帮助自己建立事物和认识间的逻辑关系,随着年龄的成长,提问背后的原因也各有不同。从低龄的好奇到小学阶段的探索,再到小学中年级质疑思想的萌芽以及青春期人生

哲理性的思考，无不标志着孩子的成长。这些好奇心问题是学习的动力，也是一次又一次成长的起点。

科学家研究得出，好奇心的作用主要有三点：第一，它能促使我们主动学习，并且能让我们从学习中获得快乐；第二，它会延长记忆在大脑中留存的时间；第三，也是最重要的一点，它能引发一系列我们自己预料不到的成长，这种成长不仅体现在知识的增长上，还体现在对未来预测和判断误差的降低上。人类之所以能够成为万物之灵，最重要的就是好奇心远超世界万物。对世上的事物追根溯源、穷究其理，因此人能格物致知。

2. 怀疑性问题

"江河里的水都被蒸干了，后羿是怎么蹚过大河的呢？"一位8岁男孩，因为敢于质疑课本上了热搜。在小学二到四年级，语文教材不断强化孩子的质疑能力，四年级上册第二单元还特别设置了一个模块，让孩子针对课文提出各种问题，以此来训练孩子的提问策略。孩子可以根据内容、写法以及自己的启示来质疑，再以疑问为线索深入学习课文，展开分析和驳斥，从而发展阅读力。

英国的《独立报》曾对1500个家庭进行过采访，搜集的数据报告显示：2—6岁的孩子，平均每个孩子每天大概会提73个问题；平均每个妈妈每周要回答孩子近500个问题；孩子每天提问的总时长可以高达14个小时，意味着从早上6点就开始，一直到晚上睡着了才结束。小时候有如此密集的提问节奏，照理说孩子的质疑能力和释疑策略应该很不错才是，为何小学四年级还非得强化训练并引导质疑和解疑的路径呢？或许这跟父母对待孩子提问的方式有关。

蒙蒙在很小的时候，就喜欢提出各种各样的问题。"鸟儿为什么会叫？""鱼儿为什么会游泳？""人和动物为什么不一样？"他的父母总是很不耐烦，会说"我怎么知道""你问这么多干吗""我很忙，你一边玩去"之类的话。上学了，蒙蒙在做作业时一开始遇到不会的问题，会拿着课本来问父母，父母偶尔回答，时间长了，父母就会觉得麻烦，不是说"你怎么那么笨""讲过多少次了还不会"，就是说"你是怎么听课的"。长此以往，蒙蒙开始变得自卑，不再敢提问，不敢问父母，也不敢在学校里请教老师或同学，变得内向，学习成绩也一落千丈。

家长焦虑：我家孩子有问题都不请教，也不问老师。试问，在孩子好奇心很强的那个阶段，爱问"为什么"的那个时候，我们是否保护过孩子发问的品质？是否引导孩子学习过自我释疑的技能？难怪孩子感叹：你剪断了我的翅膀，又责怪我不会飞翔。父母的不耐烦和不重视不仅扼杀了孩子的质疑能力，还让孩子的性格和心理都受到了创伤。

3. 情绪性问题

"为什么一定要先写作业哦！""我为什么不能自己说了算呢？""你一定要出差吗？""你和爸爸说的怎么不一样啊？"孩子这样的提问，潜台词并不是需要你的回答，而是希望我们家长关注他们的情绪，理解原因。

比如面对孩子"我为什么一定要先写作业？"这个问题，当你回答"写完作业可以早点休息啊"，孩子可能会说："为什么要早点休息？爸爸也睡得很晚啊！"当你说明原因后，孩子可能又会问："为什么呢？"看起来真是挑战情绪底线的举动，但是孩子传递的信息可能是寻求关注，也有可能是在抗拒规则。

"妈妈，你为什么每天下班都这么晚哦？""爸爸为什么有那么多电话？"

如果你听到类似的提问，你一定要听懂孩子的潜台词。孩子是有了爱的匮乏感，又不能明确表达，借由提问来倾诉自己的心理需求呢！这时候，请停下手里的事情，认真地倾听和陪伴孩子，孩子需要的不是答案，而是被重视。

如何从容应对孩子的提问呢？

培养孩子的探究意识

○ **赞赏代替回答**
——保护孩子的质疑精神（这是一个很有想法的问题）

○ **以问替答**
——激发孩子的探索精神（你是怎么想的呢？你觉得可能的答案是什么呢？）

○ **延时解答**
——满足孩子的存在价值感（这个问题我需要想一想！这个问题难住我了，我们晚饭后一起讨论一下）

○ **乌鸦喝水式解决法**
——培养孩子的思辨精神（观察——假设——实验——研究）

案例一

孩子：妈妈，你说小石子能否放在微波炉里加热呢？

妈妈：诶？这个问题很值得思考，我想科学家们小时候也想过这个问题。（赞赏法）那你是怎么想的呢？（以问代答）

孩子：我观察到妈妈把结冰的鱼块放进微波炉就能软化，我就想试试，看石头在微波炉里会有什么变化。

妈妈：真是爱思考的孩子！你观察到妈妈把结冰的鱼块放进微波炉就能软化，然后你就产生了疑问，想自己试一试。（赞赏法）

孩子：就是啊！我们科学老师说如果发现问题，需要做一做实验，这样才能得出结论。

妈妈：妈妈注意到你能通过观察引发思考，还能想着通过实验来验证自己的怀疑，这是一种科学家的精神，我要为你点赞哦！（赞赏法+乌鸦喝水式解决法）那你现在准备怎么做？

孩子：我先去查一下百度，看看有没有说明，没有的话，我可以试一试吗？放心，我会戴上手套的。（上一节课微波炉事件案例有提及）

案例二

孩子：妈妈，你为什么要上班，而且还回来得这么晚？

妈妈：这是一个很有哲理的问题，妈妈得好好想想再跟你探讨哦！

孩子：那你什么时候跟我探讨呢？（孩子好像很期待的样子）

妈妈：今天早点下班，我们好好利用美好时光来聊一聊这个话题，如何？（延时解答）（美好时光是妈妈跟孩子约定的亲子陪伴时间，只是经常太忙，就省略了）

孩子：好的，那你记得早点回家啊！

妈妈：必须的！（坐下来拉着孩子的手，看着孩子眼睛）妈妈每天上班，下班还那么晚，没时间陪你，你有点伤心是吗？（共情孩子）妈妈如果不去上班，天天在家陪悠悠就最好了。

孩子有点窃喜，不吭声。

妈妈（假装难过）：可是不去上班就变成寄生虫了，就不能变得更好、更有用了。就像悠悠每天去上学，一点一点长本事，已经越来越了不起了呢！

孩子：妈妈，寄生虫是什么啊？（成功转移注意力，导向学习和工作的意义）

妈妈：寄生虫就是长在别人身上，自己完全没本事、没能力，靠吸取别人的能量才能生存下来的生物，寄生虫不仅害了别人，而且要是离开了寄居的主人，自己也没法活下去。听起来是不是很可怜？

孩子：我可不要做寄生虫。

妈妈：是啊！妈妈也不想做寄生虫，我们都是有能力的人，我们得靠自己。妈妈好好工作，悠悠好好学习。不过，妈妈要向悠悠道歉，因为工作时间没有安排好，把我们的美好时光给忘记了。对不起，孩子。

孩子：没事，妈妈，我们都不是寄生虫啊。

妈妈：我们讨论下，重新约一约我们的美好时光。你希望在什么时候呢？

孩子：嗯——妈妈每天回家都六点半了，吃了饭就7点多了，我作业写好好像也7点多了。妈妈，我们8点钟开始美好时光吧！有时候我们一起阅读，有时候你就陪我做游戏。

妈妈：这安排有水平！（妈妈冲孩子跷起大拇指）

孩子撒娇地靠在妈妈怀里。

当我们了解孩子发问的缘由和成长需求，给予及时而有效的回应，不仅在帮助搭建成长的天梯，更赋予了孩子攀登的勇气和动力。所以，当孩子发问时，千万别厌烦。那是一棵智慧的小芽，只要我们赋予阳光、雨露，给予温暖的心灵土壤，它必定能长成一棵茁壮的智慧之树。

26 孩子犯了错不敢认怎么办？

"改错锦囊"发展孩子积极思维

案例一：

小宇在练习搭积木，每次试图放上第三块积木的时候，总是遇到失败，几次之后小宇就急了，一边哭一边哼唧唧的。小宇妈妈看不下去了，大声训斥："你急什么啊，这有什么好着急的！"她在孩子搭上第二块积木时，开始"教"孩子："你这两块积木搭得不整齐，当然一会儿要塌。""你看你怎么又搭到旁边去了！"尽管妈妈看起来在很用心地教小宇，但是小宇被"教"得情绪失控，把所有积木都踢飞了。

案例二：

小旭父母很严厉，只要小旭一犯错，父母就会第一时间站出来指正，并且不分场合地大声责骂，让他长记性。所以无论是学习还是活动，小旭都特别谨小慎微，生怕自己做错或者影响到别人，要是不小心犯错了，就会特别惶恐不安，好像天要塌下来了。

从以上案例来看，"犯错"对于孩子和父母来说，是一个极其不可接受的概念。谁犯错，谁就不招人待见；谁犯错，谁就是个失败者！难怪孩子特别害怕自己犯错，即便犯了错也不知道该如何接纳错误。

1. 害怕被批评惩罚

不敢犯错是家长教育孩子最大的"失误"。很多孩子在犯错后,会遭到成人的指责和批评,这种反馈会让孩子感到自己是不被喜欢的,是被人嫌弃的。一旦这种感觉夯实在心里,哪怕长大了,也依然无法接受犯错的事实。

记得好几年前,有个孩子在学校里打了人,我邀请家长来学校面谈。当孩子爸爸刚听到我说"孩子动手打人"时,立马火冒三丈,一把把孩子从对面揪过来,大声质问他:"你为什么又打人?跟你说过跟同学好好相处,就是不听,看我不揍死你!"说完就扬起手准备打下去,幸好我拉过孩子。只见孩子吓得大气不敢出,缩在我身后,虽然身体瑟缩,眼里却满是怨怼。

在孩子犯错后,父母如此不分青红皂白,一顿狂轰滥炸地苛责孩子,一旦过度地刺激动物脑,孩子很容易做出偏激冲动的行为,造成不可挽回的结果。

或许我们总觉得孩子老犯错、闯祸很懊恼,我们也经常说这样的话:"我不是早就告诉过你吗?你这个人怎么就是这样,总不长记性呢?"实际想想,在孩子犯错、闯祸时,我们都做了什么,是否给予孩子自我思考的机会和空间了呢?是否引导孩子"有效犯错"了呢?如果没有,孩子长不了记性实属正常。

2. 不愿意接纳犯错后产生的痛苦情绪

一些家长很疑惑:为什么孩子明明做错了,说他几句还急了,不虚心接受批评还情绪失控?怎么啦?其实每个人做错事后,都会产生害怕、内疚、难过等负面情绪。特别是那些自尊心强的孩子,会很在意错误,会不自觉地反复想着自己做错了的某件事情,尴尬、痛苦、自责的情绪就会一直在心头盘旋。这个时候,丢脸的感觉已经让孩子很痛苦,有的孩子或许已经开始默默埋怨自己:我为什么不能做得好一点呢?明明可以做得好一些的,却被自己搞成这样。恰恰此时,父母上来就是一顿数落和教育,根本不接纳和理解孩子。此时复杂的心理活动和情绪交杂,孩子自然更容易恼羞成怒了。

错误是需要被接纳和理解的。如果孩子一有错就惩罚,也容易让教育陷入无效状态。因为人的身体和精神都有痛苦递减法则,就像很多人失恋,第一次痛苦得死去活来,恨不得自寻短见,可是失恋几次以后,或许一顿火锅就可以翻篇了。同样的道理,孩子犯错后,经常遭受的是挨打或者挨骂,精神的痛苦会转移到身体,而身体的痛苦会随着次数的频繁而变得不那么难以承受,久而久之,慢慢习惯,孩子就成了大人口中的"屡教不改"。

3. 不想成为别人眼中的"坏孩子"

小连今年8岁了,平时妈妈管得特别严格,经常会叮嘱或者警告小连,千万不要在外面惹是生非,给父母找麻烦,所以小连一直谨小慎微,特别乖巧。可是昨天,在培训班的一个同学故意挑衅他,小连实在忍无可忍,不管不顾地狠狠教训了那个同学一顿。同学们觉得小连做得对,但是事后小连自己却后悔了,而且超级紧张,觉得自己肯定要给妈妈找麻烦了,担惊受怕了好几天。从那天以后他就不敢正视妈妈的眼睛,后来变得越来越抑郁,还发起了高烧。

为什么会这样呢?因为小连先是给自己戴上了"不能犯错的紧箍",事后又给自己锁上了"愧疚的链条",难怪会拖垮精神和身体。

我们曾接受一个来访者的咨询。这个来访者有很严重的强迫症,每次出门前总是要反复检查家里的煤气是否关掉,有时出差在外还会突然从梦中惊醒,然后打电话给物业,让对方帮助检查煤气。她为此感到忧心忡忡,不明白为什么对自己那么不放心。她小时候,家里烧蜂窝煤,她每次睡觉之前都要换一个新煤球,然后把火封上,以保证第二天早上起来炉子里还有火。她要负责这件事,可是她几乎每天都忘。来访者回想父母当时的态度是:多难听的话都骂过,说不长记性,这么简单的事情都记不住,天天就知道吃,在家里就是一个废物!父母有时候还边打边骂。久而久之,来访者说自己真的觉得自己很健忘,真的就是一个废物,什么事情都做不好,懊恼的时候,甚至觉得自己的存在简直就是一个错误。

害怕犯错,使得有的人很不自信,在公众场合特别紧张;有的人在某些方面习得性无助,觉得自己就是不行;有的人需要不断地向别人证明自己的价值；有的人面对错误不敢承认，总是选择逃避或撒谎。因为小时候，犯了错误，就意味着他不听话、不长记性、不聪明、不负责任，就意味着他是叛逆的、愚蠢的、没用的、不可被相信的。当这样的标签被孩子自我内化，后续的人生路就只能带着深深的内疚与负担前行了。

想起凯瑟琳·舒尔茨《犯错的价值》中说的，犯错，是我们人生之所以精彩的原因。我们绝大多数的学习也是经由错误才能学到，不跌倒，你就不会发现自己有站起来的勇气。不让孩子犯错才是家长教育孩子最大的错。

发展孩子积极思维

○ **接纳情绪**
——你现在的感受是……

○ **了解想法**
——你想到了什么，所以感到……

○ **同频共振**
——我也犯过类似的错误

○ **有效犯错**
——我怎样做会更好？

○ **重构新知**
——现在我可以做点什么？

在孩子犯错时，大人都习惯用惩罚的方式对待孩子，希望他们能吸取教训"长记性"，下次主动变好，却不经意间指引孩子走向了错误的方向。最关键的是我们不能忘了两件非常重要的事情：一是告诉孩子"没关系"，二是告诉孩子怎么做。只有让孩子知道他可以被原谅，他才不会纠结于错误而是向前看；只有给予孩子适当的引导和帮助，他才能从中得到经验，知道下次应该怎么做。所以，孩子犯错时，成人的态度决定了未来孩子如何处理问题和如何自我定位。下面以案例中砸破学校玻璃的林逸为例，展开"改错锦囊"的五个步骤。

接纳情绪
——你现在的感受是……

在孩子犯错时，如果希望孩子知错就改，以后少犯，首先需要父母有一颗"接纳错误"的宽容和理解之心，"上帝都原谅"，父母为何不能呢？或许你有短暂的懊恼，请你长舒一口气，做一个"bingo"的刻意练习。也就是当孩子犯错的时候，bingo 一下，对自己说："太好了，学习的机会来了！"

妈妈：妈妈知道你今天在学校里犯了一个错误，把学校的玻璃砸破了。当老师打电话告诉我的时候，我很着急和担心。我担心碎玻璃伤到你或者同学。妈妈想知道，你当时是什么感受？

林逸：我很害怕，但是我也生气。生气是因为同学们老是说我没有爸爸，说我是个野孩子，谁让他说我，当时我一生气就拿起实验室里的镊子扔过去了。

妈妈：那当时发生了什么？

林逸：同学躲开了，镊子的尖头就戳中了玻璃，玻璃就破了，不过没有砸到人，真的。

妈妈：我猜你当时肯定也很害怕。

林逸没吭声。

有善于发现孩子情绪的父母，对于孩子来说是莫大的福气。当孩子还处在犯错带来的情绪中时，父母和老师是不适合贸然用言语来教育他的，这是对孩子的隐形伤害，是父母的思维困局。反之，接纳错误，跟孩子一起正确看待错误，才是助飞的过程，错误自然也就成了成长的养分。

了解想法
——你想到了什么，所以感到……

妈妈：妈妈知道，你肯定是想起了什么才会害怕，能说给妈妈听吗？

林逸：我害怕你难过，每次提起爸爸的事情你都特别难过，我也怕你失望，对我失望，觉得我没出息。

妈妈：孩子，妈妈难过是因为妈妈年轻，做了错误的选择，那不是你爸爸的错，更不是你的错。我们都需要为自己的决定负责任，当然，有时候还是会难过的。看来是妈妈没有跟你好好沟通，让你误会犯错妈妈就会难过，就会失望。无论你是否犯错，你都是妈妈最爱的孩子，其实我觉得犯错是件好事情呢！

林逸：妈妈，你今天怎么啦？犯错是好事情？我同学都被揍死了，你今天没骂我，我有点哆嗦。（孩子看妈妈一反常态，倒是贫起嘴了。看来情绪平稳了）

妈妈：犯了错要接受惩罚，看起来确实不是好事。但事实上每个人都会犯错，因为犯错，我们才会从错误中吸取经验和教训，这样下次才不会重蹈覆辙啊！你知道林斌哥哥为什么这么能干、有钱吗？

林逸：不知道。

错误本身不可怕，可怕的是看待错误的想法。当孩子觉得犯错就意味着自己不被喜欢、不被爱，或者有内疚感的时候，我们需要引导孩子改变看待错误的"错误认知"，此后孩子才能够轻松和勇敢地承认错误、面对错误，甚至迎接错误了。

同频共振
——我也犯过类似的错误

在孩子犯错的时候，除了接纳和理解外，更需要力量的支持，所以大人示范或者让孩子积极看待错误的意义，远比惩罚和讲道理来得有效。

妈妈：林斌哥哥这孩子不怕犯错，每一次错了或者失败了，他都会积极寻找原因，寻找更好的解决方法，所以他改正错误比别人快，行动力也更强，人家还在自怨自艾，他老早出发开始新的方案了。

林逸：难怪呢！

妈妈：所以"有效犯错"才是优秀的表现。妈妈知道自己也有错，没跟你好好沟通自己的想法，所以我们从今天起，都换个角度看待错误和失败，可以吗？

林逸：妈妈，我想知道什么是"有效犯错"。

有效犯错
——我怎样做会更好？

妈妈：就是当犯了错后，不逃避不掩盖，总结这次事件中更好的处理方式。比如，当同学说你的时候，你很气愤，很想泄愤，有什么更好的方法让你的大脑盖子盖上，不做出今天这样让人后怕的行为呢？

林逸：反应太快了！没控制住。（孩子不好意思地调侃）

妈妈：那现在觉得呢？

林逸：其实我可以严肃地告诉他我的愤怒，一次不行说两次，说到他不好意思开口为止。

妈妈：我觉得你这个想法很好，有气概有格局！下次就这么干！这件事情中你发现什么值得庆幸的事情了吗？

林逸：幸好同学躲开了，幸好他没有回击我，不然我想后果会更严重。

孩子开始反思和积极思考事情的另一面、有意义的一面了，这是值得庆幸的。这一过程是对孩子自我效能感的提高，是非常重要的存在。"失败乃成功之母"，这句流传很久的话是值得深究的。交谈到此，其实是想让孩子"在错误里多待一会儿"，体验错误，再通过"改错锦囊"跟孩子对话，让孩子在错误中思考，才更有可能将错误转化为有效的经验，将经验作为下一次的成功的铺垫。

重构新知
——现在我可以做点什么？

妈妈：对于这个庆幸，我们可以做点什么？

林逸：我想找同学聊一聊，谢谢他不跟我计较，虽然他有错在先。我也把自己不喜欢别人拿我爸爸说事的想法告诉他。

妈妈：还可以做点什么？

林逸：（不好意思地摸摸脑袋）我得赔玻璃钱，问问老师需不需要我们请个师傅去安装，然后跟老师道个歉。

妈妈：嗯，明天去试试看，如果遇到问题了，我们再讨论，找一找更好的处理方法。看来你学会"有效犯错"了。

林逸：妈妈，你放心，"有效犯错"会让我像林斌哥哥那么厉害的。

妈妈：我相信。

"犯错锦囊"最重要的是前两步，因为每一个人犯错，都会产生负面的情绪和一些想法，这些想法往往驱使犯错者做出不理智的行为。当犯错者感觉自己被接纳和理解后，理智脑也就回归逐渐进入思考状态了，这时候调整错误认知，积极思考错误中的问题和优势，也就水到渠成了。

五 二孩挑战

发展社会适应力

大宝总是不喜欢二宝怎么办?

"岗位升级"使俩孩子相亲相爱

"妈妈,什么时候把弟弟送走?送他去奶奶家呀!"这是晓勇经常说的话。晓勇妈妈说孩子其实还是很有爱心的,自己有好东西会经常分享给小朋友,只是不给弟弟,哪怕拿了他一点东西或者动了什么,就会很凶地呵斥弟弟,有时候甚至会打他。

而小宝呢,总是时不时来告状:"妈妈,哥哥在看手机,他不是好孩子。"哥哥听见了忍不住又是一个白眼。弟弟还会趁着哥哥睡着的时候,偷偷地去打他的脸,或者用被子去盖住哥哥的头。历经千辛万苦生下二胎,期待他们手足相亲,怎么就那么难呢?

哥哥姐姐能够对弟弟妹妹全然接纳,手足情深、相互扶持,甚至像妈妈一样照顾弟弟、爱弟弟,这可能是电视剧中的美好画面,但这必然不会是二孩家庭普遍的真实写照。对于大宝来说,二宝的降临必定会带来一定的冲击,堪比5级地震。他之前的生活习惯,跟爸爸妈妈的相处模式,甚至整个家庭的结构,都因为这个小宝宝的到来而发生变化——旧格局被打破,新格局有待建立,怎么可能完全适应?

1. 妈妈真的不喜欢我了

很多来爱心树学习的妈妈说，在二宝到来的初期，妈妈们确实会特别关注大宝的心理状态和情绪，也很注意自己的言行和态度。但是，当手忙脚乱的二宝生活成为常态后，就会忘了大宝的不易。妈妈们开始希望大宝体谅爸爸妈妈的辛苦，并且这个希望会渐渐变成要求，对于大宝也越来越没有耐心，总觉得他长大了应该懂事，应该独立，不应该再给妈妈添麻烦，不应该索求无度，不应该和弟弟或妹妹抢妈妈。于是强加的要求也就变得"理所当然"了。而恰恰是这些"应该"或"不应该"的"理所当然"造成了妈妈对大宝态度的转变，也让大宝感觉"妈妈再也不喜欢我了"，孩子也越来越受伤，嫉妒之心就越来越重，各种问题越来越多，亲子之间的距离也越来越远。

记得小时候，爸爸带着姐姐和妹妹去外地，家里留下我和弟弟，看着妈妈弟弟短弟弟长的，我心里是满满的嫉妒，弟弟被妈妈骂的时候是我最开心的时候，有点幸灾乐祸。每每这时候，妈妈总是会说："那可是你的弟弟，你要多跟弟弟说说，别让他闯祸！""你怎么没看住弟弟，他这么小，你要学会照顾他！"每当妈妈这么说的时候，我时常会有一种坏心思："摔个头破血流最好！""要是被坏人拐走了，那就万事大吉了！"现在想想，当时自己的想法也真是有点"罪恶"。多子女家庭的我尚且如此，何况一直地位尊贵的"大宝"呢？其实嫉妒是缘于匮乏，爱的匮乏和价值感的匮乏。对于大宝来说，要他把爸爸妈妈 100% 的爱分一半甚至更多给这个"天上掉下来"的二宝，他是很难接受的，自然，嫉妒之心就难免了。可惜，父母又不理解大宝的嫉妒，不允许孩子嫉妒，批评、要求加呵斥，孩子自然觉得更失落、委屈、伤心和愤怒了。

2. "公平"只是父母口中的秤

玲玲是二孩妈妈，她觉得自己"一碗水端平"了，因为家里所有的衣服、玩具都是双份的，连款式都差不多；要是二宝过生日，也会给大宝一份礼物，她总是在努力营造出一个公平的环境。玲玲希望俩孩子相亲相爱，因为妈妈很公平啊！可是事情的走向却完全背道而驰。从小到大，姐姐对妹妹并不友好，经常打妹妹，故意破坏妹妹的玩具，也不愿意跟妹妹一起玩，甚至她的生日会都不许妹妹参加，这是为什么呢？

对大宝姐姐来说，她出生以后，整个世界都在围着她转，此时她得到的爱是100%。可妹妹的出生，无形中夺走了原本属于她的爱和权利。无论是玩具还是父母的关注，哪怕拿走的只是10%，甚至5%，她都在"失去"，都会感到难受。在她的认知里，妹妹是入侵者，是敌人，是跟屁虫，所以她才会一直排斥妹妹。而对二宝妹妹来说，自从出生开始，她就知道很多东西都不是完全属于她的，她得到的爱一直比较稳定，没有被剥夺过，所以她并不缺爱，也拥有爱别人的能力。

可是，父母所谓的"公平"，对于大宝姐姐来说，是被动地分出一半给妹妹。对于妹妹来说，是从来没有独立选择的机会。因为妈妈觉得需要弥补姐姐的失落，大多数都是基于姐姐成长的需求，然后再复制一份相同的份额给妹妹。所以，父母越追求公平合理，孩子就越会感觉父母不公平。所以，我们无须刻意给孩子营造"公平"氛围，何况出生顺序也决定了孩子之间原本就存在着比较和竞争。除了为父母的爱而竞争，还有为证明自己的价值感和归属感而竞争。《正面管教》一书中提出：孩子之间之所以会发生争吵，是因为孩子们会把自己和兄弟姐妹相比较，而且会认定如果自己的某个兄弟姐妹在某个方面做得很好，自己唯一的生存选择只能是以下四项之一：

（1）在一个完全不同的方面发展自己的能力；

（2）努力做得比家中其他孩子更好；

（3）反叛或者报复；

（4）因为相信自己赢不了而放弃。

所以这对于大宝来说，本身就不公平。小宝生下来就会面对一个比自己大的哥哥或姐姐，生下来就需要和比自己大的人竞争。虽然看起来小宝的处境要相对不利，但小宝有思想准备，所以为了补偿自己的这种不利地位，小宝会加倍努力，以超越或者追赶哥哥姐姐，自然就会更加积极进取，更加讨人喜欢。但是大宝就不同了，原本不需要竞争，也习惯了专享和独有。当二宝降临，由于父母的忙碌和疏忽，自己感觉到爱的匮乏时，父母又凭什么要求大宝大方分享呢？精神分析领域提出过"同胞竞争障碍"的概念，具体是指通常在年龄稍小的弟弟或妹妹出生之后，大宝会发生某种程度的情感紊乱，多数儿童都可见到这种现象。这样看来，大宝的"无理取闹"和"不友好"就显得很正常了，这时的他们，才最需要公平。即使父母给大宝买再多和二宝同款的玩具，他们也不会觉得公平，因为冷漠、偏心早已在他们心里生根发芽。

"当一个孩子表达我不想要弟弟妹妹，我不想要分享爱，我只想爸妈爱我的时候，请不要简单粗暴地认为孩子自私。"正如育儿师兰海说过一句话："公平，不仅仅是一视同仁，更重要的是区别对待。"这份区别是让孩子感觉自己拥有100%的爱，而不是一半或者更少，所以之前提到的"美好时光"是很好的一个方法，关注情绪和回应更是重中之重的爱的方式。只要方法得当，接纳宽容大宝的嫉妒和失落，孩子们是有能力承受这份不公平的。

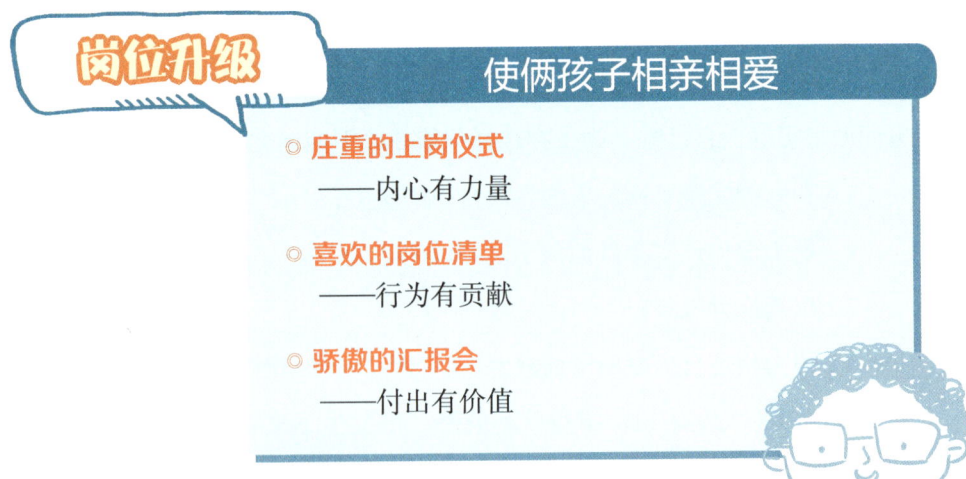

岗位升级 使俩孩子相亲相爱

◎ **庄重的上岗仪式**
　　——内心有力量

◎ **喜欢的岗位清单**
　　——行为有贡献

◎ **骄傲的汇报会**
　　——付出有价值

心理学家劳伦斯·科恩曾说过，孩子需要父母的关爱和照顾，就好像一个杯子，需要不断蓄水。在二宝出生之后，只要我们及时向大宝的杯子里"蓄水"，孩子间相亲相爱的场面就不难看见。具体怎么做呢？

庄重的上岗仪式
——内心有力量

不妨在二宝快要出生的几个月前，邀请亲朋好友在家中给大宝举行一个成为哥哥或姐姐的特别派对，给大宝准备一个蛋糕或者礼物，恭喜大宝升级做哥哥或姐姐啦，这是一份荣耀，也是身份的升级。通过庆祝大宝拥有的新角色，让他不仅期待二宝的来临，也对自己的新角色有认同感和尊重感。出生之后，还可以再次举行一个"正式上岗"仪式，妈妈以二宝的名义，给哥哥（姐姐）和爸爸赠送一份礼物，还可以附上一张邀请函："我是一个什么都不会的小屁孩，请你们多多帮助我，多多教我，我爱你们。"

芝加哥埃里克森研究所儿童发展研究院的教授乔恩·科夫马赫认为：拥有弟弟妹妹，是独生孩子人生中的第一次考验。能否禁得住并由此成长需要父母的理解和引导。比如二宝出生后，孩子有嫉妒或者争宠的不当行为，大家可以尝试以"爱的蜡烛"这个仪式正面管教，下面是豆豆妈妈给豆豆讲的"爱的故事"。

妈妈：豆豆，今天妈妈想给你讲一个爱的故事。你看，这里是四支蜡烛，你来选一下最喜欢的颜色，那支蜡烛就代表你。

豆豆：我喜欢蓝色，黄色就给爸爸吧，爸爸的球衣也是黄色的。

妈妈：那绿色的代表妈妈，红色的代表弟弟。（妈妈点燃了自己的蜡烛）这根蜡烛代表妈妈，这个火焰代表着妈妈的爱。有一天，妈妈遇见了爸爸，和爸爸结婚以后，我给了爸爸自己所有的爱，但同时我也保留着我所有的爱。

（妈妈用自己的蜡烛点燃了爸爸的蜡烛）

豆豆：不对，现在妈妈的爱只剩一半了。

妈妈没有解释，又拿起自己和爸爸的蜡烛准备一起去点燃代表豆豆的蓝色蜡烛。

豆豆：妈妈，你不要给我了，你只有一半了，再给我你的爱就没了。（豆豆阻止）

妈妈没有停止，只是用充满了爱的眼神看着豆豆，微笑着点燃了他的那根蓝色蜡烛，当三个人的蜡烛火焰碰在一起，让三根蜡烛同时拥有了一样的爱的火焰时，豆豆的眼圈红了。

妈妈：当你出生的时候，为何爸爸把所有的爱给了你，而我们仍然保留着自己所有的爱？你看，现在，爸爸拥有妈妈所有的爱，你拥有妈妈和爸爸所有的爱，而妈妈的爱，仍然在，爸爸的也在，我们也很爱彼此。

豆豆没有说话，很认真地听着看着。

妈妈：爸爸妈妈觉得你一个人太孤单了，想再生个弟弟来跟你做伴，于是，后来你有了弟弟，当弟弟出生时，我也给了他我所有的爱。你看看，你的爱消失了吗？

豆豆：还在。（孩子有点想哭）

妈妈：所以，你拥有妈妈所有的爱，爸爸拥有妈妈所有的爱，弟弟也拥有妈妈所有的爱，而我，还仍然保留着我所有的爱，因为这就是爱本来的样子，你看，我们的爱现在把整个房间都照亮了。（说完把孩子拥进怀里）

过了好一会儿，豆豆拿起自己的蜡烛，点燃了那根代表弟弟的蜡烛，说："我也把我的爱给他，反正我的爱也没少掉。"那天，豆豆久久看着蜡烛，一直舍不得吹，还摆弄着自言自语。

清晨抱着二宝送哥哥出门，给哥哥亲吻，下午让二宝欢迎哥哥回家，临睡前给孩子讲一个故事、道一句晚安，这些仪式都会让孩子学会感受温柔的能力，兄弟俩自然更容易相亲相爱。

喜欢的岗位清单
——行为有贡献

从怀孕将近 5 个月开始,妈妈要着手开启哥哥(姐姐)的"岗位培训"了。妈妈可以引导大宝展开头脑风暴,罗列自己可以为迎接二宝的出生做点什么,成为"父母的小帮手"。列两张岗位清单,一张是"哥哥(姐姐)预备队"清单,一张是"哥哥(姐姐)任命清单"。第一张清单旨在帮助大宝做好心理建设,对二宝的降临满怀期待;第二份清单让大宝有参与感和贡献力,不仅使得父母照顾小宝的过程更轻松,大宝也可以通过照顾二宝获得父母更多的关注和赞赏,进而培养出自己的领导力。下面是豆豆的两张岗位清单:

哥哥预备队清单

1. 陪妈妈去做产检
2. 跟弟弟说话,听他回话
3. 每晚给肚子里的弟弟讲故事
4. 跟妈妈一起给弟弟列购物清单
5. 陪妈妈去购买尿布和婴儿床
6. 给弟弟取名字
7. 给弟弟画一张画
8. 整理自己的玩具和衣服送给弟弟
9. 给弟弟布置房间
10. 学习照顾弟弟(用布娃娃替代)

哥哥岗位清单

1. 跟爸爸一起泡奶(自己也可以喝)
2. 放学后陪弟弟玩20分钟
3. 晚上作业中场休息给弟弟讲故事
4. 睡前帮助妈妈给弟弟换尿布
5. 每周三跟妈妈一起推弟弟到社区散步(作业少的时候)
6. 周末帮弟弟洗澡(用洒水壶)
7. 帮助弟弟训练技能

这两份清单特别神奇,手足情深,原来真的可以有!哥哥的参与,让弟弟有了人生中的第一个同伴,让哥哥有了第一个小粉丝,何其有幸。不论对于哥哥姐姐还是弟弟妹妹来说,这份可与父母之爱相比拟的手足之情,无疑让他们较之独生子女又多了一个爱和归属的来源,多了一个尊重与被尊重的来源,并且这一来源可以是终其一生的。

不仅仅大宝有上岗清单,其实爸爸也需要有一份二宝降生后的上岗清单。跟大宝同理,如果让爸爸参与孩子的照顾和互动,自然也会发现养育孩子的乐趣和看着孩子长大的成就感。

阿噜是老师,最近几天学校大搞专业培训,周末也得参加学习,二宝就只能交给爸爸和大宝了。说实话,阿噜自己口头上说"相信你们会搞定",实际上从出门到下午回家的路上,一直心神不定,她一直在想:"爸爸能搞定吗?""会记得按时给孩子吃饭吗?""大宝会不会折腾、添乱呢?"上课的时候她耳边时不时萦绕着二宝的哭声和大宝的叫声。她就这么纠结了一天。她下午回到家,只见爸爸和大宝一个在悠闲地看电视,一个在地上搭乐高,看起来一团和气一阵惬意。她到二宝房间一看,孩子身上干干净净,睡得正香。她禁不住一顿夸奖,夸完大的夸小的,这份惊喜真是意想不到。大宝说,爸爸今天是超级奶爸,自己是超级哥哥,搞定小屁孩完胜。

看来,男人远远没有我们想象中那么"粗心、笨拙和没有责任感",大宝也完全不是"自私、捣乱和不友好"的,只要相信他们,真心地认可他们的能力,岗位升级还真是无所不能,自己自然也省心不少,家里相亲相爱一团和气。

骄傲的汇报会
——付出有价值

每周一次的家庭会议在二宝出生后的一年里,改成了"爱的汇报会",就是对这一周别人为你做的事情表示感谢,也可以说一说自己的付出,申请被致谢。听起来似乎没什么特别,但是豆豆最喜欢这一特殊时光,因为那一天不仅能收获满满的致谢和力量，还有妈妈亲手特制的油炸冰激凌，他别提有多高兴了。

"谢谢你，豆豆。昨天弟弟洗澡时，你给弟弟浇背、揉小脚丫，弟弟很喜欢，妈妈谢谢你的帮助。"

"爸爸要特别感谢豆豆，因为昨天有一个重要的电话进来，我腾不出手来帮弟弟整理玩具，结果你和弟弟一起整理，比爸爸整理得更有层次。"

"我今天放学回家陪弟弟玩，教会他认识了'哥''爷''爸'，这几个字。弟弟，我需要你的感谢哦！"

"谢谢哥哥！我超级超级喜欢你，你特别厉害，什么字都认识，你是大博士吗？"

"谢谢哥哥，昨天我很喜欢你的画笔，就自己拿过来了，你没有凶我，还帮我画画。"（哥俩有"物权协议"）

"爱的汇报会"不仅把满满的爱反馈给大宝，把浓浓的亲情和力量赋予大宝，也让大宝学会了用欣赏和感恩的眼光去发现家里人的付出、父母的辛苦，更激发了大宝愿意为弟弟服务和迁就弟弟的意识。此时，身为二孩家庭的父母真是可以庆幸自己给孩子留下了一个相亲相爱、互相扶持的亲人，多年以后，他们必定能成长为彼此最温暖坚实的依靠。

俩孩子冲突不断，家里鸡飞狗跳怎么办？

"战略性撤退"培养孩子适应力

希希说自己自从生了二胎后，大吼大叫是每日生活常态。今天俩孩子又因为一个抱枕争抢起来。

3岁的弟弟哭得哇哇直叫，6岁的姐姐丝毫不妥协，一时间两人争得面红耳赤。希希风风火火地跑上前去，一把夺过姐姐手里的抱枕，大声训斥道："跟你说了多少遍，你是姐姐，是大孩子了，凡事要让着弟弟点，你怎么就是不听呢？"被吼的女儿一边流眼泪一边说："是他非要抢我的抱枕的，我为什么一定要让着他？"看女儿委屈的那个劲，希希不忍心再责备，摸了摸孩子的头，柔声说："他还小，不懂事。你不一样，你是大孩子了。大孩子是要让小孩子的，知道吗？你先去玩一会儿乐高。"姐姐扁了扁嘴，不再吭声。此时，大姐姐的委屈看似在妈妈的安抚中渐渐消失了，可在她转身的那一刻，迅速抬起脚偷偷地踩了弟弟一脚，反身进了自己房间。

"妈妈，妹妹又抢我玩具啦！"

"妈妈，哥哥又欺负我了！"

"让你别动我东西了，你知道吗？再动揍死你！"

"这是我的，我的！不给，就是不给！"

为什么孩子之间总有没完没了需要争来争去的东西呢？为什么总是有各种各样的投诉和纷争呢？孩子在学校表现都很好的啊！从来没听说跟同学闹矛盾，怎么在家里就完全不一样呢？

1. 爱的失衡导致二宝纷争

在二宝出生前，大宝已经习惯享受家里所有的资源。什么好吃的、好喝的、好玩的，爸爸妈妈、爷爷奶奶、亲朋好友所有的关爱都集于一身，对于孩子来说，这是何等尊贵的待遇。或许很多父母觉得在二宝出生前，已经给大宝做好了心理建设，但那些都是纸上谈兵，并没有现实体验啊！还好，二宝出生后的头三个月，俩人相处确实还是很融洽的，堪称"蜜月期"。但是三个月后，最多六个月后，孩子猛然醒悟，自己曾经拥有的被剥夺了，他还得将自己最爱的妈妈拱手让人，如果不让，会被指责"不懂事"，天哪！难怪孩子会进入一个嫉妒的爆发期。大宝会对小宝变得不耐烦，讨厌弟弟妹妹，巴不得把他送人。他还会抱怨妈妈不陪他、不爱他，而后两个孩子之间的冲突有可能越来越频繁。因为二宝也长大了些，能与哥哥姐姐进行资源抢夺了。

"妈妈，我作业有点不会。"

"不会啊？那你叫爸爸教你啊！妈妈要给小妹妹换尿布。"

"妈妈，你可不可以陪我睡觉啊？"

"这么大了，怎么能要求妈妈陪睡呢？像妹妹这么小是没办法。"

"妈妈，周末培训班你能送我过去吗？老师说家长可以听一听，看看我们的学习成果。"

"我让奶奶送你去啊！妹妹吃奶的时间不能耽误的。妈妈相信，你肯定表现很棒的，我让奶奶拍照，妈妈也能看到的。"

为什么任何时候都有"妹妹"，孩子的情感天平彻底失衡了。难怪一个孩子说："自从妈妈有了小弟弟之后就不喜欢我了，以前都不说我的，现在妈妈老说我，我写完了作业妈妈也不帮我检查，上次我饿了，但是妈妈不让我吃饭，她说她要先喂弟弟吃饭。他们为什么要生弟弟，是因为我不乖，不喜欢我了吗？"

在我们爱心树的多子女养育和鼓励咨询课堂上，经常会有学员控诉父母偏心，就因为自己是姐姐，每次发生争执，父母总是帮着妹妹，抱怨或者数落自己。他们说着说着还满肚子委屈。在"童年的记忆"这个活动中，有学员回想起童年某次被不公平对待的经历，更是声泪俱下，那份怨恨不得、委屈不行的伤害像鱼刺一样嵌进生命的年轮里。

2. 错误信念作祟

有了二宝，我还会被无条件、完全地爱着吗？

我在这个家里被需要吗？

有了二宝，爸爸妈妈他们会不会不再爱我？

二宝能做的，为什么我不能做？

二宝能得到的，为什么我得不到？

看看上面的问题，也着实为大宝感到心疼。是什么现象让孩子产生这么多复杂而苦楚的错误信念呢？是什么样的难过情绪使得孩子需要无数次通过冲突的演练来回答内心这众多的问题呢？或许就是在日常生活中，父母不经意中流露的"偏心"，让孩子"寒心"了。《少年说》里有个镜头，妈妈把鸡腿夹给了弟弟，姐姐脸色一变，妈妈立马意识到了，赶紧不停地给姐姐夹肉，期望能够做到"平衡"。真能平衡吗？这份刻意的弥补不恰恰表明鸡腿才是更好的吗？孩子眼睁睁看着妈妈把心中更好的那份爱给了弟弟，理智脑没有发育成熟的孩子会觉得这是公平，这是"手心手背都是肉"吗？有人说，家有二宝，公平真的太难了。大宝的敏感很多时候会让父母措手不及，如果懂得孩子的失落，真要偏心的话，请加倍对大宝好就是了。

3. 干预和评判使"战争升级"

因为多子女养育课程，我们爱心树曾做过问卷调查，其中有一题是："当孩子们开始打架或者争吵，抢夺东西时，您会怎么做？"我们给出了7个选项，请大家根据事实选择最常用的两个方式，统计结果如下：

A. 怒吼喝止，警告他们不许打架吵闹。（2%）

B. 劝架后追究责任，看看是谁有错在先。（10%）

C. 批评训斥大宝，教育他应该让着弟弟妹妹。（5%）

D. 当"吃瓜群众"，扬言要将他们争吵的画面录下来。（1%）

E. 抱开二宝，告诉他，想要跟哥哥姐姐玩或者拿东西，需要经过他哥哥姐姐的同意。（23%）

F. 不听原因不安慰，直接拿走让他们起争执的东西，霸道总结或解决。（2%）

G. 平静旁观，等待孩子们自己处理。（26%）

H. 倾听孩子们的感受。（21%）

I. 引导孩子们思考是否有更好办法。（22%）

在现实生活中，当孩子们打架时，我们的第一反应一定是焦虑的、紧张的，甚至是愤怒的。但是一旦家长干预进来，孩子之间的冲突就变成了"妈妈究竟帮谁"的矛盾，"战争"就真的不可能和平解决了。

为了证明"我"才是最重要的，孩子会有意识或无意识地给父母"挖坑"，就要看看妈妈帮谁。原本这次争斗中的抢夺者（无礼者）还在犹豫和斟酌自己是否需要再发猛力，当他听到父母居高临下的强迫、不容置疑的命令，他们便收起了天使的翅膀，伸出小恶魔的尖角，开始用爪子保护自己，抓伤别人，很多时候是三败俱伤。恰如《正面管教》一书中说的："让你的孩子们打架的最佳方法，就是你不断地介入孩子之间的争端。其实妈妈是在协助孩子们把打架作为寻求关注或报复的方式，她强化了孩子们对于如何获得归属感和价值感的错误信念。"

战略性撤退

培养孩子适应力

- **积极倾听**
  ——满足俩孩子的情感需求

- **战略性撤退**
  ——把解决冲突的权利还给孩子

- **自行协商**
  ——以合适的方式和平共处

《教育者谬误手册》这本书为孩子的争斗展开了一个特别的视角。这本书的作者安德里亚·比朔夫认为：兄弟姐妹们经常吵架正是表明了他们相亲相爱、彼此需要，关系很好的同胞手足之间有 30% 的相处时间是在争吵中度过的。看来孩子间的争斗并没那么可怕，他们只是在观望父母的态度，验证自己的重要性，所以，父母千万别掉"坑"里。那怎么做才能"避坑"呢？

技能演练

积极倾听
——满足俩孩子的情感需求

在还没弄清楚孩子们前面发生了什么事情的时候，先不评判谁对谁错。因为无论批评谁，都容易掉进"坑"里，结果被支持的"有恃无恐"，被批评的"嫉妒沮丧"。最明智的做法是：忍住、闭嘴，不批评，先倾听，而且是倾听双方的说法，一视同仁。

客厅里，景然两兄弟又上演争夺大战了。"这个东西是我的，爷爷买给我的，不是你的！"弟弟大声申诉："谁说就是你的，我先拿来玩的，爷爷可没说只是给你的。"景然故意把玩具举得很高，弟弟没办法拿到。看形势不对，弟弟开始哭闹："哥哥坏，妈妈，你看哥哥，拿走我的玩具不还给我。"哥哥看弟弟哭闹反而更来劲了，东躲西藏。于是，客厅里是哭闹声、奔跑声、告状声响成一片。

景然妈妈学习过正面管教，知道孩子争吵都是为了赢得父母的关注，这"交响乐"并没激起她的怒气，她听到声音走出来，看了看两兄弟，不轻不重地说："看来你们之间有争执和矛盾了，我想了解事情的原因，哥哥先说。"妈妈认真听哥哥说完，加了一句："你看到弟弟要把你在玩的东西拿走，你感到不舒服，所以生气不想给他，是吗？"然后让弟弟诉说，当弟弟说完，妈妈也加了一句："哥哥没给你玩具，而且让你够不到的时候，你以为哥哥要把玩具拿走了，所以你很伤心，哭了，是吗？"

看起来好像很轻描淡写的两句话，俩兄弟的火气竟然瞬间就下去了。其实是在妈妈复述孩子感受时，孩子的心情被照见，能让他们感觉备受理解。这时，妈妈补充："我知道，你们都难过了，来，妈妈抱抱。"两孩子倒是不谦让，左拥右抱的感觉让景然妈妈觉得很有幸福感。当我们专注倾听、不评判的时候，其实就是在帮助孩子把爱的杯子续满，当孩子的爱的杯子满了，他们就不争了；不只不争，甚至还会有力量有能量帮着其他兄弟姐妹蓄满爱的杯子。

战略性撤退
——把解决冲突的权利还给孩子

能积极倾听当然是最好的，可是这需要稳定的情绪。或许当我们看见孩子争吵打闹的时候，自己状态原本就不太好，怎么办？这就需要"战略性撤退"了。

怎样做才算是"战略性撤退"呢？可以有两种方式，一是忍受：就是在两个孩子发生矛盾时，父母在一旁保持沉默地观看，不干预。沉默有时特别有力量，它传递了一个信号：争斗是你们的事情，你们自己想办法解决问题。第二种方式是走开：就是确定让孩子知道你看到他们争斗了之后才走开。很多时候，孩子们的争斗不是为了争夺某一个具体的东西或者地盘，而是为了争夺父母的关注。父母不干预，不评判，走开了，孩子们就失去了争斗的舞台，往往就会觉得抢也没意思了，就会更着眼于解决问题了。

有一组来自美国心理学研究的数据显示：3—7岁的孩子，每个小时会发生冲突3.5次；2—4岁的孩子，发生冲突是最频繁的，达到每小时6.3次，也就是平均不到10分钟，就有可能吵架一次或者打架一次。家有二宝，允许和接纳孩子间的冲突，是我们开启二孩生活非常重要的一步，也是孩子成长的黄金机会。因为只要大人不干预，孩子们就有属于他们的相处方式。

所以，当他们遭遇矛盾陷入争端时，当我们正想张嘴说话、动手干预时，请考虑以下几种做法：

①深吸一口气，把嘴边的话咽回去；
②告诉自己，孩子将迎来一次宝贵的成长机会；
③再深吸一口气，把自己伸出的脚收回来，放松捏紧的拳头；
④微笑地看着孩子，或者笑着离开。

自行协商
——以合适的方式和平共处

老大生气地来找妈妈： 妈妈，弟弟总是动我的东西，你要去批评他，警告他。

妈妈： 妈妈知道你很生气，妈妈可以抱抱你，直到你感觉好一点。但妈妈没有办法帮你警告他，因为那是你和弟弟之间的问题，妈妈相信你会想到和平解决这件事情的办法。

老大：妈妈……那好吧！小毛头，过来！（小毛头是二宝的昵称，哥哥给取的）

老二：妈妈，哥哥要骂我、打我了。（孩子朝妈妈跑过来）

妈妈：哥哥是要跟你商量解决办法呢，因为你们刚才发生了小摩擦，妈妈相信哥哥能处理好，你也一定可以的。

老大搭着小毛头的肩膀，半推半拽地把小毛头带走了。

…………

老二：妈妈，哥哥知道我喜欢他的一些东西，他把可以分享给我的放在了书架的最底层，允许我一起玩；放在抽屉里的东西是我不能动的，要是动了就要惩罚我两天不能进他房间。

妈妈：你是怎么想的呢？

老二：抽屉里的东西肯定是很珍贵的，我知道了。比如我的那个小汽车，好朋友亮亮也不能动。

妈妈：小毛头很体谅哥哥。那我们是不是要去谢谢哥哥呢？因为今天哥哥跟你分享的可不是一点点玩具和地盘哦！

老大：就是！（孩子很有掌控感地冲我们一笑）

把解决问题的权利还给孩子，无论他们选择的是哪种方法，都是共同协商的结果，都是一种共赢的状态。而妈妈的撤退和赋能，更是让大宝学会了担当和分享，让小宝学会了妥协和退让，也让两个孩子都学会了多元应变思维。

孩子成长的过程本来就离不开和同伴的竞争。孩子能够越早接纳和适应竞争，就越能体验在资源有限的情况下，如何协商共赢，如何退让妥协，就能更早更好地适应社会，未来也就不会惧怕面临人际关系中的摩擦和冲突。这可是二宝家庭孩子间互赠的最珍贵的礼物。冲突过后，皆是成长的风景。

29 有了二宝，大宝变得霸道又无理取闹怎么办？

"特殊时光"让孩子温暖有力量

10岁的妞妞最近的行为让妈妈太窝火，妈妈很多时候忍不住想揍孩子一顿。这是怎么回事呢？下午放学回家，妈妈习惯性地给妞妞准备了她喜欢吃的苹果，给弟弟准备了杧果。妞妞生气了，说杧果贵，妈妈对弟弟好，还非常专横地抢过弟弟的杧果碗，端回自己房间。她其实没吃，睡前拿出来杧果已经软塌塌，不能吃了。晚上写作业，弟弟在客厅看动画片，明明声音不大，妞妞非说吵得她没法安心写作业，妈妈就让弟弟关掉电视并准备带他下楼玩会儿，好让妞妞静心写作业。妞妞死活不肯，说家里没人自己会害怕，必须开着门，确保有人在家，但是不能发出声音。好吧！那就早点哄弟弟睡觉，可是弟弟刚睡着，结果就听到"哐当"一声，是妞妞的铅笔盒砸在地上的声音，吓得弟弟大声哭起来。

睡觉前更糟心。妞妞老早就过了要陪睡和要抱抱的年龄，可是最近非说自己害怕，要妈妈陪睡，这边弟弟哭着要妈妈，那边妈妈顾及妞妞不早睡会影响第二天的学习。姐弟俩抢夺妈妈的戏码每天上演，基本以妈妈和弟弟妥协告终。

妞妞妈妈记得妞妞6岁前还是很乖巧听话的，有事也会好好说，根本不会这样无理取闹、霸道跋扈。孩子这是怎么啦？

1. 无理取闹是因为"我"紧张

丹·阿兰德在《养儿育女中长大》一书中说：亲子关系是世界上最高贵、最令人欣然为之付出的关系，地球上没有任何东西可以与之相比。现实中，有了二宝后，原本跟大宝很亲密的亲子关系变得紧张，这样的现象还为数不少，个别孩子甚至把对妈妈浓浓的爱化成最深的恨，实在令人惋惜。

为什么呢？因为大宝恐惧失去，才会趋于敏感。因为敏感，他的情绪就变得尤为脆弱。不论父母怎样小心翼翼，他仍然在暗自担心自己会失去父母的爱。这种不安让孩子动不动就发火，时不时就无理取闹，弄得人精疲力竭，难怪很多妈妈说二孩的日子过得一地鸡毛。

其实站在大宝的角度想想，失落、焦虑和紧张是很正常的。因为当一个被100%呵护的孩子忽然被告知将会有另一个生命走进这个家庭，占用家庭的部分资源，占用父母的关爱和注意力，谁都有可能惶惶不可终日。

2. 无理取闹是"我"希望你关注我

有了二宝，父母变得更加忙碌了。白天冲奶粉、刷奶瓶、换尿布，事无巨细，半夜还要经常起来。就算有保姆，白天、晚上也是轮流转，这让父母觉得非常累，也就很容易忽略大宝。这个时候如果大宝再跑过来，让妈妈讲故事，让爸爸辅导作业，父母就会失去耐心。一旦耐心不够，就容易忽略孩子的感受和需求，而且会不自觉地表现出嫌弃和讨厌的表情，这是会让孩子很受伤的。

大宝由于缺乏安全感，就想要去证实妈妈是否爱自己。这种行为对于大宝而言，其实就是在争夺自己的家庭地位，获得足够的安全感，同时证明自己的存在感。

在某综艺节目中，"宠妈暖男"嗯哼突然性情大变，冲妈妈发脾气、放狠话，又是要绝交，又是要离家出走。原来是因为霍思燕家里来了小朋友，她忙着照顾客人忽略了嗯哼的感受，让嗯哼觉得妈妈不爱他了。一个外来的小客人都可能引发孩子的嫉妒，让孩子因为觉得没有安全感而闹脾气，何况是一个对于大宝来说长期的"侵略者"？心理学研究发现：孩子心中愤怒的最大来源，竟是他们根深蒂固地以为自己没有人爱。所以孩子无理取闹，皆是因为他们在寻求爱和关注。

求关注，是孩子想要获得安全感的方式。如果父母能读懂大宝的心理，在孩子主动"求"之前，就能先看到，这对于因嫉妒而敏感的大宝来说，其实就是"爱他"的表现。

3. 蛮横是因为父母情绪不稳

很多父母都知道"一碗水端平"的道理，但是二宝家庭，真的能一碗水端平吗？当二胎出生，父母往往把大部分注意力集中在二宝身上，因为二宝尚小，需要陪伴，逐渐教会他吃饭、穿衣、学习等，这个过程是较为漫长的。父母自然就会自动减少对老大的关注，偏偏老大还"来事"。明明自己能写作业，非得妈妈陪在边上；只要表扬二宝，大宝马上愤愤然，打翻醋罐子；二宝的床挨着父母，大宝抱着被子非得挤大床。这些"来事"的行为让父母很不耐烦，瞬间心里那个小火苗噌的一下就爆发出来了，委屈的孩子就容易出现比较极端和冲动的行为，借此来引起父母的关爱。

还有些父母爆发过后会出现内疚情绪，就会加倍补偿，这很容易演变成宠爱、溺爱、过度包容，会助长大宝变本加厉的要求，从而霸道蛮横。

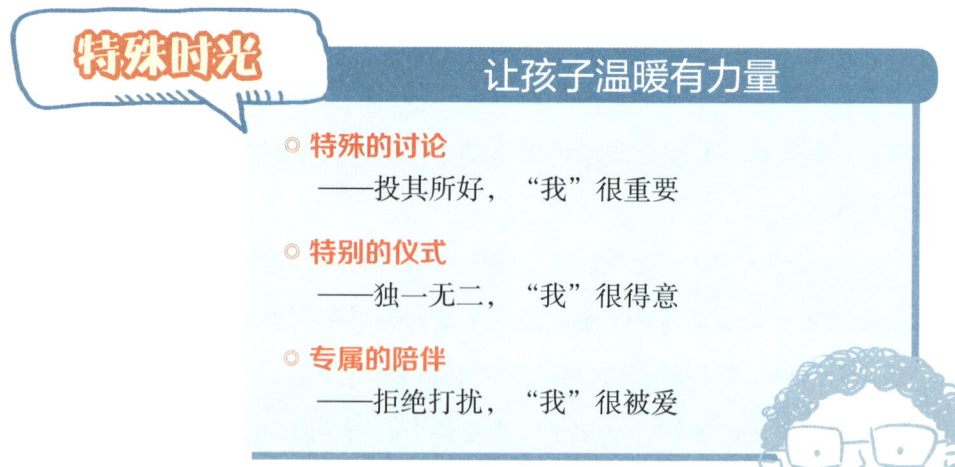

特殊时光 让孩子温暖有力量

○ **特殊的讨论**
——投其所好，"我"很重要

○ **特别的仪式**
——独一无二，"我"很得意

○ **专属的陪伴**
——拒绝打扰，"我"很被爱

有人说，孩子的不良行为是一面"照妖镜"，投射的是亲子关系的问题。如何应对孩子因为嫉妒、失落而导致的无理取闹和蛮横行为呢？除了必要的规则以外，有一个最简单的养育方法：父母只要多花点时间，放松快乐地陪陪孩子，就能解决家庭中的大部分挑战和问题。

技能演练

特殊的讨论
——投其所好，"我"很重要

如何建立特殊时光呢？首先要跟孩子计划特殊时光，父母可以告诉孩子，爸爸（妈妈）会预留每周（每天）的某一个固定时间，只属于他，询问孩子那个特殊时刻他最喜欢爸爸（妈妈）陪着做的事情是什么。首先可以头脑风暴，对于孩子的提议不要评论或删减，结果可能很有意思。父母会发现孩子们的期待也许是外出就餐，或者是旅游，或许是喝饮料聊天，可能是陪伴他们做手工搭积木，还可能是讲故事或阅读，甚至只是简单的散步。之后父母可以和孩子一起评论头脑风暴的事情并进行分类。如果有些事情花钱太多，可以把它们归类到存够钱以后再做的事情，如果有些事情需要的时间超过了约定的时间，可以把它们列在时间更长的家庭开心时光的日历上。

妈妈：琳琳，妈妈要跟你道歉，因为妈妈除了工作，把更多的时间给了妹妹，总觉得你长大了，不需要妈妈更多陪伴了，其实妈妈这样想是不对的。

琳琳：妈妈，没关系的。（孩子倒是很懂事）

妈妈：我们讨论一下，你希望妈妈哪个时间陪你，每天我们约定20分钟，好吗？

琳琳：嗯——那就放学后吧，妹妹还在奶奶家，这样她不会吃醋。（二

宝白天在奶奶家,晚饭时间爸爸会顺便去接回来)

妈妈:好嘞!那我们一起干点什么呢?我们头脑风暴一下,都记下来。

琳琳:下楼逛公园(他们家附近有公园),一起吃棒冰下跳棋,一起看综艺节目。(孩子一口气说了三个)

妈妈:一起去看电影!

琳琳:时间不够怎么办?

妈妈:那我们存一天翻一倍吧!

琳琳:那我们决定看电影的那一周,我就存两天,你只管陪妹妹,翻一倍就是80分钟,正好看电影。(孩子狡黠一笑,有点占了便宜还偷乐的意思)

于是她们愉快地决定从第二天开始"特殊时光",先从逛公园开始,看着孩子期待的笑脸,妈妈有点鼻酸,暗暗告诫自己,绝不疏忽"特殊时光"的陪伴。

父母很忙,无暇顾及的情况总是有的,但是有了特殊时光,孩子就有了期待,孩子会在这个时光充分地感受到和父母建立的联结。他们只有感觉到自己对父母的重要性,那些通过错误方式获得归属感和价值感的不良行为(无理取闹、行为退化等)才会减少。因为对孩子而言,特殊时光不仅能给孩子安全感,还能让孩子感受到父母对他的爱。也许孩子在平时还是会寻求关注,索求陪伴,但在他需要你但你无法给他及时关注时,父母可以说:"对不起,宝贝,爸爸(妈妈)现在比较忙,但我很期待我们六点半的特殊时光。"这会让孩子更容易接受父母当下的缺席。

特别的仪式
——独一无二,"我"很得意

首先既然是特殊时光,那就需要真正特殊起来:固定时间,没有打扰,全情投入。千万不要抱着"等二宝睡着了我们就可以……"的想法,那些建立在以他人的某些行为为前提的基础上，会让孩子有种被忽视、被搪塞应付的感觉。

当父母跟孩子有了特殊时光的清单后，还需要在家里广而告之，让所有成员了解"特殊时光"的特殊性和重要性。

吃饭时间到了，大家围坐餐桌，嘉逊妈妈有事宣布。

妈妈：以后每周五晚上，是我和我们家嘉逊的特殊时光，我们的特殊时光从下午四点半开始，到晚上七点半（因为有了妹妹，妈妈实在忙不开，嘉逊在寄宿学校就读，周五四点半是放学时间，大孩子的特殊时光可以是一周一次）

嘉逊一脸得意地看着大家，冲妹妹挤挤眉毛，乐呵着呢！

妹妹：那我怎么办？我不肯，我幼儿园放学没有妈妈接了。

嘉逊：你不是每天都有妈妈接吗？就周五，你不肯也得肯，我跟妈妈刚讨论过了。（孩子很骄傲地说）

妈妈：周五妈妈要把时间给哥哥，因为哥哥为了让妈妈更好地照顾你，平时很独立地在学校自力更生呢！所以，这个时间谁也不许跟嘉逊抢。

妹妹看着爸爸，希望爸爸帮忙。

爸爸（摊了摊手）：这个是妈妈和哥哥的决定，我们大家都需要支持。

嘉逊妈妈跟孩子建立"特殊时光"，两周后，妈妈感叹原来自己的这个大儿子这么懂事，这么体贴，心里对大宝满满的都是爱。于是自己越发想要挤出时间来陪大宝，带大宝出去玩。而大宝却好像一下子长大了，有点好吃的，就问妈妈妹妹能不能吃，出去玩也会惦记着回头也带妹妹来；邀请小朋友到家里玩，总是很骄傲自己有个小妹妹。有一次妹妹睡不着觉一直闹，妈妈有点着急，哥哥竟然说："妈妈，你不用陪我，我可以自己看书了。"这让妈妈感动得不行。

专属的陪伴
——拒绝打扰，"我"很被爱

记得两年前接班的一个孩子，因为父母离异，孩子长期寄居在奶奶家，妈妈因为快要组建新家庭，陪伴孩子的时间也不多，爸爸因为工作忙，很少在家。孩子总是会惹出一些问题，当班主任请家长来学校时，如果是爸爸妈妈一起来，孩子会好几天，过几天又得反复。这明显是一个寻求关注的孩子。于是我就跟孩子商定每天中午一起逛操场，分享前一天开心的事情。

每天中午，孩子会早早地在教师餐厅门口等，而且很自豪地告诉同学，自己要跟校长（我当时还没辞去校长职务）去散步，如果有同事找我，我也会很郑重地告诉他们："这会儿恐怕不行，我得陪一个学生朋友，过会儿我去找你。"很清晰地记得，当我这么说的时候，孩子总会会心一笑，那种发光的眼神我至今记忆犹新。

在实施特殊时光的时候，建议父母们远离手机，不被外界打扰。其实对我们自己而言，特殊时光也是提醒我们自己，陪伴是为了享受当下，享受陪伴的过程，享受心与心之间爱的交流。只要父母多花一些时间陪伴孩子，大多数孩子的情况都会有所改善。

既然有跟孩子的特殊时光，那就自然也可以有"亲密时光""自由时光"，有时父母也需要为自己蓄杯，休息一下恢复精力，这样才能心情愉悦地陪伴孩子。我们可以跟孩子、跟爱人商量专属于你自己的"自由时光"，也可以通过家庭会议的方式，商量爸爸妈妈的"亲密时光"，当孩子有了特殊时光的陪伴，有了归属感和爱的感觉后，会很支持我们照顾好自己和经营夫妻关系的。

希望孩子做得更好，总是忍不住比较怎么办？

"三步描述法"培养孩子好习惯

晗晗上幼儿园了，小区里的街坊邻居也很关心，这几天时不时会有人问："弟弟上幼儿园还适应吗？"这时，我总是忍不住炫耀一番："适应得很好！哥哥上幼儿园那会儿哭了好几个月，弟弟才两天就很喜欢幼儿园了！"此时，大宝海海之前还握着妈妈的手一松，往前快走了几步。妈妈没有觉察海海细微的表情变化，在后面喊："你慢点，我们还要一起去买点小零食带去奶奶家呢！"海海回头说了一句："你和晗晗去，我先回家写作业了。"看起来孩子并没有不开心。孩子是真的不在意吗？可能未必，对于有两个孩子的家庭来说，怎样才能躲开"比较"这个关键词呢？难！

有了两个孩子，爸爸妈妈会不由自主地去比较。谁学走路更快，谁学说话更早，谁更聪明伶俐，谁更乖巧懂事。有的家长可能认为两个孩子有比较就会有竞争，这样相互激励，落后的孩子就会向优秀的孩子学习。父母的动机基本上是善意的。但事实上，我们有几个父母在拿孩子做比较时是发自内心的？绝大多数父母对孩子的批评是随口说的，但结果却很让人受伤。

1. 对自我产生怀疑，变得自卑

★ "你是怎么回事，哥哥都穿好衣服穿好鞋了，你还在这里磨蹭。"

★ "你真让妈妈省心，自己都准备好所有东西了，不像弟弟，什么都得妈妈给他拿！"

★ "你得向你哥哥学习，他的书包从来不用妈妈收拾，他自己就收拾得妥妥的了！"

★ 玩完积木，晗晗收拾完自己的玩具后，妈妈会对海海说："海海，弟弟都收拾完了，你怎么还是一地玩具呀？！"

★ "哇，你太厉害了！爸爸教了哥哥一星期他才背出来这首诗，你听两遍就会啦！"

★ "宝贝，你真爱干净，不像哥哥，出门一趟就像个泥猴！"

听到上面这样的比较，如果你是其中那个被数落的孩子，是否有可能牙根痒痒想控诉？事实上，父母直截了当拿两个孩子互相比较，还常常是拿孩子的短处去比兄弟姐妹的长处，这样不合理的多次比较会使得孩子的自信心不知不觉地被逐步削弱，从而变得自卑。像这样的横向比较非常可怕，容易让孩子产生"我什么都不如人家"的错觉，让孩子自我怀疑，不再自信，严重的会丧失正确认知，彻底被摧毁意志力。加拿大育儿专家认为，这种"比较"还会让孩子产生撒谎、隐藏自己的错误的行为，从而导致孩子产生推脱责任、逃避处罚等不良行为。

在比较中，那个被拿来比较的孩子，也许你会以为这是对他的一种鼓励和肯定，其实不然。那个被比较的孩子会因此生发出一种优越感，会觉得别人不如自己就是没价值，就是不好。而往往这种有点盲目的优越感其实是虚假的、不堪一击的，如果换一个更强大的比较对象，孩子很有可能跌落云端，从而变得自卑。

2. 负面情绪积压，性格内向

隔壁邻居小明，期末又考了第一；王大妈的孙女，钢琴过了10级；

我爸战友的儿子，一口流利的英语；我妈同事的女儿，有深厚的舞蹈功底；地球上有种孩子啊，叫别人家的孩子，可是在我心底，老爸老妈我不想比！

这首《我只是个孩子》是一个 9 岁孩子的原创歌曲，不仅唱出了孩子自己的心声，也同时警醒了父母。"比较"是父母手中的一把"匕首"，斩去的是孩子的自信，刺伤的是孩子的心。2020 年，我和李校长曾经对所在两所集团学校的学生做过问卷调查，其中一道问卷题是："你最讨厌父母常说的一句话是什么？"99% 的孩子选择了"你看看别人"这句话，可见孩子对"比较"这件事有多痛恨。其中还有一题是："你最讨厌跟谁比？"孩子的回答大部分填写了"兄弟姐妹"，同一个屋檐下，朝夕相处，"比较"怎么躲也躲不掉。

2020 年 7 月份，我们组织了一场"1+1= 爱"留守儿童结对夏令营活动，需要城区孩子的父母一起参加，其中小雷妈妈的"比较"功夫真是到家。午饭时间，孩子们围坐一桌开始就餐，妈妈时不时过来看一眼，边看边说："你看见没，这个一年级的小妹妹不挑食，你就知道吃肉，难怪你长这么胖，赶紧吃点蔬菜。""吃快一点啊！你们桌有两个孩子都吃完和小伙伴玩游戏去了。你这么慢，结对的小朋友要等急了，知道吗？""怎么撒得桌上都是饭粒，你看看同桌同学，哪个像你这样？"不到 25 分钟的吃饭时间，小雷处处被比较，满身都是缺点，比谁都不如。小雷呢？紧锁眉头一声不吭，看起来很听话，唯唯诺诺，可就是不合群，跟大家玩不到一块儿。看到孩子不合群，小雷比结对的泰顺小朋友还害羞，而且不愿交流，小雷妈妈看到更着急，又开始数落比较，原本闷声不响的孩子突然大叫起来，哭着往远处跑去。后来，我们情商课的老师跟孩子聊天，孩子很委屈地说："妈妈喜欢谁都比喜欢我多，我做什么都不对，我恨透她了，她根本就不爱我。"

每个人都需要有来自外界的反馈来作为自己储备的能量，经常比较，其实就是在告诉孩子："你是坏的，你是差劲的，你是糟糕的。"这样的反馈破坏力尤其巨大。原本二宝孩子之间就有竞争，大宝会因为弟弟或妹妹的到来，让他难过愤怒，本身就很想有机会把这些情绪宣泄出来，才有力量做更好的自己。可是父母不仅不理解和同情，还不由分说地让他在"比较"中硬生生地忍耐下去，难免会有爆发的一刻和伤害的痕迹。

童年，有一个重要的人告诉你"你是好的，你很重要，你值得被爱"是多么重要，特别是在我们的自我还比较弱小的时候。我们本身就生活在无时无刻不被比较的社会环境中，为何不能在家里多一些宽容和担待，多一些看见和鼓励呢？

3. 破坏亲情，关系淡漠

心理学研究发现，出生顺序对孩子的性格有着决定性的作用，其原因之一就是二宝、三宝会观察父母与哥哥姐姐以及自己的相处模式，经过比较从而得出有利于自己的生存之道。很多时候，父母不比较，孩子自己也会有无形的较量和莫名的嫉妒。如果夸一个压一个，日久天长，兄弟姐妹也会反目成"仇"。

邻居家有一对双胞胎兄弟，小时候看起来感情不错，可是因为父母总爱比较，两兄弟不知从什么时候开始变得相互讨厌，经常打架，有时候打得还挺凶。原来是哥哥的学业成绩较好，母亲就在兄弟俩面前说："弟弟，你要好好向哥哥学习啊，你看这次月考，哥哥又考了100分，你才考了78分。你要好好加油，不能每次都输给哥哥，知道吗？"可是，弟弟的成绩并没有因为母亲的数落和对比而变好，反而越来越差。哥哥因为父母的偏爱而变得目中无人，看不起甚至嘲笑弟弟，也时常骄狂不懂感恩；弟弟则变得很自卑，不跟哥哥说话，在家里也不怎么搭腔。这对原本应该相亲相爱的双胞胎兄弟在父母的刻意比较下，竟然变成了"最熟悉的陌生人"，而家庭氛围也因此变得紧张而冷漠。

其实自出生起，每一个孩子都会为了自己在家庭中的地位而奋斗，孩子有很多的偏差行为都是为了保有自己的地位，老大要是很乖巧很优秀，老二总有可能比较调皮，比较懒散；要是老大脾气倔强，少言寡语，老二一准是个贴心小棉袄。无须谈判，孩子从出生开始，就默默地达成一个协议，如果老大在某一个位置朝这个方向发展，老二就会在另一个位置朝那个方向发展。所以，比较是万万不可取的方法。

五 二孩挑战 发展社会适应力　233

培养孩子好习惯

○ **描述情形**
　　——把看见的行为直观呈现

○ **描述感受**
　　——把父母的感受告诉孩子

○ **描述要求**
　　——把明确的要求传递到位

　　心理咨询师告诉我们："永远不要拿自己和别人相比较，否则你收获的要么是自高自大，要么就是倍感挫败！"那么，如何避免比较呢？当我们希望孩子有更好的发展，忍不住要拿两个孩子做比较时，先警醒自己：你需要的是帮助眼前这个孩子，跟他的兄弟姐妹做了什么没关系！然后再启动三步描述法。

描述情形
——把看见的行为直观呈现

　　当你忍不住想说"你怎么就不能像你哥哥那样赶紧去写作业呢？"的时候，你可以描述你看到的情形："我看到你在玩玩具，还没开始写作业。"当你忍不住想说"你可比你弟弟勤奋多了"的时候，请改为描述你看到的情形："我注意到你一回家就开始写作业了，你很会安排时间。"

描述感受
——把父母的感受告诉孩子

当孩子有不良行为或者习惯不是很好的时候，当你觉得孩子屡犯同样错误，特别想数落或者比较的时候，请暂停，你可以试着描述你的感受："看到你还在玩玩具，没有开始写作业，这让我很生气！"当你看到老大有进步，有良好的表现时，你可以这样描述："谢谢你这么做，我就喜欢看到咱们家里干干净净的。"

描述要求
——把明确的要求传递到位

简单粗暴的指责或者委婉的比较，虽然看起来很有针对性，实则起不到很大的作用，当父母在描述孩子的行为和自己的感受时，孩子内心已经有了羞耻心，其实更渴望别人的谅解和尽快修复错误，所以，这时候给予指导性的要求，孩子会很乐意接受。比如："你需要去写作业了！""你应该把衣服放进脏衣篓里。""你可以想一想先做哪个作业。"

"个体心理学"创始人阿德勒在书里写道：父母最重要的事情是维护好你们的亲子关系，把孩子视作平等的个体去尊重、去爱护。正如纪伯伦所说，"你可以给予他们的是你的爱，而不是你的想法，因为他们有自己的思想"。所以，在发现某一个孩子行为上不如另一个时，请停止比较，多用描述三步骤。

或许"比较"这事就像走路不需要思考迈哪条腿一样自动化了，也请别太过于自责！这世上不存在完全不比较的二孩父母，我们是人，不是神！允许自己犯错误，激励自己会做得更好，也是给孩子最好的示范。只要我们能时刻提醒自己，少比较、多描述就好。

31 俩孩子遇事就推卸责任怎么办?

"责任饼图"让孩子敢于承担责任

小柠檬很会推卸责任,妈妈经常为此大发脾气。有一次,孩子因为跟小伙伴一起踢球,就把书包丢在长椅上忘记拿回家了。孩子发现忘记拿书包特别沮丧,一股脑儿把责任推给了妈妈:"都是你,怎么不把书包背回家,我踢球踢得一身都是汗,热都热死了,只想赶紧回家喝水洗澡,你又没事干。"气得妈妈语噎。

小柠檬早上磨磨蹭蹭,好不容易出门了,妈妈告诫他下次要早点,孩子也是各种推卸,什么"妈妈没有早点叫他""早饭太难吃才吃得慢""妈妈骑车太慢,为什么不开车"等等,反正坚决不承认自己拖拉。在小柠檬的影响下,刚满5岁的妹妹也是有样学样,一有问题就开始撒泼埋怨,责怪别人。妈妈又焦虑又生气,孩子这么不负责任,可怎么办?

类似于小柠檬这样爱推卸责任的情况在很多孩子身上都会出现,明明犯错的是他,可是孩子偏说"是他让我这样做的""都是他害的",而且还找各种理由来证明,甚至撒谎,于是大人气孩子没担当,不负责任,就开始训斥或者惩罚孩子。孩子承认错误和承担责任为什么就那么难呢?

1. 孩子感觉自己没能力承担

其实换位思考,站在孩子的角度重新去看待这件事,父母就很容易明白。

就拿孩子迟到这件事情来说，很多孩子会说是妈妈没叫他，是没听见闹钟，是爸爸车坏了，孩子这么推卸责任的原因是情绪的后果自己承担不起。比如因为迟到有可能让班级被扣分带来的无助和自责；同学们用异样的眼光看待后的羞耻感；被老师批评后的恐惧和伤自尊……所有这些负面情绪，没有学习过情绪技能的孩子是没有能力消化的，也不知道如何补救或者解决，所以只能归于外因。因为只有这样，才能更好地保护自己不受伤害。可是很多父母没有就事论事，不了解孩子情绪的变化和内在原因，只会选择批评或者训斥，于是所有的情绪就在孩子的心里压抑发酵，最终，这种痛苦就会演变为抱怨和愤怒，朝着自己最亲近的人发泄。所以不是孩子天生就爱推卸责任，而是孩子在面对那个情况时内心脆弱到无法为自己承担责任。

在心理学上有"归因偏差"的现象，就是指人们习惯于把成功归因为内部因素，把失败归因为外部因素，也就是把责任推诿给外界，让别人替自己背黑锅。比如考试没考好，明明是准备不充分，没好好复习，却责怪题目太难，时间太紧。这种归因方式在调节情绪和自我防卫的时候是有积极效果的。比如孩子在推卸责任和抱怨的时候，其实说明孩子懊恼自己的错误，在为自己的损失感到难过，内心其实是在意和有是非感的。此时如果父母不了解孩子的感受并加以引导，一味地指责孩子的过错，甚至恶语相向，就容易使孩子把责任归因到外在因素，以保全自己了。比如孩子迟到，当老师问孩子："你为什么迟到？说了这么多遍了，你怎么就是做不到？"孩子就有可能说："不是我，是早上闹钟坏了，妈妈又没叫我。"老师一听难免生气，其实老师的责问原本也是沟通方式的错误，孩子出错的时候，大人要做的事是引导孩子承担责任进行补救而不是追究责任。如果老师这么问："早上你几点起床呢？起床后你做了什么？为了不迟到你是怎么计划时间的？对于今天的迟到你有什么想法？明天你准备怎么做呢？"大家觉得孩子还会推卸责任吗？所以，让孩子着眼于解决问题，发展出积极思维，孩子才敢承担责任。

2. 不当的教养方式导致孩子不愿承担责任

如果说推卸责任是本能行为，那么如何规避"甩锅"现象，培养孩子承担责任就是技能了，既然是技能那就需要培养，而不是打击和训斥。很多孩子不愿意承认错误就是因为父母的教养方式出现了偏差。

（1）严厉控制型家庭推卸责任现象多

林豪爸爸是军人，教育孩子也是部队作风。孩子要是犯错，惩罚是免不了的。但是只要孩子很委屈很委屈地说跟自己没关系，是因为同学、老师或者某某路人导致的，妈妈一心疼就会出来助阵，皮肉之苦就能幸免。所以，林豪就养成了习惯性地为自己的过错或者失败推卸责任的毛病。因为爸爸长期施压的举动，带给孩子巨大的心理压力，也直接影响了孩子"是非观"的正确养成。

（2）抱怨型家庭推卸责任现象多

如果孩子经常推卸责任，父母需要反思一下自己是不是也经常推卸责任，甚至把责任推卸给孩子。比如小时候，孩子在家里被凳子绊倒了，妈妈会赶紧抱起孩子，然后边拍打凳子边骂凳子不长眼睛。妈妈自己出门忘记带钥匙了，会对孩子说："都是你吵吵吵，害得妈妈丢三落四！"孩子在学校里被老师投诉注意力不集中，妈妈就责怪爸爸："都是你在孩子专心做事的时候经常叫他干这干那，老是打断，专注力都被你破坏了！"父母对孩子的影响是比较大的，孩子出生时候就像一张纸，一言一行都会向父母靠拢。当父母本身在孩子眼中就是喜欢推卸责任、没有责任心的形象，那么孩子也会有样学样，形成一个错误的观念从而不停地推卸责任。

（3）溺爱包办型家庭推卸责任现象多

豆豆7岁了，做事情总是毛手毛脚，写作业粗心，跑起来就不管不顾，容易撞到别人。妈妈知道孩子的秉性，真是没少操心：帮助他检查作业，免得他被老师批评；跟在豆豆后面跟别人赔不是，免得他被别人指责……有一次，孩子在商场乱跑，差点撞倒一个孕妇，豆豆妈妈也是吓得不轻，赶紧跟人家道歉，然后一个劲儿说："对不起，孩子不是故意的，请别跟孩子计较。"

这天，孩子拿着老师批了好几个红叉叉的作业本回来兴师问罪，非说作业做错了被老师罚，都怨妈妈没有好好检查，还让妈妈跟老师说明一下，而且还不依不饶。豆豆妈妈真是委屈，费心费力帮助孩子辛苦不说，孩子还责怪自己不负责任，心里难免不平衡而发火了。不过反思一下问题的根本原因，是妈妈的"包办"和"护短"行为让孩子丧失了锻炼自我承担责任的品质。就拿撞人这件事情来说，当时应该道歉的是孩子，而不是妈妈，妈妈连犯错的道歉都"包办"了，孩子还有什么责任感可言呢？就因为犯错后有人"擦屁股"，有人承担后果，孩子自然可以撒手不管、无所顾忌了。于是，孩子忘记带书本、红领巾自然也就是家长的责任了。

那怎么办呢？基于全盘责任的压力太大，我们需要把责任分开，父母和孩子各自承担，各尽其责，才能有效解决问题。

让孩子敢于承担责任

○ **共情孩子的感受**
　　——先处理心情再处理事情

○ **分一分责任的饼**
　　——清晰划分责任，敢于认领

○ **想一想怎么改进**
　　——关注解决和进步

培根说："责任心是世界上最珍贵的种子，它若早早地播种在孩子的心田里，将会收获一生一世的幸福。"所以，在问题和错误面前，只要孩子敢于承担责任，哪怕是一点点、一小部分，也已经足够有力量在未来的某一时刻让"责任心"的种子生根发芽了。

五　二孩挑战　发展社会适应力

共情孩子的感受
——先处理心情再处理事情

当孩子犯错或者有情况的时候，家长需要先处理孩子的心情，让孩子不因为情绪的困扰而启动自我保护机制，避免孩子启动"推卸责任"的本能反应。陈曦昨天因为跟妈妈去亲戚家聚会而耽误了时间，只好潦草地完成作业，今天被老师打了个B，孩子特别懊恼地回家。

陈曦：妈！都是因为你昨天去什么聚会，还弄得这么晚，害得我作业没好好写，我都47分了，这下好了，达不到50分，白白错过了一次领大奖的机会。（孩子老师很有方法，当孩子达到一定的分数，在每月的第三个周五，会有一次领大奖的机会）

妈妈：这样啊！那今天你一定有些沮丧和遗憾了。被加分拿到大奖，肯定是很有成就感的事情。

陈曦：那当然啊！每个A可以加3分，如果我这次加分，就是我们班第一个拿一等大奖的同学。

妈妈：那看来你平时学习很认真，妈妈为你感到高兴！昨天的事情妈妈也感到很遗憾！我想如果说起责任的话，老妈是需要承担八分之三的责任的。

陈曦：责任还分起分数了？

妈妈：是啊！今天妈妈想跟你一起来做一做责任的饼，让妈妈也更好履行自己的责任，争取下个月我们拿到大奖，怎么样？

陈曦：你都这么说了，那好吧！

分一分责任的饼
—— 清晰划分责任，敢于认领

接纳了孩子的情绪，孩子的心情平复下来，妈妈顺利引导孩子参与承担责任的画饼活动。接下来就跟孩子一起来分一分责任的饼，让孩子在感到被支持和理解的基础上，愿意承担自己该承担的责任。妈妈跟孩子的具体对话不展开了，以图来说明。

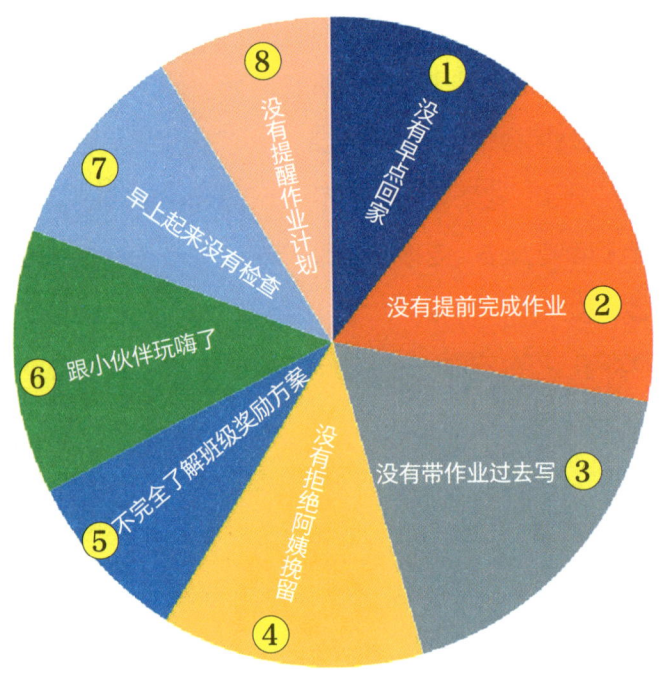

在讨论可能造成作业没有高质量完成的原因这个过程中，妈妈和孩子始终没有评判和解释，只罗列问题。妈妈主动承担了这张饼中的①⑤⑧这三大责任，妈妈认为自己没有提醒孩子要早点回家，不完全了解孩子班级奖励方案，没有提醒作业计划，做好支持工作，也是有点失职。孩子听了妈妈的自我检查，都有点不好意思了。孩子主动认领了其中的②③④⑦项，也反思了自己的行为。

或许有人会问:"'跟小伙伴玩嗨了'这个责任孩子不认领也可以吗?"当然,我们要做的是孩子勇于承担责任并为下次事情提前做好预案,而不是追究责任哦!孩子觉得这个事情理所当然,或者觉得是其他小朋友的影响,也没关系,都有了反思的角度、找到了该承担的责任就好。

想一想怎么改进
——关注解决和进步

最后一步自然就是想一想可以做点什么来避免类似情况的出现。承担是一次勇敢的过程,如果能够再做点什么,那就是成长的过程了。

妈妈:这次出现的问题,我们各自承担,妈妈特别希望你每次作业都是 A,不过爸爸的好朋友们特别热情,我们怎样避免再出现这样的问题呢?

陈曦:要是晚上有活动,你一定要提前一天告诉我,这样我就会安排好作业了。(孩子还是很喜欢去凑热闹的)

妈妈:嗯嗯,我会提醒你的!我可一定要做好你拿大奖的强力后盾。

陈曦:我还可以把作业带过去,上菜期间其实是可以写作业的。

妈妈:这个方法也不错,这样阿姨们就知道你是个对作业负责的孩子,不会强留你了。

陈曦:要是真玩嗨了,忘记了怎么办?

妈妈:那必须再来一次责任的饼(妈妈调侃)。每次反思每次改进嘛!

陈曦:正确!成功的宫殿就是这样一块一块饼垒出来的。(母子哈哈大笑)

用责任的"饼"跟孩子一起直面问题,把错误变成学习的好机会,让孩子迈出承担责任的第一步,也就埋下了勇于担当的种子。其实不是孩子不愿承担,而是需要有爱陪伴。

六

关系和谐
成就家庭幸福力

二孩生活让妈妈变得爱抱怨怎么办？

"自我转念"让妈妈活出幸福的样子

"脱下来的臭袜子又乱扔？天天给你洗给你收拾，我是你家保姆啊？说你呢！你俩都一样！"

"阅读打卡了没有？同学早就在群里上传完了，你什么时候对作业也上点心？你也是，就知道玩。都不是省油的灯！"

"这次击剑比赛怎么没有你的名字，你怎么又成候补了？那么多钱满足你的爱好，你这表现对得起我吗？"

"你都9岁了，一点都不让我省心，你真是太让我失望了。"

客厅里，一个9岁男孩站在那里，低着头一脸闷闷不乐。一个4岁的妹妹埋头玩玩具，毫无反应。

"我为这两个孩子付出那么多，你看，我还像个人吗？可是这俩孩子，大的成绩没变好，小的完全不听，孩子还跟你越来越疏离，一个个的白眼狼！"

这是二孩妈妈文静的日常。看着她满脸憔悴，满口碎碎念的样子，满身的戾气和怨气，实难将她跟我印象中的幸福女人对上号。文静儿女双全，老公又会挣钱，如果不是亲眼所见，我真的一直相信这样的女人应该会是幸福女人的样板。带我来串门的琳琳有点尴尬地解嘲："带俩孩子太辛苦，文静对孩子期望高，所以难免焦虑，别见怪。"哪会见怪，我只觉得一个妈妈，把全部心思都放在孩子和老公身上，没有自己的理想和追求，这种为了孩子过度牺牲自己的行为，不仅自己活得累，也会给孩子造成巨大的精神压力和心理负担，令人惋惜！

1. 妈妈亏待自己，孩子负重前行

女作家苏芩说："女人身上所有的焦虑和戾气，都是亏待出来的。"当一个女人亏待自己，物质上、精神上穷养自己时，会自带贫瘠的气场，这种气场，会渲染出令人窒息的家庭氛围，文静家何尝不是已然这样了呢！

聊天期间，我听出来文静觉得自己特别伟大，我们说起谁谁去做美容把孩子带去写作业，谁谁周末把孩子送去奶奶家，闺蜜聚会，她总会忍不住蹦出这样的话来："她当妈妈不合格，以后肯定会后悔！"看得出来，她对孩子确实很好，但也让人窒息。

晚上吃饭的时候，文静给每个孩子整了一盘好吃的，放在他们面前。俩孩子嘟着嘴、苦着脸说不喜欢吃，吃不下，她立马大声呵斥："这么好吃的东西，妈妈一口都舍不得吃，你们还不知道好歹！必须全部吃完，不然等下别叫妈。"那气氛整得我们如坐针毡。

看得出来，文静对自己极为"亏待"，对孩子极为苛刻。为什么会如此呢？我想应该是觉得自己付出了很多，于是不满和委屈双倍滋生，就希望得到加倍的补偿，就想孩子加倍地听话，加倍地优秀，加倍地回报她。可是这样的家庭氛围谁都怨恨滋生，谁都爱壑难填，岂能顺眼顺心？

当一个女人亏待自己，内心产生的负能量，足以弥漫一个家庭。我们的情商课有一个让人心疼的女生——希妍，才11岁。她看起来特别善解人意，很听妈妈的话，跟同学也相处得很好，但是我总是能感觉到她时不时透着忧郁。

有一次课后我跟她聊天，我问她："你现在快乐吗？"

她老成持重地思考了一会儿说："有一些是快乐的，有一些不是。"

"我看你刚才还愉快地答应了妈妈，周末去学习奥数，你是真喜欢真开

心吗?"

"装的。我妈妈带我太辛苦了,我不想伤她的心。"

"你为什么不把自己真实的想法告诉妈妈呢?"

"妈妈为了我放弃工作,每天全心全意陪伴我,我不能给她添麻烦。"

听得我眼泪都要掉下来了。这个总把"妈妈的付出"挂在嘴上的小姑娘,太让人心疼了。如果一味只记得去爱孩子,甚至在孩子面前强调你的辛苦和你的付出,到最后给孩子带来的,可能都是深深的愧疚与一辈子的伤痕。

在综艺节目《少年说》中,一个六年级女生提出了这样的请求:希望妈妈可以好好地爱她自己。她觉得,她的妈妈牺牲了自己的所有时间,在她身上倾注了所有的爱,却对自己不管不顾。孩子说:"我喜欢寄宿,因为这样妈妈就可以多花一些时间在自己身上;从今年开始,我把所有的压岁钱都给妈妈,给她买新衣服穿……"

听得人潸然泪下。在感动孩子的懂事之余,我们是否也为孩子过早地被迫戴上这"愧疚的枷锁"而感到悲哀呢?

2. 妈妈付出感强,孩子一生悲哀

"你这样对得起我的付出吗?""对不起!"孩子知道自己没能力回报父母沉重的付出,就会变得消极、沉默,对自己充满失望,变得沉默,不愿与父母沟通。父母的付出感越强,孩子越不快乐。而蕴藏在孩子身体内的负能量,足以毁掉一个孩子。

一个亏待自己的妈妈,郁积着"付出感"和"牺牲感",慢慢地,会变得越来越爱发牢骚,并经常会使用"有效"的卖惨方式让孩子遵从自己的意愿,按照自己设计的轨道成长,一旦孩子有所偏离,便会编造一张愧疚的网网住孩子,从而让孩子乖乖听话。在父母看来,这份"惨"很有效,殊不知你的"惨"并未消失,只是顺利地转移到了孩子身上,而父母又何曾考虑过孩子是否受得起?心理学家说:"无意识的内疚感能量对人的伤害是致命的,对人可能存在毁灭性的打击。"难怪有些自认为对不起父母的孩子,索性自暴自弃,

从此一蹶不振，甚至采取极端的方式伤害自己。

美国最具影响力的首席家庭治疗大师萨提亚写过一首很著名的小诗——《如果你爱我》，里面有一节是这样写的：你若不爱你自己／你便无法来爱我／这是爱的法则／因为你不可能给出／你没有的东西。

一切为了你，是父母送给孩子最可怕的礼物。所以，请照顾好自己，妈妈们。父母如何面对自我，面对这个世界，孩子亦如是。心理学家曾说：孩子往往会活出我们最真实的一面。

让妈妈活出幸福的样子

○ **自我转念**
——我选择做 VS 我不得不做

○ **自我转念**
——我可以这么做 VS 你为什么不做

自我转念
——我选择做 VS 我不得不做

我们的人生中的确有很多"不得不做"的事，特别是当了妈妈，这样的事情就更加数不胜数了。比如不得不一早起来做饭给孩子吃；不得不加班，免得把工作带回家；不得不对婆婆忍气吞声，还需要她帮忙照顾孩子……当我们有这些想法的时候，自然也就把一切的问题推向了外界，我们并没有主动承担起责任。让我们尝试着以《非暴力沟通》中的方法来进行自我转念，怎么做呢？

（1）请罗列出生活中不得不做的事务清单，尽量全面，然后去感受一下自己的情绪，当时的你可能会有被逼迫的压力和沮丧，情绪肯定是消极的。

（2）写完清单后，我们开始转念。在每项事务前加上"我选择"，在后面加上"是因为我想要……"。比如："我选择一早起来做饭，是因为我想要孩子感受到我的爱；我选择加班，是因为我想尽快完成任务，周末不加班；我选择忍气吞声，是因为我想维护好我跟婆婆的关系，让老公不为难……"

当我们把各种"不得不"变为"我选择"，承认这些都是自己的选择，并且为这些选择加上理由后，我们会发现自己拥有更和谐的内心，才能有更好的自我接纳，才能主动承担必要的责任而不再有付出感和牺牲感。下面是妍妍妈妈转念后的清单：

★ 我选择在周末抽时间送孩子出去学习，是因为我很看重教育，觉得这个课对孩子来说会有很大的帮助。

★ 我选择大热天烧一桌菜，是因为我非常看重家人的健康。

★ 我选择在很疲惫的时候还哄孩子睡觉，是因为这样的亲密时光对于我们来说都很珍贵。

★ 我选择每天给孩子读绘本，是因为我觉得阅读很重要，孩子靠在我怀里的时候我感觉很舒服。

★ 我选择手洗家人的脏衣服，是因为看到家人穿得干干净净的时候，我的心情也会很愉悦。

★ 我选择亲自辅导孩子的作业，是因为我希望在还能帮助到孩子的时候给予他及时的帮助。

★ 我选择收拾老公的臭袜子，是因为他在其他方面也会容忍我的毛病，一家人就该互相照顾。

★ 我选择在辅导完大宝的作业后，还要在夜里起来给二宝喂夜奶，是因为我觉得照顾和陪伴孩子成长，是一件幸福的事情。

当我们能经常像妍妍妈妈这样练习自我转念，将生活中需要做的事情和想做的事情变成"我选择做"后，我们就会更清楚这件事情的价值和意义所在，就能自我觉察这件事情是满足了你的什么需要，自然也就变得乐意、愿意，而且乐在其中。家庭氛围怎么能不温馨而美好呢？

自我转念
——我可以这么做 VS 你为什么不做

当第一步的自我转念完成后，我们可能不再会有怨气，也就善待了自己的情绪和内在。但是很多时候，我们还有很多需求并没有得到满足，有可能还会郁积情绪，使自己心生委屈而怨恨，所以，我们还需要练习满足自己需求的转念——启动积极思维模式。具体怎么做呢？

发现事件——将生活中让自己有情绪的现象写下来，比如：下午放学到吃饭时间，孩子没有按时写作业。老公坐在沙发上玩手机，自己非常生气。批评孩子不自觉，批评老公不管不顾，什么也不干，孩子不吭声，老公沉默，气得自己说了很多狠话，随即家里开始鸡飞狗跳，大吵大闹。

发现情绪——将自己产生的所有情绪以及产生这些情绪的原因写下来。

A. 自己既要做家务又要管孩子，很辛苦，渴望得到老公的安慰和帮助，老公却视而不见，我难过委屈。

B. 老公不仅不帮忙，下班回来还只管自己在那里玩手机，不帮忙，不负责，我生气。

C. 说了还不动，也不督促孩子，跟我吵架而且没觉得自己有错，我愤怒。

写出自己的需求——希望老公不要玩手机，能过来帮助自己干点家务，即使不干活，督促一下孩子学习也很好。

自我转念

A. 老公上班一定很辛苦，或者今天也遇到了令他烦忧的事情，所以下班回来休息放松一下。

B. 平时都是我督促孩子学习、干家务，老公习惯了，我没告诉他需要帮助，老公可能根本不知道我的想法。

C. 他也希望能有人理解一下他，或者想单独待会儿。

行动方案

A. 提出自己的想法：老公，我有点累，烧菜和督促孩子写作业两件事需要你承担一件，可以吗？

B. 体会对方的感受：老公，你看起来很疲惫，是不是上班很辛苦？是不是遇到什么忧心的事情了？

C. 说出自己的感受：老公，看到你玩手机，看到孩子不听我催促，我心里很难过也很着急，因为我希望有人帮我。（当然，还可以用"我句式"告诉孩子你的真实感受）

家庭教育理念不一致，孩子一边倒怎么办？

"等分法"培养孩子适应性思维

案例一：

妈妈学习了正面管教，决定改进教育方法，跟孩子做好了作业计划表、睡前习惯表，孩子刚开始也很配合，妈妈很开心。可是不到一周，孩子就开始耍赖了，本来也没什么，妈妈坚持跟进并加以鼓励就好了，可是爸爸和奶奶出来干涉了。他们说一定要这么较劲干什么，孩子要求先休息一下、先玩一会儿也没什么，干吗非得严格执行，又不是部队条例。妈妈觉得这么拖后腿的家庭氛围很糟糕，不知道怎么办。

案例二：

因为家庭教育理念不一致，孩子有了钻空子的机会，变得"狡猾"得很。妈妈严格要求，孩子就去找奶奶耍赖，拖着奶奶来求宽容；在爸爸那里挨骂，就跑来找妈妈救援。孩子还经常拿正面管教说事：你不是说自己要学习做一个温和的妈妈吗，怎么还这么凶？这时候，家里其他人也会凑热闹，瞎搭腔："那些学习没用的呀！自己看书就好了，被骗了钱还被洗了脑。"家里人不支持、不配合真是太有挫败感了。

看了以上两个案例，我特别理解妈妈的心情。妈妈学习了新的教育理念，学习了科学的育儿方法，希望能影响整个家庭，希望家庭成员能跟着一起实践，

让孩子在好的教育环境下获得滋养和成长，这是很美好的愿望。但是情况并不能如愿发展，不仅有拖后腿的现象，更有可能因为教育理念不同而出现分歧，乃至争吵，弄得孩子鬼灵精怪地察言观色，难怪妈妈挫败了。那么全家教育理念一定要统一，不能够有分歧吗？

1. 父母观念不一致，让孩子产生趋利避害思想

呜呜今天因为体育课玩得太嗨，被体育老师责罚耽误了写作业的时间，结果被老师留下来补作业了。爸爸一听就来气，正在痛骂孩子，孩子一听妈妈下班开门进来，就慌忙跑向妈妈，躲在妈妈身后。眼看爸爸气冲冲地出来，妈妈护住孩子高声说："你干什么？有事情不会好好说啊！孩子越骂越听不进去你知道吗？"呜呜看见有人给自己撑腰，吐舌头狡黠地笑了笑。

当孩子犯错时，原本是最好的学习和成长的机会，因为父母双方教育理念不一致，孩子本能的自我保护心理驱使他们利用父母对自己的意见不一致去寻找有利于自己的一方，使得孩子此时的注意力根本不在反思自己的过错上，而是想着如何利用救星展开"救援行动"。此时，妈妈的维护让孩子觉得以后根本不用在意爸爸的话，反正妈妈会批评爸爸。可想而知，此时的爸爸是什么心情。

再比如说，孩子想吃零食，妈妈不同意，而爸爸却说"不要紧，就让他吃吧"。孩子得到了一方的支持，于是他的要求更强烈，不达目的不罢休。父母对待孩子的立场分歧，容易让他们变得遇事就依赖别人，喜欢逃避，甚至养成回避型人格。人从小就具有自我保护的本能，懂得"趋利避害"。当孩子犯了错，父母中一方责罚他们时，孩子会本能地寻找庇护。此时如果另一方站出来跟爱人"唱对台戏"，恰恰中了孩子的下怀。久而久之，孩子就会形成惯性思维——总会有人来帮我，即便我做错了。可以想见，这样的孩子成人后，很容易见了困难绕着走或者依赖别人，做了错事也为自己开脱，缺乏责任感。

2. 父母教育理念不一致,破坏家庭教育的效果

豆豆是个男孩子,平时比较调皮。豆豆爸爸是军人,对孩子要求比较严格,经常用部队的方式教育孩子,确实也有点过于严厉。这次几家人一起出去郊游,在烧烤的过程中,孩子拿着烧红的木棍去吓唬其他小朋友,妈妈们看见了大声制止,孩子反而来劲了。爸爸一看非常严厉地呵斥孩子:"严豆豆,你站住!马上丢掉手里的棍子!"孩子本能地一丢棍子就往妈妈那边跑。严爸爸一把抓过孩子,像放小鸡一样往前面一放,正要跟孩子讲道理。妈妈看见了,连忙出来打圆场:"大家别介意啊!孩子是闹着玩呢!你看,爸爸这么凶,孩子都吓坏了!"说着拉过孩子,对爸爸说:"没事没事啊!孩子已经知道错了,豆豆,你知道错了吗?赶紧说!"孩子唯唯诺诺,马马虎虎地说:"知道啦知道啦!"

尽管严爸爸严厉,但是刚才的行为确实危险,着实需要教育和引导。可是妈妈的横插一杠,让豆豆失去了一次成长和学习的机会,不知道将来孩子是否会因为危险行为而承担不该有的挫折。我们开玩笑地跟豆豆妈妈聊:"你这么和善,孩子会不会太调皮啊?"豆豆妈妈这么回答:"孩子爸爸对孩子太严厉了,这不许那不许的,孩子动不动就被他训哭。我再不对孩子好点,孩子岂不是很可怜?"

其实严爸爸的严厉在这次事件中能很好地发挥作用,在危险和事故面前,孩子是需要敲警钟和接受逻辑后果的,妈妈这样的做法既破坏了爸爸的威信,也丧失了教育机会,让教育完全没有效果,真是得不偿失。

3. 父母观念不一致,削弱孩子能力的发展

父母的分歧还可能影响孩子自我控制能力的正常发展。当孩子出现一定的行为后,如果父母一致肯定或否定,孩子就会知道自己正确与否,并学会在新的环境中继续或停止、改正这种行为,从而发展自控、自律或者自省等各种能力。比如孩子要赖时,如果父母多次一致地告诉他"制定的规则必须执行",孩子就会清楚地意识到没条件可谈,以后就会把规则进行下去,乃

至养成习惯。而前面的两个案例，因为父母意见不一致，且相互干涉，导致孩子根本就不知道自己究竟应该怎样做，更谈不上有意识地改正自己的行为了。不仅如此，孩子在这样不和谐、不配合的家庭氛围里，往往会觉得胜利一方的观点就是正确的，而事实上也许并非如此。长此以往，孩子的是非观会变得模糊，甚至颠倒是非。

是不是全家的教育理念一定要统一、一致呢？那可不一定！父母之间完全一致的育儿理念是理想状态，几乎是不可能的。每个人的价值观不一样，看待事物的方式不一样。父母两人性格不同，想法和意见不同，这很正常。何况小家就是社会的一个缩影，发生在家里的事情原本就是社会的一个预演，我们无须刻意给孩子营造一个统一的环境，因为原本社会就是多变、复杂而多元的，让孩子接受不一样的教育方式，也是对交往能力和抗挫能力的培养。只是父母在教育孩子时需要协调和区分父母介入的教育时机，达成互补与和谐的状态，这样孩子才不会"钻空子"。

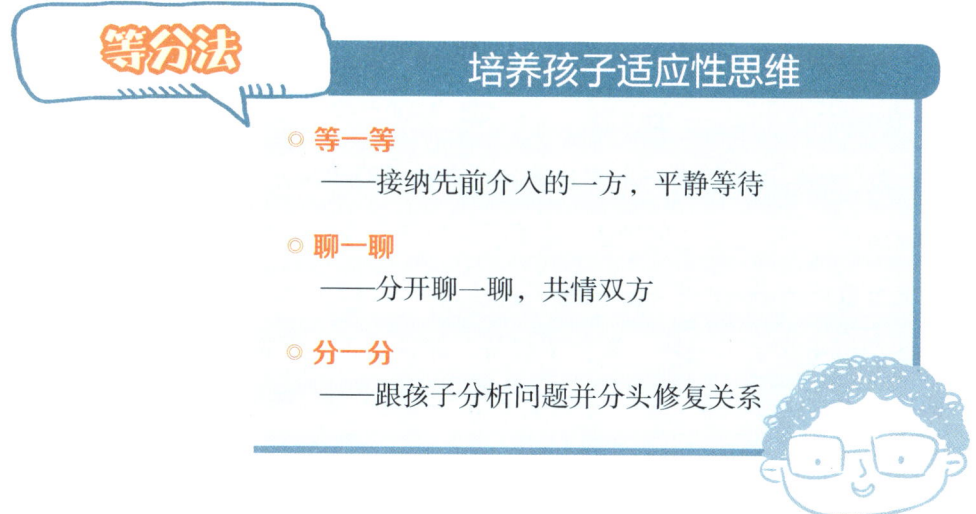

等一等
——接纳先前介入的一方,平静等待

蒙蒙喜欢踢足球,父母就给他报了足球班。今天夫妻俩下班早就一起去接孩子。蒙蒙因为是新手,在足球场上并不是很放得开,跑起来也是完全没有章法,看得爸爸那叫一个着急。练习场上,教练一声大喊:"蒙蒙,往前跑起来,对!对!用力踢!"孩子随着教练的叫喊快速跑起来,没想到在教练"踢"字刚喊出口时,蒙蒙脚底下一滑,猛地扑到了地上。孩子可能觉得丢脸,大声哭起来。这下爸爸是又着急又生气,忍不住大踏步走过去厉声呵斥:"哭什么哭!你还是个男子汉吗?擦干眼泪赶紧起来,继续踢!看看别的同学,坚强点!"站在一旁的蒙蒙妈妈尽管很心疼,尽管很想说:"男孩子怎么就不能哭了?孩子感觉自己丢脸了,很伤心哭一哭,这个时候要接纳他的感受允许他哭嘛。"但她还是忍住了,忍住了做裁判官的冲动,默默地看着爸爸把气呼呼的孩子吼上了训练场。

蒙蒙妈妈说尽管自己不喜欢爸爸处理孩子情绪的方式,但是忍住不在孩子面前评价和否定爸爸的做法,尊重了他与孩子的关系和相处模式。孩子呢,也能有效评估当时的形态,决定了自己当时的行为——继续上场,孩子从爸爸的严厉中学会了妥协,学会了坚持,那也是未来迎接社会的一种能力。而妈妈说自己可以等一等,等孩子下场后跟孩子聊一聊情绪,帮助孩子恢复动力。

聊一聊
——分开聊一聊，共情双方

在这件事情中，爸爸有自己的观念。但是因为妈妈不认同，所以需要寻找适当的机会，用心平气和地探讨问题的方式，来相互交流意见。

妈妈：刚才看到孩子躺在地上哭，我看你很生气，因为你觉得孩子需要勇敢地面对挫折，像个男子汉。

爸爸：就是嘛！男孩子哪有哭哭啼啼的，谁还不摔个跤？我小时候在乡下不知道摔过多少次，哪次不是自己爬起来，从来也没哭过。

妈妈：所以你能成为军人，还立过功。

爸爸（满脸得意）：那是当然。（明显不生气了）

妈妈：我猜孩子刚才摔倒哭了不是因为不勇敢，而是很想在你面前好好表现，可没想到自己摔跤丢脸了，他在对自己感到失望和伤心呢！

爸爸：这有什么好伤心的，遇到一点事情就这样，以后怎么办？不能娇纵他，不能惯着他，不然孩子就不中用了。

妈妈：我知道你希望孩子像你一样勇敢，有担当！正因为这样，孩子才很想得到你的认可，因为在孩子心里，你这个大英雄的认可是很有分量的。

爸爸嘿嘿笑。

从刚才的谈话中，蒙蒙妈妈运用了认可爸爸的感受、让爸爸卸下戒备和火气的方式，又通过猜想孩子的感受得到了爸爸的理解。球赛结束后，蒙蒙不自觉地绕开爸爸，走在了妈妈身边。爸爸倒也不生气。晚饭后，妈妈跟蒙蒙展开了谈话。

妈妈：蒙蒙，看你今晚吃饭的时候，还是有点不开心，你是怎么想的呢？妈妈很想帮助你！

蒙蒙：我没事，就是爸爸下午莫名其妙骂了我一顿，还是在那么多新同学面前,本来就很丢脸了,这样就更丢脸了。

妈妈:当时你是不是想着在球场上表现更好,让爸爸看看?可是因为摔了一跤,还被爸爸骂了,所以现在都还有点难过。

蒙蒙:就是啊!这么丢脸,还被骂,真是丢脸丢到家了!妈妈,你怎么不帮我?

妈妈:妈妈听到爸爸的批评了,我后来跟爸爸聊了聊,原来爸爸是以为你怕疼才哭了,他希望你能勇敢,所以有点着急,大脑盖子就开了。

蒙蒙:哪有这样的!我觉得爸爸不爱我,他总是把我当成他的士兵,动不动就骂人,完全不考虑我是怎么想的,也不管我有什么原因。

妈妈:说爸爸不爱你,你这可冤枉他了。还记得你上次又发烧又拉肚子,爸爸很着急,背起你就往医院跑,出租车司机开慢了点都被你爸爸骂了一通,这还不是因为他爱你、怕你生病难受啊!

蒙蒙不说话。

妈妈:爸爸用他自己的方式表达对你的爱呢!虽然跟妈妈的方式不同,但是我们都很爱你。

在上面两段对话中,蒙蒙妈妈此时扮演了最好的同理者角色,既同理爸爸的着急和期望,又同理孩子的伤心和生气,还帮助爸爸传递爱的感觉,让孩子理解父亲的关心和爱护。这样爸爸觉得被理解和认可,孩子也从妈妈的引导中感受到爸爸不外露的爱,孩子自然不会因为这件事情而介怀或受伤了。

分一分
——跟孩子分析问题并分头修复关系

当孩子有了力量,妈妈还需要跟孩子分析问题,鼓励孩子主动和爸爸修复关系,让父子间的沟通更顺畅。

妈妈：这件事情爸爸处理得有点急躁，没有考虑你当时的感受，妈妈懂你的心情。可是爸爸并不明白你当时的心情和想法，你觉得我们是否需要做点什么，让爸爸更懂你呢？

蒙蒙：我不想说，爸爸要是不听，又着急发火了怎么办？

妈妈：要不，我们开个家庭会议吧！我相信爸爸不会着急，我更相信你的表达能力，可以赢得爸爸的理解与支持。

蒙蒙：那你到时候开个头，不要让我尴尬啊！（孩子扬起眉头笑了笑）

妈妈：好的。

事后，妈妈又跟爸爸聊起孩子真实的想法，爸爸虽然沉默，但是能明显感觉到愿意接受和配合，看来蒙蒙妈妈这个"幕后调解员"还是很成功的。所以，教育理念不一致并不是问题，而是机会。只要一方家长能利用好这个机会，不仅能增进家庭成员之间的沟通与和谐，还能教会孩子在适应不同中找到生存的方式，学会技能。

34 父母经常吵架，孩子有点抑郁怎么办？

"合理站位"让孩子在尊重中学会权衡

妈妈正在陪南南写作业，南南趁妈妈不留意，又开始抠橡皮。妈妈忍无可忍了，吼了起来："我一不注意，你就开小差，能不能专心点？赶紧写作业啊！"正在客厅看球赛的爸爸听见妈妈的吼声，走了过来。爸爸看见妈妈在玩手机，用责备的语气说："你自己先把手机放下。光说孩子要专心，又发那么大火，干吗呢？"妈妈立刻不高兴了，大声反驳："你以为我在玩手机啊！跟你一样不管不顾，我在处理工作上的事儿。"爸爸提高嗓门说："我都懒得说你，你一天到晚老拿着手机，自己都不专心，能带好孩子吗？"妈妈一听，马上反击说："是！我不专心！你最好！每天除了吃饭就是看电视！还怪我了？有本事你来陪孩子写作业啊！"爸爸也急了："我不是说了吗，让他自己写作业，都这么大了，该学会自己管自己，你偏要盯着他，自己给自己找事儿！"两人越说越气，越吵越凶。南南赶紧埋头写作业，大气都不敢出。

为孩子的事情争吵，为父母的事情争吵，为家务、为消费、为各种鸡毛蒜皮、大大小小的事情争执不休，上纲上线的事情发生在夫妻之间不在少数，而且很多时候还是当着孩子的面，可想而知，孩子在这个过程中会有怎样的感受和想法了。难怪约克大学的一项研究发现，相比于离婚，父母吵架对孩子的影响更为严重。

1. 父母经常吵架，会让孩子有愧疚感

有很多父母吵架，其实都是围绕孩子，比如，妻子会抱怨丈夫，每天就知道上班或者打游戏，不知道管管孩子，自己一个人带娃很累。还有的夫妻吵架，会脱口而出："要不是有孩子，我早跟你离婚了。"孩子听到这样的话，会觉得父母所有的争吵和隐忍，都是因为自己。如果孩子有愧疚感，每天都会活在深深的自责当中。他们在跟父母相处时，会表现得非常乖巧懂事，小心翼翼，尽量不惹父母生气。有时候，为了让父母高兴，他们也会做一些违心的事，故意讨好父母。这个无形的负罪感，也可能会让孩子变得敏感、脆弱、谨小慎微。孩子在家里更加注意自己的行为，更加谨小慎微，压抑自己的情感、爱好和想法，可能会形成讨好型人格。

一位在父母吵架声中长大的学员说，自己从不敢朝人发脾气，即使人家玩笑开得有点重，自己内心明明很生气，可就是不敢表达出来，因为她不敢和人有冲突，害怕吵架的紧张气氛，更害怕互相伤害。因为负罪感强，自我评价低，人家都觉得她可以嫁得更好，可她偏偏选择了老实憨厚的先生，结婚后也是小心翼翼地维护着所有关系，有时候她真觉得自己撑不住了。

2. 父母吵架让孩子性格产生偏差

也有些夫妻关系不好，但刻意不在孩子面前吵架，以为可以瞒过孩子。但是父母微小的脸色变化，看起来并不激烈但时时存有讥讽嘲弄的语气，也会形成一种负面的心理场，这种心理场强大的辐射会改变孩子对于这个世界的认知，也会对孩子的情绪造成很大的困扰。因为孩子对大人们的情绪感知力非常强。大人小心翼翼地回避孩子，孩子也小心翼翼地回避父母，导致的结果是孩子轻则社交恐惧，重则抑郁。

我们曾经辅导过一位有轻度自闭症状及人际交往障碍的孩子，她叫墨墨。孩子走进我们的沙盘游戏咨询室时，摆了很多毒性动物的模具，例如毒蛇、蜈蚣等。有时候她还会自言自语，或者突然跑到咨询师身边紧紧地抱住咨询师。我们邀请墨墨爸爸妈妈进行了多次沟通，基本证实是父母经常吵架导致孩子

出现了心理障碍。

墨墨的爸妈经常当着她的面吵架，而且常常逼问墨墨表态支持哪一方。对于墨墨来说，这样的选择是最严重的伤害，孩子需要将父母的爱进行割裂，又何尝不是一种撕心裂肺的感觉呢！有一次父母因为学区房吵得特别激烈，妈妈强调必须买房让墨墨进好学校，爸爸觉得就近入学就好，两人又把问题抛给了墨墨。墨墨说：他们看起来是在征求我的意见，可是那样的逼迫真的让我喘不过气来。后来爸爸拗不过妈妈，还是买了房让墨墨如妈妈愿进了重点初中。但是墨墨很不开心，非常不适应中学生活，无法专心上课，也因为她常常情绪化和边缘化，同学们并不喜欢她。

有人说，孩子就是婚姻的"照妖镜"。在幸福的婚姻里，孩子每天都带着笑，性格活泼，内心充满阳光。但是，在不幸的婚姻里，孩子每天都哭丧着脸，性格沉闷，内心总被悲伤笼罩。

3. 父母经常吵架，会让孩子缺乏安全感，对婚姻也会有恐惧

刚上大学的萌萌说：当父母吵架的时候，自己觉得每一分钟都是煎熬，恨不得能够立马逃离这个家，离家出走的念头动了好几回。好不容易考上大学，特意选了广西的一所学校，就是希望一年少回家几次。同学问她怎么不想家，她笑了笑不回答。其实在她心里，家和亲情似乎离她很远，她说自己对父母的恨大于爱。

萌萌的诉说让人心疼。其实，父母经常吵架，家里最孤独的往往是孩子。因为负气爸爸要么甩门而去，要么闷声不响，像个定时炸弹；而妈妈就会满脸怨气，满腹牢骚，对于这样的父母，孩子自然是避之唯恐不及。孩子心里极度缺乏安全感，担心父母会离婚，更担心父母不要自己。孩子长期被恐惧、不安和紧张折磨，很容易成长为一个悲观主义者。更重要的是，每天看到父母吵吵闹闹，孩子很难对异性产生信任，对婚姻会有恐惧，不愿意谈恋爱也不想成家，因为他们没觉得结婚有多幸福，也不知道该如何和爱人相处。

热播的电视剧《小舍得》里的超超对父母说了一个愿望：我希望爸爸妈

妈不吵架，因为我害怕。我们都是人不是神，我们都可能因为坚持自己的观点而与家人产生分歧，但是请无论如何好好地解决分歧，这对于孩子来说意义重大。当意见产生分歧的时候，我们该如何尊重地处理呢？

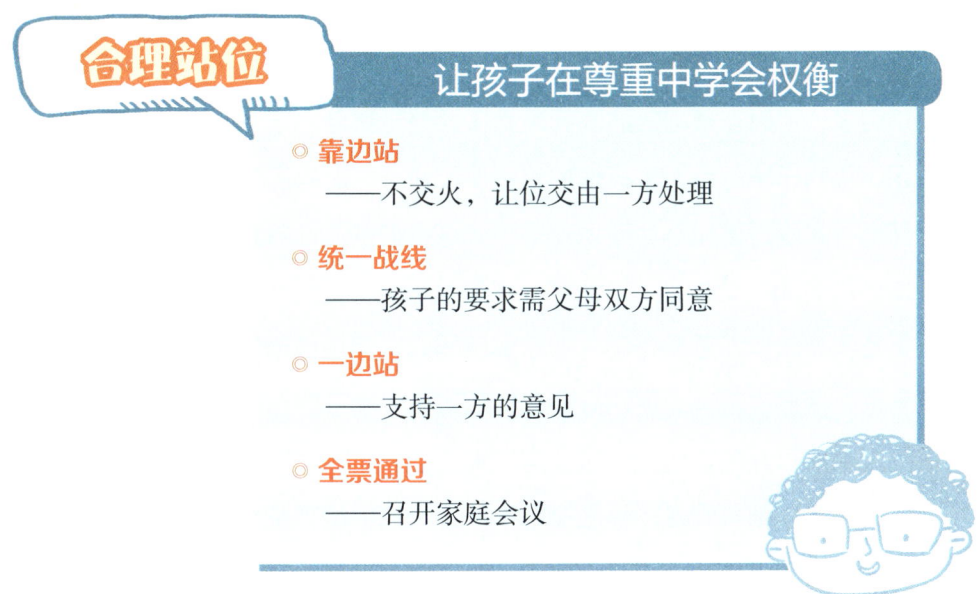

合理站位　　让孩子在尊重中学会权衡

- 靠边站
  ——不交火，让位交由一方处理
- 统一战线
  ——孩子的要求需父母双方同意
- 一边站
  ——支持一方的意见
- 全票通过
  ——召开家庭会议

在家庭意见产生分歧的时候，父母的站位尤其重要，是开火还是商谈，是退出还是介入，都需要有个度和时机的把握，为了让孩子更好地形成统一性，更好地感受到爱和归属感，我推荐四种方法。

技能演练

靠边站
——不交火，让位交由一方处理

当孩子出现一些问题或者有什么要求的时候，父母可能对这个事情的处理会有不同意见。请其中一方保持沉默或者离开现场，暂时先交由另一方来处理。之后再找一个孩子不在的场合，交换相互的想法，如果实在不同意对方的观点，也可以用"我句式"来诚实地表达自己的情绪，以便对方更好地理解你的初心。这样做是为了确保即使夫妻憋不住要吵架，至少努力不当着孩子的面。

书扬要求妈妈不要再报奥数班了，自己有点听不懂，在学校老师布置作业这么多，平时连复习的时间都没有了，他觉得自己还是应该多巩固书上的知识，等自己学有余力了再增加奥数课比较好。而妈妈却坚持奥数必须学，虽然初中入学考试取消，改为摇号了，可是进去以后分班还是照样考试，进 A 班还是 B 班，这差别可就大了。书扬爸爸觉得妈妈有点过度焦虑，让孩子忙得晕头转向反而起反作用，很想数落妈妈。但是他憋住了，默默地看着娘俩争论，愣是没吭声。直到孩子在噘嘴赌气中回了自己房间，爸爸接收到了书扬求助的目光后，他走进孩子房间安抚了一下孩子的情绪。晚上睡觉前，爸爸很郑重地跟妈妈说：我注意到孩子今天的情绪特别糟糕，也注意到孩子最近常有倦态，我觉得我们需要对孩子的学习做一些调整，不然孩子压力太大，出现心理问题就糟糕了。其实我特别理解你希望孩子优秀的心思，你都是为了孩子好，但我相信你肯定希望孩子快乐阳光又优秀上进，对吧？……

统一战线
——孩子的要求需父母双方同意

父母意见有分歧，孩子会寻求有权威的一方来协商，或者会怂恿迁就自己的一方去讲和，这都不利于对孩子规则意识的培养和父母关系的和谐，所以事先跟孩子有明确的约定，让孩子知道有些要求和事情需要得到爸爸妈妈双方的同意，才能去做。比如：买电话手表、参加自己喜欢的编程课程、玩电脑的时间以及在爷爷奶奶家过夜等，这样孩子就不会讨好取悦一方，也不会看脸色行事。比如东东想要电话手表，说同学都已经有了，自己很过时，会遭人耻笑，要求妈妈非得给他买，妈妈被扭得有点没办法。于是妈妈说：你说得也很有道理，买电话手表的提议我表示同意，但是你需要征求爸爸的意见，如果他也同意我就给你买，你需要跟爸爸好好协商。东东这孩子还真是谈判专家，为了让爸爸同意，搜集了电话手表用途一览表，还自己列了三大注意事项，爸爸一看孩子准备这么充分，便赞成了。

一边站
——支持一方的意见

在家庭意见产生分歧的时候，切忌一方当"和事佬"，这样只会让坚持的一方陷入尴尬和被动的局面，会让坚持的一方火气猛增，自己的坚持很可能因为"和事佬""和稀泥"前功尽弃，所有事情也会变得更加复杂。所以"一边站"，支持一方的意见会比较好。比如：亮亮想要买玩具，妈妈说孩子玩具已经很多了，这时爸爸可以根据自己的意愿站在妈妈这边，坚定地支持妈妈的决定，或者让妈妈跟孩子商量；要是爸爸觉得孩子的要求合理，也可以选择站在孩子一边，请孩子找理由说服妈妈，直到赢得妈妈的支持。

全票通过
——召开家庭会议

很多争议不下的事情也可以变成家庭会议的议题进行讨论，然后秉承"全票通过"的原则来处理。因为在家庭会议上，每个成员的想法都有机会得到充分的表达，而且只有所有人都同意的决定才能执行，这份带有尊重的仪式感和郑重感会让孩子学会很多技能。比如上面提到的买玩具的事情，爸爸和奶奶觉得买一个没关系，可妈妈觉得浪费，因为同类的玩具有好几个，而且还没有破损，完全可以继续玩。经过家庭会议的讨论，孩子把自己的玩具进行了整理，手工类的准备捐给福利院的孩子，稍显幼稚的益智类玩具准备送给弟弟，而自己更希望有建筑类的玩具，最后全票通过，皆大欢喜。

家庭分歧在所难免。作为父母的我们需要学会求同存异，用尊重而且有利于解决问题的方式去处理分歧，这不仅有利于孩子成长和心理建设，也是给孩子一个示范，让孩子在潜移默化中学会以彼此尊重的方式处理可能出现在他生活中的争执或者冲突。

爸爸去哪儿啦?
如何让爸爸合作参与教养?
"加减法"让爸爸乐意照顾孩子

案例一:

想想妈妈要参加正面管教讲师班,学习时间是三天,8岁的孩子就交给爸爸带。说实话想想妈妈有点不放心,因为孩子爸爸平时真没带过孩子。可不,第一天给孩子穿少了,孩子感冒了;第二天孩子没胃口,爸爸带孩子吃肯德基,原本刚感冒,结果吃完肯德基后症状更加严重。想想妈妈实在忍不住就开始数落爸爸,爸爸一生气,直接来一句:"你就从没让孩子生过病?你这么有本事就别交代我啊!"

案例二:

"你怎么回事啊!这不是你儿子吗?怎么这么不上心?上个学都能迟到!"

"你看你爸,一点事都干不好!"

"算了算了,让你陪孩子搭个乐高,你们都能吵架?真不知道谁是儿子!"

"妈妈陪你啊!你看,还是妈妈对你好吧!"

2015年2月,全国妇联家庭和儿童工作部在第二次全国家庭教育现状调查结果发布会上发布了家庭教育现状调查的主要结果和核心数据。此次调查

以中小学生父母为主要调查对象，共发放问卷1万余份，覆盖北京、天津等28个省、自治区、直辖市的93个市、县。调查发现，在家庭教育分工中，母亲"唱主角"，而有近半数父亲"缺位"。针对"辅导孩子学习""接送孩子上下学""开家长会"等14项内容，调查显示，"爸爸妈妈共同承担"的情形占40.6%，"妈妈为主"的占40.3%，"爸爸为主"的仅占1.6%。调查还显示，"几乎没有时间"与孩子单独相处和"每天和孩子相处不超过一小时"的爸爸占据了30%以上，"每天和孩子相处1小时至2小时"的爸爸占比为32.5%，"每天和孩子相处2小时及以上"的爸爸占比为34.9%。

爸爸的缺位，确实让许多妈妈陷入孤独和焦虑，也让孩子出现很多问题。但是爸爸缺位并不全是爸爸的责任。

1. 社会角色让父亲疏于陪伴

中国传统"男主外女主内""男人做家务是丢人的表现""只有事业不成功的男人才不得不顾家"，这些被内化了的刻板印象时刻影响着男性的行为。社会给予男性的性别角色是"强硬的""有事业心的""进取的"，而这些外界定义的特质都与投入家庭存在内在的冲突。当这些别人眼中的"优秀男人"特质逐渐被爸爸们接受、内化，最后就把"男人不拘泥于家务和琐事"这样的错误观念变成理所应当了。于是爸爸白天奔波养家，忙于职场升迁，晚上回家为了释放压力，手机、电脑不离身，陪伴孩子当然不可能了。案例中的想想妈妈抱怨孩子爸爸经常不着家，希望爸爸多陪陪他们，可爸爸感到特别委屈："我这么努力工作，不就是为了你们娘俩能过上好日子吗？""不工作，咱们家吃什么？天天在家陪你玩能赚到钱吗？"其实养家和陪伴家人并不是对立的两件事。

2. 时间空间不对让父亲有心无力

最近一期的教师培训，有一位家有青春期孩子的老师找我咨询。她的孩子读小学六年级，最近跟自己闹得有点僵，导致学习成绩下降，人也不爱说话，她不知道该怎么办。她也试图让孩子爸爸介入，以期疏导关系。可是孩子根本不听他的。因为孩子从出生开始一直是妈妈负责照顾和教育，爸爸原本有心却无力，现在更不用说了。

  3岁前是孩子的情感建立期，这段时间因为母婴依恋关系，很多妈妈不太愿意假手于爸爸，这是很错误的想法和做法。如果父亲很少参与孩子的成长，孩子就难以对父亲产生过深的亲情和依赖感。一个16岁的高一男孩说，父亲对他来说，可有可无，因为孩子在童年需要他的时候，他经常不在。"唯一给我的记忆是，我淘气了，他拿尺子打我。现在他想要和我沟通，想要拿他的所谓的人生经验来指导我，我都觉得他太老套、太低级了。总之，现在我不想和他说话。"

3. 支持系统缺失导致父亲就位动机乏力

  教养孩子对于母亲来说似乎是本能，而对于父亲来说就是一种技能的考验了。胎教、早教让母亲们多多少少了解了一些孩子发展的阶段特点，加上母婴关系的天然能量磁场，几乎可以用"心有灵犀"来形容母子关系。可父亲在教育过程中就很容易出现没有耐心、暴躁、语气不耐烦等情况，自然就有可能影响与孩子的交流与情感互动，甚至会让孩子产生疏离和恐惧感。如果这些时候母亲不能很好地协调父子关系，给予父亲足够的鼓励和支持，缺位也就是最好的逃避方式了。

  林安妈妈说女儿9岁学习自行车时，孩子一有空就嚷嚷着要去院子里练习。有一次，爸爸看女儿骑得有点样子了，就偷偷地放手。孩子失去平衡，重重地摔在地上，裤子破了，腿也肿了，手心还蹭出了一道口子。爷爷奶奶都责备爸爸带孩子不够用心，林安妈妈因为心疼也是把凑上来准备抱起孩子的先生推出一丈远，觉得都是因为他孩子才受伤。结果是好几个星期，孩子找爸爸练习骑车，爸爸都婉拒。

  一位爸爸准备带孩子跑步，妈妈说："别出去！你想冻死孩子啊！"一顿咆哮，爸爸没了兴致，孩子也觉得难过，认为是自己让爸爸妈妈不高兴了。不够细心、笨手笨脚的爸爸们不是不想参与教育，很多时候是因为一两次干得不好，就被长辈或者妻子推到一边去，被动失去了对孩子付出和学习教育孩子的机会。

其实每一个爸爸都能和孩子相处得很好,也愿意去带孩子,但是妈妈得学会放手,更要善于鼓励,才能培育出合格的"奶爸"哦!一位合格的"奶爸"不仅能够增进夫妻感情,和孩子建立深度的情感纽带,而且有助于孩子完整优秀人格的塑造。

让爸爸乐意照顾孩子

◎ 多一些崇拜和鼓励,实现孩子和父母双成长

◎ 少一些包办和干预,让家庭和谐互助更温暖

多一些崇拜和鼓励,实现孩子和父母双成长

☆ "今天的大米好沉,有爸爸帮忙就是不一样!"

☆ "爸爸今天给你买了新玩具,今天你们父子可有得忙了!"

☆ "孩子爸爸,这个你吃,今天你带娃最辛苦,必须补补。"

☆ "这个你得去问你爸爸,爸爸小时候可是数学学霸呢!"

☆ "谢谢你,老公!你忙前忙后照顾孩子的学习,难怪别人说孩子不仅学习好,心态也阳光,我看是随你了!"

这些赋能和鼓励的语言不仅可以让爸爸乐意参与孩子的教养,也会在孩子心里种下一颗力量的种子，因为爸爸就是榜样。周国平说过：婚姻中不存在一方单独幸福的可能。必须共赢，否则就共输，这就是婚姻游戏的铁的法则。

萱萱五一放假期间跟着爸爸妈妈回上海过节，因为四年级了，老师也没少布置作业，除了小作文，还有一张健康防疫手抄报，孩子看起来有点情绪，说是不想写作业。萱妈要去看望生病的姑姑，萱萱和爸爸就留在姥姥家，孩子作业辅导就交给萱爸了。妈妈回来发现孩子非常安静地在做作业，手抄报也已经初见模型，板块清晰、标题醒目，萱妈鼓励萱萱后，第一时间鼓励萱爸："你太值得为自己骄傲了，一个人带了孩子一天，还那么高效，看来你才是教育专家。"（萱妈是心理咨询师，也是家庭教育讲师）萱爸说："这还值得骄傲呀？！萱萱，你说呢？""那可不，我们还没正式亮相呢！"萱萱也得意地接话茬。"我记得你爸爸有美术功底，文章也是棒棒的，可比妈妈强多了，你可得好好利用这个大学长哦！"（萱萱跟萱爸读的是同一所小学）萱爸表面看着没当一回事，其实他心里美滋滋的。接下来几天，萱爸陪着孩子写作业、逛书店，还拍了很多照片，孩子说连作文都有爸爸的建议，可真是太给力了。萱妈感慨：好爸爸是夸出来的。

通常妈妈很少鼓励爸爸，只会找哪些地方出状况了：没有准点送孩子上学、辅导作业不耐心、老是跟孩子玩忘了时间……总觉得带好自己家孩子是理所当然的，这是分内事，不好的必须数落，认为这是不尽心的表现！其实即使妈妈自己带孩子，也不一定是完美的。我相信绝大部分爸爸是尽心尽力的，妈妈需要忽略爸爸不足的15%，多看见值得肯定的85%，这个过程本身就是尊重和看见，爸爸的责任感和价值感怎么能不爆棚，爸爸怎么能不尽心尽力呢！

少一些包办和干预，让家庭和谐互助更温暖

☆ "我需要你的帮助，我要去参加郑老师的情商课，这个周末需要你帮忙哦！孩子就交给你了。"

☆ "这些题目我不会呢！你可得请教我们家的文科状元，孩子他爸，需要你哦！"

☆ "你不在家，孩子都不听我的，写作业不认真，没你还真不行！"

家庭生活中，妈妈不需要撸起袖子大包大揽，你只是孩子的一个家长，只是家庭的一个成员而已，不是全部！无论是教养孩子还是过日子，都需要合力。在养育孩子方面，如果你都觉得不需要孩子爸爸，他又怎么会主动去带孩子呢？而事实上，很多爸爸都有英雄主义的情结，如果妈妈有不擅长的地方，要学会示弱，请爸爸帮忙，爸爸是很乐意提供帮助，显示他的价值的。所以很多时候，你需要的是示弱，不要把自己当超人，果断甩锅、大胆放手。

毛毛喜欢围棋，有一次毛爸出差回来，一时兴起，就陪着孩子下，可没过半小时，两人就吵架了，孩子当场大哭。原来是爸爸好胜心起来，把孩子吃得那叫一个残破不堪。看着孩子的"惨状"、妈妈的惊讶表情，爸爸还觉得很委屈：自己陪孩子玩，孩子还不开心。他两手一摊："现在的孩子，真难伺候！"毛毛妈妈明白孩子的心思——希望能赢了爸爸，因为爸爸一直是妈妈口中的围棋高手。可爸爸不知道呢！于是毛妈蹲下身子，搂住孩子说："毛毛感到失望和着急，所以哭了。因为毛毛觉得自己的棋艺很有进步，希望能跟我们家的高手过招，自己不仅能得到指点，说不定还能赢一两个子对吗？"毛妈边说边看着爸爸，冲他眨了眨眼。爸爸会意一笑，接话说："毛毛想不想下一盘赢爸爸，我把刚才的绝杀招教给你，包你必胜无疑，怎么样，再来一次？"被妈妈共情和被爸爸成功转移注意力的毛毛擦了擦眼泪，非常勇敢地说："来就来，怕你啊！"爸爸摆了一个棋谱，把自己刚才的阻截方式讲给毛毛听，孩子可认真了。当然，这一盘爸爸有意无意犯了几个错误，让孩子赢了一局，而后，两人还津津有味地开起了"爸爸的败局研讨会"。

孩子在 12 岁之前，往往会把自己的父亲当成偶像。这个时候的孩子对父亲往往有一种强烈的崇拜之情，把父亲当成智慧和力量的象征。唯有不缺位的爱，才能为家庭浇筑最稳定的基石。

家庭中应多一些鼓励，少一些包办和干预，赢得爸爸的合作，让爸爸成为孩子坚强的后盾和托底的人。

隔代养育矛盾多，怎么说老人才愿意配合？

"GBA 金字塔沟通法"让隔代沟通不犯愁

茗茗的女儿六岁半了，在学校和课外班表现都还不错，就是在家里特别任性，有点蛮横不讲理。茗茗认识到这个问题，总想抓住机会好好教育女儿，让她知道分寸，可是每次刚开了个头，奶奶就开始护着孙女，和妈妈作对，于是每次都以孩子得逞、妈妈无奈告终。昨天，孩子一定要在吃饭前喝酸奶，而且之前已经喝过两盒了，妈妈说不能再喝了，孩子就开始哭闹。孩子一哭，奶奶赶紧说："喝吧，再喝一盒，没事。"整得妈妈的话一点作用都没有。妈妈火气上头，一把夺过孩子手里的酸奶扔进了垃圾桶，孩子气哭了，奶奶也生气地指责妈妈太过分，结果演变成婆媳"战争"了，最后孩子还是喝上了酸奶。

以上类似的事情在茗茗家经常发生，茗茗觉得隔代养育有问题，小辈和老辈之间产生的分歧特别多，肯定对孩子有影响，也想过自己带孩子，可是现实不允许，只能这么熬下去。"隔代养育"已经成为时下中国典型的家庭状态，尤其是国家实施三孩生育政策后，这种现象将更加普遍。年轻一代的父母接收到更多来自专家和权威的科学育儿观，爷爷奶奶那一代则自诩经验丰富，不可避免地，两代人在育儿的观念上会存在不少冲突。

1. 心理状态的冲突

隔代养育中的老人常有补偿的心理。 首先表现为补偿儿女。第一次当爸爸妈妈，都会有一些遗憾和失误，也总有后悔内疚的小心理，于是很多老年人就对孙子孙女有了补偿心理，想弥补当年养育过程中的缺憾和过失，这份心理很容易导致担心多、宠爱多和包办多。其二是补偿自己的童年的匮乏。很多老人是在贫穷的环境下长大的。在他们小时候，吃不饱、穿不暖是常态，所以他们内心总有不安全感。美国普林斯顿心理学教授埃尔德沙菲尔（Eldar Shafir）说，物质贫乏对人造成的心理压力，会让人陷入思维陷阱不能自拔。匮乏造成的不安全感，驱使老人给孩子穿很多、吃很多，甚至孩子不想吃还要追着喂……莉莉的女儿上初中了，如果女儿提出要买什么，莉莉不同意的话，女儿马上就会去找外公外婆，而二老对外孙女的要求一般是有求必应。莉莉曾多次发火，二老的理由却是："现在条件好了，孩子的要求也不是太过分。再说同学都有，她没有，她会自卑的。"

隔代养育中的老人有着盲目的"经验主义"心理。 对很多老人来说，年轻人还是孩子，年轻父母经验不足、欠缺考虑，并且缺乏实践。在他们看来，他们的方法是从经验中得来的，"我们那时候都是这样做的"是他们的口头禅，所以他们常常抗拒新的教育和做法。但是对于老人而言，时代的变迁，让生活方式随之改变，知识又迅速更新，许多老的粗放式的育儿经验确实受到颠覆而不自知，他们也确实需要有一个接受和学习的过程。

隔代养育中的"被认可"心理。 在三代同堂的大家庭里，每个人都需要一定的地位，希望得到一种认可。特别是老人，被儿女邀约来带孩子，属于自愿性的"寄人篱下"，更需要有归属感和价值感。于是，孙子孙女自然就成了老人们拉拢和找到存在感的对象。所以他们不惜一切代价，哪怕与孩子父母站到对立面，也要获得孩子的喜欢和认可。

豆豆的自行车坏了，可是他非要吃饭前去骑车。妈妈批评孩子无理取闹，爷爷放下刚拿起的饭碗，捣鼓着工具，带着孙子到门口折腾去了，气得豆豆爸爸只想揍孩子一顿。豆豆却吐吐舌头，开心得不得了。爷爷敲敲打打，一会儿上油，一会儿拧螺丝，豆豆妈妈倒是很会协调关系，站在豆豆边上恶补赞美："豆豆，爷爷的手工活真是厉害，爸爸妈妈看着学习这么久了，也没得真传。你以前的玩具啊、书桌啊，什么东西只要经过爷爷的手，保准完好如初！"孩子爷爷神气地说："那还用说。"妈妈赶紧补上："爷爷为了让你骑上车，连饭也顾不上吃，豆豆肯定要感谢爷爷，陪爷爷好好吃饭咯！"豆豆笑着说："那是当然了。"说完爷俩吃饭去了。

2. 养育观念的冲突

由于两代人的生活背景差异很大，在育儿观念上存在分歧，这是客观事实。年轻父母总说：现在都什么时代了，您那些老观念得改改了，老这样对孩子以后的发展不好……电视上就这么讲的……老人总说：我儿子以前就是这么带大的，还不是一样出息了？搞不懂你们现在年轻人带个孩子咋这么麻烦……

敏敏家的二宝才半岁，这几天可能是因为增加辅食不习惯，好几天没排便便了，婆婆说要喂药，要给"开塞露"，而敏敏坚决不同意，说采取热敷和按摩肚子可以帮助孩子肠道通畅，于是一场关于科学与传统的育儿冲突就此产生，婆婆很生气，和敏敏赌了好几天的气。

由于老人的价值观念、生活方式、知识结构、教育方式与现代社会或多或少会有差别，加上几十年来形成的思维模式和生活方式是不可能轻易改变的，观念不一致就在所难免了。比如，当孩子正兴致勃勃地"破坏"一辆玩具汽车时，老人们总会加以阻止和批评。因为，在他们的观念中，一辆完美的玩具车不可以被"破坏"，并且他们认为孩子"破坏"玩具车是一种不良行为，而爸爸就很欣赏孩子的"破坏"行为，认为这正是孩子探究事物特点的创新行为。这样的观念冲突一定存在，无论是谁的立场、谁的观点，均有其自身的合理性，没有对错，不过协调和沟通就需要策略了。

3. 权责不明的身份冲突

有些父母,觉得爷爷奶奶帮忙带孩子是天经地义的,自己当甩手掌柜,下班回到家,要么追剧要么玩手机,孩子还是爷爷奶奶看着。这样的"依仗"就有点不负责任、权责不明了。个人认为,祖辈负责生活照看,父母负责教育,这可能是隔代养育最好的责权分工了。

现实生活中,有的老人界限感不清晰,总觉得孩子的就是自己的,自己的也是孩子的,反正是一家人,不分彼此,混淆不清。无论是家务活还是金钱,老人都习惯性地付出和给予,使得年轻父母形成理所当然的习惯,一旦停止,反而容易引来埋怨。所以,合理边界无论是对于老人自己还是孩子的成长,都是很有必要的。

隔代养育已经成为中国中产阶级的"标配",而由此带来的养育烦恼也将成为家庭必然存在的问题。很多父母经常会感慨:我真想把家里老人送来学习正面管教,因为他们跟孩子相处的时间最长。合理分工,有条件的时候就自力更生,跟老人们开启"合作共育"才是正道!所以隔代养育需要相互扶持,相互退让,这样才能找到最舒服的"共育"姿势。

GBA 金字塔沟通法 —— 让隔代沟通不犯愁

- **目标(Goal)**
  ——理清目标,形成统一战线
- **信念(Belief)**
  ——换位思考,认同感激
- **行动(Action)**
  ——提出方案,允许不同

"GBA金字塔沟通法"主要分为三个部分，每一个部分都代表着一层。最下面的一层是"行动"（Action），就是基于前面目标一致，沟通良好前提下的可行性方案；中间那层叫作"信念"（Belief）；而顶层则是"目标"（Goal）。也就是说，我们首先要明确并统一以爱为基础的"目标"，再换位思考体谅老人的固有想法并对此进行肯定和感激，最后跟老人沟通自己即将进行的行动。

目标（Goal）
——理清目标，形成统一战线

无论是祖辈还是父母，教养孩子的目的其实是一致的，都是为了让孩子感受到被爱，再学习必要的生活技能和社会技能，养成一些规则。就算老人稍微溺爱，孩子享受一下这种放肆的爱，其实也不会造成本质上的伤害，就好像偶尔吃几颗糖一样。如果达成合作，形成统一战线那自然是最好的。

比如孩子便秘，奶奶的观点——孩子好几天不拉大便了，势必造成身体垃圾的堆积，不利于孩子消化和成长，应该用立竿见影的方法解决问题，这样孩子舒服，大人放心。

妈妈的观点——孩子便秘这个问题，要用按摩这种自然疗法，调理孩子的脾胃和消化功能，急不来，慢慢来反而有利于整体协调，不至于治标不治本。

仔细看这两种观点，妈妈的想法100%正确吗？奶奶的想法100%错误吗？其实每个观点都有可取之处，共同之处都是为了让孩子生长得更好，都是出于对孩子的爱。如果父母能认识到祖辈的出发点也是基于爱，目标一致，自然能形成统一战线。父母可以利用"GBA金字塔沟通法"来巧妙地解决这个问题："妈妈，我明白您也是心疼孩子，希望孩子能尽快消除便秘这个问题，我们都是为了宝宝能够健康快乐地成长。"这样就表明了双方共同的理想目标，拉近了我们与父母之间的距离。

信念（Belief）
——换位思考，认同感激

没有什么是理所当然的！这首先是父母对待祖辈的要求界限。有位年轻妈妈在切身体验 GBA 金字塔互动后说："换位思考一下，如果我现在退休了，放弃和朋友们一起旅游的机会，帮儿女看孩子，我当然不愿意接受自己被否定、被逼学习、被逼进步的氛围，更不想自己的行为和育儿观念被评判。"

所以，父母更需要对老人们的无私付出表示感激，而且这份感激还需要时时表达出来。当面临教养分歧时，我们不要一开始就把老人放在对立面，认为他们就是错的，换位思考，适当地折中、妥协，才不失为一种生活智慧。描绘美好的信念加感谢式鼓励，可让老人更有价值感，更愿意配合。我们可以用"GBA 金字塔沟通法"的第二步："妈妈，这几天您为了小宝便秘的事情吃不好睡不好，您这么疼爱孩子，我看着也特别开心、感动。您着急我也很着急。您刚才说得对，孩子需要尽快解决便秘问题，这样才能促进消化和吸收，小宝才能长得更好，我想孩子一定能感受到奶奶对她的关心的。谢谢你，妈妈！我们讨论一下，怎么齐心协力来帮助孩子。"通过致谢外加描绘美好的信念，既肯定了老人的观点，又赢得了老人的心，接下来的沟通也就更加和谐、同频了。

行动（Action）
——提出方案，允许不同

在表明了自己能够理解老人的态度之后，我们就可以用"请求"的"我句式"跟祖辈探讨具体的育儿方法："妈妈，开塞露毕竟是药，我担心用多了反而成为一种习惯，也削弱了孩子的肠胃功能。而且孩子的肛门口小也嫩，用多了药恐怕会有伤害，您说是不是？今天先用一次，清一清大肠，让孩子松一松。我呢，每天给孩子做一做按摩，您也可以给孩子吃点粗纤维食品。您觉得呢？"利用"GBA金字塔沟通法"的"提出方案，允许不同"与父母展开探讨，祖辈感觉被尊重而不是被敌对了，因为孩子而产生的隔阂也就消除了。

案例中的茗茗如果使用这种方法沟通，不仅可以化解矛盾，也能找到解决方案。"妈妈，我知道您特别爱孩子，希望孩子能少点脾气，多些快乐"（理清目标，形成统一战线），我觉得您的想法是对的（换位思考，认同感激）。我跟您一样希望孩子能管理好情绪，做个快乐幸福的人。可是我有点担心，孩子最近一不顺心或不满足她就闹腾。您也知道，学校里和社会上不顺心和不满足的事情也是常有的，您是过来人比我更有经验，我担心孩子这样将来会吃亏，因为没人会像我们那样顺着她。您说呢？对于一些孩子需要建立的规则，我跟您讨论一下，然后我跟孩子制定一个规则，需要您到时候配合一下我，您看可以吗？（提出方案，允许不同）

经过实践反馈的案例说明，当父母不跟祖辈对抗，而是选择尊重老人的感受和想法，肯定他们的付出并表示感谢后，老人也开始愿意尝试父母的新方法了。跟老人共同育儿的过程既是跟自己父母和解的过程，更是自我成长的过程。